CDC

中国疾病预防控制中心年鉴

2023年

中国疾病预防控制中心　编著

国家开放大学出版社·北京

图书在版编目（CIP）数据

中国疾病预防控制中心年鉴．2023年／中国疾病预防控制中心编著．-- 北京：国家开放大学出版社，2023.12

ISBN 978-7-304-12215-7

Ⅰ．①中… Ⅱ．①中… Ⅲ．①疾病预防控制中心-中国-2023-年鉴 Ⅳ．①R197.2-54

中国国家版本馆CIP数据核字（2024）第006696号

中国疾病预防控制中心年鉴（2023年）
ZHONGGUO JIBING YUFANG KONGZHI ZHONGXIN NIANJIAN（2023 NIAN）
中国疾病预防控制中心　编著

出版·发行： 国家开放大学出版社
电话： 营销中心 010－68180820　　总编室 010－68182524
网址： http://www.crtvup.com.cn
地址： 北京市海淀区西四环中路45号　　**邮编：** 100039
经销： 新华书店北京发行所

策划编辑： 辛　颖　　**版式设计：** 何智杰
责任编辑： 王　可　　**责任校对：** 张　娜
责任印制： 武　鹏　沙　烁

印刷： 北京鑫益晖印刷有限公司
版本： 2023年12月第1版　　2023年12月第1次印刷
开本： 787mm×1092mm　1/16　**插页：** 8页　　**印张：** 16　　**字数：** 360千字

书号： ISBN 978－7－304－12215－7
定价： 140.00元

（如有缺页或倒装，本社负责退换）
意见及建议：OUCP_LN@ouchn.edu.cn

编写委员会

主　　编： 沈洪兵

副 主 编： 卢　江　周宇辉　严　俊　再那吾东·玉山　梅　扬　李　群　施小明

执行编委： 郭　岩　王　哲

编　　委： 杨　静　李　浩　胡文上　李振军　么鸿雁　王晓琪　谭　枫　傅　罡　王茂武　蒋晋生　袁灵华　赵赤鸿　项　春　刘海龙　王晓锋　陈园生　王海东　谷　鑫　卢选成　崔　颖　苏雪梅　雷苏文　马会来　戚晓鹏　施国庆　张彦平　尹遵栋　赵雁林　戴　政　赖建强　肖　琳　陈　霞　陈　涛　王汝波　王俊杰　蒋　炜　孙　静　张　伟　聂　武　秦　斌　王　丽　聂　妍

编辑人员： 耿云霞　周小敏　郑　敏　邹　丽　马　茜　殷逸竹　莫　非　夏宏伟　万　浩　刘千秋　黄烈雨　赵悦莹

学术秘书： 耿云霞

2022 年 **1** 月 **27** 日，援塞拉利昂固定生物安全实验室员工对当地技术人员进行实操培训。

2022 年新春伊始，中国疾病预防控制中心领导班子走访慰问慢性非传染性疾病预防控制中心。

2022 年 **3** 月 **2** 日，**CFETP** 第二十一期暨中级 **FETP** 第七期开学典礼在中国疾病预防控制中心昌平园区举行。

2022 年 **4** 月，中国疾病预防控制中心慢性非传染性疾病预防控制中心获批成为世界卫生组织慢性非传染性疾病社区综合防治合作中心，任期 **4** 年。

2022 年 5 月 30 日，中国疾病预防控制中心承办 2022 年世界无烟日主题宣传活动。此次活动采用“线下 + 线上”方式开展，发布了 2021 年中国中学生和大学生烟草流行监测结果。

2022 年 6 月 21 日，中国疾病预防控制中心新冠日报专班开班培训。

2022 年 7 月 13 日，中国疾病预防控制中心 2022 届研究生毕业典礼在北京市举办。

2022 年 7 月 22 日，中国疾病预防控制中心慢性非传染性疾病预防控制中心和首都医科大学附属北京天坛医院共同成立中国神经系统疾病人群防治合作中心。

2022 年 7 月 29 日，国家热带病研究中心海南分中心临床基地在上海交通大学医学院附属瑞金医院海南医院（博鳌研究型医院）揭牌。

2022 年 7 月，中国疾病预防控制中心寄生虫病预防控制所（国家热带病研究中心）疟疾室荣获“全国消除疟疾工作先进集体”。

2022 年 8 月 2—6 日，中国疾病预防控制中心辐射防护与核安全医学所与江苏、福建、广东、青海 4 个省的 33 名专家赴新疆维吾尔自治区喀什地区开展援疆工作。

2022 年 8 月 8 日，中国疾病预防控制中心慢性非传染性疾病预防控制中心主办的第七届“万步有约”健走激励大赛在甘肃省张掖市甘州区正式启动。

2022 年 8 月 8 日，慢性病防治数字产品与服务研讨会在北京市召开，第一批慢性病防治典型数字产品与服务征集与遴选活动正式启动。

2022 年 10 月 8 日，国内科研院所实验动物专家、中国疾病预防控制中心直属单位及相关处室受邀参加中国疾病预防控制中心实验动物中心运行十周年总结暨 **ABSL-3** 实验室试运行工作部署会。

2022 年 10 月 26 日，中国疾病预防控制中心举办“喜迎二十大　保密伴我行”保密知识竞赛，严俊书记为获得一等奖的团队颁奖。

2022 年 11 月 3 日，中国疾病预防控制中心党委学习宣传贯彻党的二十大精神部署动员会召开。

2022 年 11 月 8 日，中国疾病预防控制中心农村改水技术指导中心农村饮水安全工程卫生学评价项目人员赴现场进行水厂评估。

2022 年 11 月 8 日，中国疾病预防控制中心辐射防护与核安全医学所孙全富所长、首席专家苏旭、放射诊疗安全与防护研究室程金生主任参加国家卫生健康委员会在线访谈活动。

2022 年 11 月 26 日，国家疾病预防控制局副局长、中国疾病预防控制中心主任、中国工程院院士沈洪兵在圆桌论坛——后疫情时代的全球卫生合作与发展上致辞。

2022 年 12 月 1 日，中国疾病预防控制中心在北京市举办 2022 年"世界艾滋病日"主题宣传活动。

2022 年 **12** 月 **7—9** 日，**2022** 年中国—东盟促进母婴安全经验交流活动在北京市举办，中国疾病预防控制中心妇幼保健中心张学清书记出席圆桌视频会议讨论环节。

2022 年 **12** 月 **26** 日，**2022** 年度全国爱国卫生运动大会健康机关主题分会在北京市召开，中国疾病预防控制中心控烟办公室肖琳副主任做“共享无烟成果，共筑健康中国”主题发言。

目 录

第一部分 重要会议及讲话

第二部分 工作进展

第三部分 直属单位工作概况

第四部分 挂靠单位工作概况

第五部分 人事人物

第六部分 大事记

第七部分　附录

第一部分 重要会议及讲话

踔厉奋发，全面开启改革新征程 笃行不息，持续增强发展新动能

——建设国际一流疾控中心改革发展研讨会暨下半年工作部署会讲话提纲

中国疾控中心主任　沈洪兵

（2022 年 8 月 10 日）

同志们：

大家好！

今天是我任职中国疾控中心主任后召开的第一次全体干部大会（科级及以上干部）。据我了解，这也是 2020 年新冠肺炎[①]疫情以来，中心参会范围最广、参加人数最多的一次会议（通过线上和线下的方式，各个直属单位设分会场，在外参与疫情防控的干部专家通过视频收看）。首先，我要向奋战在疫情防控第一线（包括前方工作组和各个专班）的疾控中心的专家们致以诚挚的问候和崇高的敬意。最近，全国的疫情防控任务很重，我们的很多专家都连续奋战在第一线，你们辛苦了！谢谢你们的付出和贡献！

大家知道，党中央、国务院高度重视我国疾病预防控制体系（以下简称疾控体系）改革发展工作，及时出台了国家疾控体系改革文件，并成立了国家疾病预防控制局（以下简称国家疾控局）。今年，中心转隶国家疾控局，并于 7 月 26 日宣布任命了新一届领导班子。我相信，中心的每位同志也都会思考：下一步，中心的改革会有哪些具体措施？国

① 其全称是新型冠状病毒肺炎。2022 年 12 月 26 日，国家卫生健康委员会发布公告，将新型冠状病毒肺炎更名为新型冠状病毒感染。——编辑注

家疾控体系改革会涉及哪些方面？什么时候能挂牌中国预防医学科学院（以下简称预科院）？有哪些政策支持？等等。

为此，在卢江书记的支持下，我们新任领导班子召集召开了这次大会，由我代表班子成员发言（有些是我个人的思考，还没有经过班子集体讨论），供大家讨论。我给这次报告起了一个标题“踔厉奋发，全面开启改革新征程　笃行不怠，持续增强发展新动能”，希望通过今天的会议，我们全中心上下能够进一步学习贯彻党中央、国务院决策部署，学习国家疾控局党组王贺胜局长在中心干部大会上的讲话，总结上半年中心所取得的成绩，部署下半年的重点工作，同时思考和提出下一步的重点改革思路、任务和目标。希望进一步统一思想、凝聚共识、鼓舞斗志，以更加饱满的工作热情和昂扬的精神风貌，开启中国疾控中心新的历史篇章。下面，我主要从四个方面向大家报告。

一、凝心聚力，中心各项工作稳中有进

（一）坚持党建引领，筑牢中心党建工作基础

认真学习贯彻习近平总书记在中央和国家机关党的建设工作会议上的重要讲话精神，以党的政治建设为统领，坚定拥护“两个确立”、坚决做到“两个维护”，把党的坚强领导落实到疾控事业发展的全过程和各方面。以学习贯彻习近平新时代中国特色社会主义思想为主线，深入学习贯彻习近平总书记关于疫情防控和疾控体系改革等重要指示批示精神，召开中心组学习 13 次、专题培训 2 次，自觉在思想上政治上行动上同以习近平同志为核心的党中央保持高度一致。深入学习贯彻习近平新时代中国特色社会主义经济思想，深刻领会党中央对做好新时代经济工作的重大部署要求，扎实开展“学习研讨、查摆问题、改进提高”专项工作，组织 67 个在职党支部召开专题组织生活会，作为强化中心政治机关意识教育、践行“两个维护”的重要体现。以组织开展党的二十大代表选举动员及代表推荐工作为契机，以推动 9 个党支部创建中央和国家机关“四强”党支部为示范，把中心各级党组织锻造得更加坚强有力，让基层党支部的战斗堡垒作用更加彰显。坚定不移落实全面从严治党政治责任，持续推进党风廉政建设和反腐败斗争，大力营造中心风清气正、干事创业的良好氛围。提高政治站位，层层落实意识形态工作责任制，牢牢守住中心意识形态阵地。充分发挥党建引领保障作用，推动更高质量完成中心疫情防控和其他各项工作任务，以实际行动迎接党的二十大胜利召开。

（二）坚持底线思维，全力做好新冠疫情防控

始终坚持“外防输入、内防反弹”总策略和“动态清零”总方针不动摇，在国家卫

生健康委员会（以下简称国家卫生健康委）、国家疾控局的领导下，坚持常态化精准防控和局部应急处置相结合，以最快的速度、最小的代价控制疫情，确保全国疫情形势总体平稳，高效统筹疫情防控和中心改革发展。一是快速果断处置聚集性疫情，协调派出近 290 人次赴北京市、广东省、香港特别行政区等 18 个地区应对近 20 起聚集性疫情和 12 个省督导工作，现场工作近 5 700 人天。持续开展全国疫情日报告和追踪分析工作，报送各类快报、简报等近 650 期，专题报告等 1 250 余份，疫情预警信息 6 000 余条，发布科普指南、新闻口径等 50 余条，为指导各地疫情防控工作提供技术支持。二是不断提升防控的科学性和精准性，及时跟进病毒变异株和传播力、致病力等变化，研提我国防控措施及建议报告 50 余份，完成《新型冠状病毒肺炎防控方案（第九版）》修订并开展全国培训和政策措施评估工作，完成在 8 个城市开展防控措施优化试点研究，完成血清学样本检测 2.45 万份、病毒分离培养 300 余份、病毒基因组序列比对分析 1.4 万例，完成各类核酸采样任务 570 余次。三是持续开展新冠病毒疫苗上市后免疫性和保护效果专题研究，印发《疫情暴发现场新冠病毒疫苗流行病学保护效果评价技术指南（试行）》，完成《新冠病毒疫苗加强免疫研究初步分析报告》，强化接种后不良事件（adverse event following immunization，AEFI）监测。四是开展全球疫情态势监测，为“外防输入”提供技术支撑和决策参考。首创全国官方全球疫情数据平台，并将其作为公共产品与东南亚国家联盟（以下简称东盟）共建共享。

（三）坚持聚焦核心，全力推进重点工作和任务

一是中心二期工程项目取得初步进展，初步设计方案和投资概算正式获批，取得地勘审查意见。二是主动谋划中心改革，提前做好技术储备，梳理《中国疾控中心改革面临的问题及改革建议》，形成《中国疾病预防控制中心　中国预防医学科学院组建方案》。三是主动解决专业技术人员的职业发展和薪酬待遇问题，制定自筹经费开展岗位聘任工作方案，扩大高级岗位比例，开发量化评审系统。四是推动中心科技成果转化，共完成转化 61 项，累计金额为 40 469.07 万元，创新收益分配方式，完成第一阶段分配。

（四）坚持履职尽责，有序完成各项业务工作

1. 卫生应急

做好猴痘、鼠疫等突发急性传染病应对准备，完成青海省、四川省等地 4 次地震应对，完成冬奥会（残奥会）、世界大学生运动会等的卫生保障任务，启动《突发公共卫生事件应急预案》更新修订工作。

2. 重点传染病防控

编制传染病疫情智慧监测预警体系建设指导意见，推动凉山彝族自治州（以下简称凉山州）艾滋病等重大传染病防治攻坚第二阶段行动，印发《全国丙型肝炎哨点监测实施方案（试行）》，更新《中国流感疫苗预防接种技术指南（2022—2023）》，制定全国"十四五"结核病防治规划。

3. 慢性非传染病防控

组织健康老龄化调查，形成《中国老年人主要健康状况报告》，合作成立中国神经系统疾病人群防治合作中心，启动中国脑健康行动，成功申请世界卫生组织（World Health Organization，WHO）慢性非传染性疾病社区综合防治合作中心，开展老年人跌倒干预、儿童伤害预防等项目。

4. 健康危害因素监测

加强营养健康、城乡环境、职业、放射、妇幼、地方病、学校卫生及特定健康哨点监测，不断扩大监测覆盖面，完善监测哨点建设，规范监测流程，提高监测质量。

5. 科研与教育

组织28项国家重点研发计划、138项国家自然科学基金等科研项目申报，组织11项省部级科技奖申报，完成中心科研项目评审立项，建立中心母乳科学研究重点实验室。扩招录取研究生298人，授予学位166人，获批国家级继续医学教育项目74项，有序开展现场流行病学培训项目并建立全国骨干师资库。

6. 信息化与网络安全

印发《数据共享使用管理办法》，完成数据中心机房模块化和北区综合楼无线网络改造，完成网站安全监控、基础设施和重要系统风险监测、安全测试与等级保护测评，开展"涉疫"信息系统检查。

此外，中心在生物安全、行业标准化、援疆援藏和乡村振兴、国际交流合作、媒体宣传、健康传播、国民健康测量、控烟行动技术支持、后勤运维等工作中均取得了良好进展与实效，制度建设和内部管理水平进一步提高，感谢大家为此付出的辛勤努力。

二、稳扎稳打，全力推动重点工作落地

2022年时间已经过半，各单位（部门）要对照年初的工作安排，抓紧逐条梳理任务完成情况。对于尚未到达预期进度的工作，要查找薄弱环节，组织力量集中攻关，确保按期高质量完成。下半年，中心将按照王贺胜局长的讲话精神，对标建设国际一流疾控中心，统筹预科院挂牌与事业改革发展等各项工作，加快补齐科学研究、人才培养、岗位聘任等短板弱项，重点推进十大任务。

（一）聚焦服务党的二十大，全面加强中心党的建设

继续坚持以习近平新时代中国特色社会主义思想为指导，认真落实新时代党的建设总要求，强化基层党组织建设。持续深化党的创新理论武装，认真组织学习宣传贯彻党的二十大精神，切实把中心党员干部职工的思想行动统一到党的二十大精神和任务目标上来。进一步夯实党建工作责任制，把中心全面从严治党、党风廉政建设和反腐败工作向纵深推进，营造干事创业的良好发展氛围。

（二）做好新冠肺炎疫情常态化防控各项工作

一是持续开展全国疫情追踪与分析，为指导各地防控提供技术支持。二是及时跟进病毒变异株和传播力、致病力等变化，研提防控措施及建议。三是做好人员培训和专家资源准备，随时为一线疫情防控提供现场支援和指导。四是持续开展疫苗上市后免疫性和保护效果、气溶胶现场模拟试验、污水中新冠病毒检测等专题研究，为科技抗疫提供强大助力。五是持续为全国一体化政务服务平台提供健康码数据支撑，以科技赋能数字抗疫。

（三）完成疾控中心和预科院三定方案，有序开展岗位聘任工作

积极向人力资源和社会保障部（以下简称人社部）、国家卫生健康委和国家疾控局人事司争取支持，力争将高级岗位比例提高至 50% 左右；使用新冠疫苗科研转化资金开展岗位聘任工作，适当提高高级岗位和中级岗位比例增量，有序开展 2019 年度、2020 年度岗位聘任工作；改革岗位聘任评审方式方法，将定性评价与定量评价相结合，全面考核职工的本职岗位服务水平、工作业绩和工作能力，客观评价职工任职期间为中心事业发展做出的贡献，形成公平公正、竞争择优的用人聘岗机制。

（四）推动科技成果转移转化

借鉴中国科学院、中国医学科学院等有关单位的科技成果转化经验，加强顶层设计，统一规划部署，均衡科研发展，结合中心实际，修订并出台了中心科技成果转化管理办法。按照平稳有序、合法合规的原则，继续做好中心与北京生物制品研究所有限责任公司就“新型冠状病毒疫苗种子株”取得的科技成果转化收入的“一次性奖励”分配，提高人才待遇保障，加强专业队伍建设。

（五）改革创新疾控体系公共卫生人才培养模式

加强与院校等机构的协同育人和资源共享，实施多层次、多类型的公共卫生人才培养，教育质量显著提升。深化公共卫生与基础医学专业交叉方向公共卫生硕士（master of public health，MPH）教育，实施具有多学科背景的公共卫生博士（doctor of public health，DrPH）专业学位研究生教育；通过实施多路径的在职教育培训活动，促进公共卫生人才队伍能力和素养等保值增值；进一步推广借鉴中国现场流行病学培训项目（Chinese Field Epidemiology Training Program，CFETP）高层次实用型人才培养模式，制订和实施多领域国际国内专项协作培养计划，定向打造一批公共卫生领军人才和骨干人才。

（六）大力推进基础设施建设

一是年内二期工程正式开工建设。二期工程要完成施工图强审，建设场地“三通一平”，完成总承包单位和监理单位招标，确保年内破土动工。二是寄生虫病所（国家热带病研究中心）异地扩建工程力争年内可研批复。确保将可行性研究报告报送国家发展和改革委员会（以下简称国家发展改革委）评审，力争年底完成评审，取得批复。三是完成实验动物中心 ABSL-3 实验室在科学技术部（以下简称科技部）的高等级生物安全实验室建设审查，进行生物安全认可，力争年内投入使用。

（七）全面提升中心信息化能力

着力推进疾控信息化能力与智慧疾控体系项目和湖北武汉异地数据备份项目，初步构建一个统一的私有云数据中心，满足基础设施及服务部署需求，将原有集装箱机房承载的系统逐步迁移到云数据中心，并落实网络安全保护“三化六防”措施，满足关键信息基础设施和信息系统安全等级保护第三级的基本要求，提升网络安全防护能力。

（八）加强公共卫生学科建设，提升专业技术能力

一是开展公共卫生领域学科建设现状调研，起草未来 5 年发展规划。二是成立公共卫生专家委员会，完成饮用水水质卫生监测等 23 项公共卫生监测工作，促进监测与监督相衔接。三是加强对西部省份的专业技术指导，起草和审查环境、职业卫生、妇幼等专业技术指南与标准 30 余份，组织《生活饮用水卫生标准》（GB 5749—2022）宣贯培训。四是完成全国农村卫生环境监测 10 年工作总结，积极发挥世界卫生组织辐射与健康合作中心的作用。五是强化学校卫生中心的相关职责落实落地。

（九）构建病毒性肝炎综合监测及防治体系

依托现有艾滋病和丙型肝炎（以下简称丙肝）重大疾病防控平台和哨点监测等工作基础，整合资源，全面实施病毒性肝炎各项防控措施，实现“多病共防”。持续扩大检测发现和治疗，探索全程管理模式，有效控制新发感染和肝硬化肝癌发生，减轻疾病负担，为实现 2030 年消除病毒性肝炎公共卫生危害四个核心指标奠定基础。

（十）建立健康老龄化综合监测及干预体系

成立国家老年健康中心，建立老年人综合监测体系，构建健康老龄化指数，对全国各省进行定期评估和排序。设计创新科研专项，结合老年人多病共患的特点，开展多病共管、多病共防的技术和模式研究，围绕阿尔茨海默病、帕金森病等主要病种进行基础及应用复合型研究。围绕健康老龄化国家战略，牵头推进医防融合，开展以社区为基础的综合干预及健康管理。

除上述十大任务外，我们也要将健康危险因素监测、爱国卫生运动、健康科普传播、控烟行动、全球健康合作等各项业务工作抓紧抓实。要严格按照年度工作计划和工作目标，落实好本单位、本部门的职能职责，完成好各项工作任务，做到守土有责、守土负责、守土尽责。同时，中心改革发展迫在眉睫，希望全体干部职工能够继续保持昂扬的斗志、进取的精神、务实的作风，切实增强责任感和紧迫感，抓紧抓实各项工作，为推动疾控事业改革发展贡献力量。

三、整体谋划，继往开来推动改革发展

（一）抢抓机遇，增强改革紧迫感和使命感

公共卫生安全已成为国家安全的重要组成部分。构建强大的公共卫生体系，时刻防范卫生健康领域的各类重大风险是总体国家安全观的必然要求，是维护国家安全、人民安全和大局稳定的必由之路。疾控体系是公共卫生体系的重要构成力量。党的十八大以来，习近平总书记一贯高度重视疾控体系建设。面对世纪疫情和百年变局，习近平总书记多次作出重要指示批示，作出一系列重大决策部署，亲自召开专家学者座谈会，亲自到疾控机构调研指导，亲自审定疾控体系改革方案。对于中国疾控中心的发展，习近平总书记提出，“要加强国家级疾病预防控制机构能力建设，强化其技术、能力、人才储备，发挥领头雁作用”。李克强总理、孙春兰副总理、马晓伟主任也十分重视疾控体系建设，多次到中心调研，就中心的改革发展等作出重要部署。王贺胜局长多次对中心的定位和发展提出具体

要求，在中心的干部大会上，强调中心要在党的全面领导下，发挥中心国家队作用，提升科研创新能力，加强人员队伍和领导班子建设。这些都体现出党中央、国务院和各级领导对疾控工作的高度重视，以及对中心改革发展的格外关怀。

2021 年 5 月，国家疾控局正式揭牌成立。一年多来，中央和地方疾控体系改革稳步推进，取得了显著成效。2022 年 7 月 6 日，中国疾控中心已正式划转国家疾控局管理，中国疾控中心改革也正式拉开序幕。

同志们，我们一定要把握好疾控体系发展面临的战略性机遇，以加挂预科院牌子为改革契机，立足当前，放眼长远，在国家战略层面，统筹和谋划中心发展，进一步强化核心职能，平衡好稳定与创新，在管理体制、运行机制、核心能力建设方面提出新思路、探索新方法，统筹疾控、应急、科研与教育“四位一体”职能协调发展，加速推进各项改革决策部署落地落实。

（二）服务大局，处理好改革中的各种关系

改革要服务于国家发展大局。我们要坚持以习近平新时代中国特色社会主义思想为指引，牢固树立和贯彻落实新发展理念，统筹推进“五位一体”总体布局和协调推进“四个全面”战略布局，贯彻党的十九大精神和十九届历次全会精神，以《中华人民共和国国民经济和社会发展第十四个五年规划和 2035 年远景目标纲要》为引领，围绕《“健康中国 2030”规划纲要》《健康中国行动（2019—2030 年）》《“十四五”国民健康规划》的总体要求，以实现健康中国建设目标为导向，以解决当前面临的现实问题为根本，以优化资源整合和要素配置为手段，以改革促发展并通过高质量发展保障改革目标实现。

改革要坚持科学的方法论。一是坚持以问题为导向和注重整体发展相结合。以抓重点任务实现重点突破，坚持系统协调，带动改革的整体推进，防止顾此失彼。二是坚持以目标为导向增强目标意识。把国家和大家对中心发展的期望和愿景转化为具体行动并为之奋斗。问题是出发点，目标是根本点，两者相互贯通、相互承接、相辅相成。三是坚持以结果为导向狠抓落实。改革成效就是要看我们的改革成果是不是惠及全体职工、是不是有利于疾控事业发展，要敢于啃硬骨头，敢于涉险滩，以钉钉子精神把各项改革任务抓到位。四是坚持顶层设计和“摸着石头过河”的良性互动。既要通过顶层设计把方向、谋长远，抓住改革的重点和难点，又要抓准抓好工作的切入点和着力点，大胆探索、勇于创新。五是坚持战略思维与底线思维相统一。既要在把握事物发展总体趋势和方向时做到高瞻远瞩、统揽全局，又要在改革中具有风险和危机意识，做到防患于未然。

改革要处理好各方关系。一是处理好“四位一体”职能之间的关系，坚持疾控、应急与科研、教育协同发展。补齐科研、教育方面的短板弱项，构建科研开发、转化、推广和应用全链条管理模式，以研促用，以用引研。二是处理好核心能力提升与全面发展的关

系，坚持以改革促能力提升，确保全面发展。打造涵盖疾控与公共卫生全领域的工作体系和网络，重点提高技术保障和决策支撑能力，维持疾控基础能力储备。三是处理好发展与保障的关系，坚持强保障、创环境、搭平台创新发展。以留住人才、吸引人才为根本，创新机构保障机制，提高人员保障水平，充分发挥人才专业引领作用。四是处理好中心与地方的关系，坚持国家与地方深入协作联动发展。加强中心对地方疾控机构的业务领导，建立并完善工作协作联动机制，同步规划全国疾控科研体系建设，推动全国疾控体系整体协调发展。五是处理好当前工作与长远规划的关系。抓当前之时，就要着眼于解决发展中存在的突出矛盾和问题，优先解决，积极作为；谋长远之势，增强工作的预见性、前瞻性，多做打基础、利长远、增后劲的事，做好谋划之事。

（三）谋划思路，探索中心改革主要方向

通过同步改革、协同发展，实现疾控中心与预科院两个机构相互支撑，疾控、应急、科研与教育“四位一体”职能全面加强、均衡发展，达到双强双赢的目标。

以保障国家安全、满足人民健康需求为目标，将疾控中心建设成为机构职能清晰、业务领导有力、机制运行高效、人才结构合理、发展保障全面，充分体现政府公共卫生职责，适应中国特色社会主义新时代发展需要的国际一流公共卫生专业机构和国际公共卫生技术平台。以满足疾控工作重大需求、提升公共卫生科研创新能力、推动预防医学学科发展为动力，将预科院建设成为体系建设完整、学科设置科学、重点专业突出、技术保障全面、决策支撑有力，密切结合现场需求，以全生命周期的预防医学问题和威胁人民生命健康的重大公共卫生技术难题为研究重点，充分体现预防医学等学科发展方向，重点领域处于国际先进水平，适应中国特色社会主义新时代发展需要的国家预防医学科研机构、权威智库、创新高地和人才基地。

关于此次加挂预科院牌子后的管理模式，中心进行了多次论证和研讨，有了较好的工作基础和基本共识。目前，我们的思路是将中心和预科院实行合一管理，对外统称“中国疾病预防控制中心　中国预防医学科学院”，实行“一套人马、两块牌子”的管理模式。其中，中国疾控中心要做专、做强，以疾控工作发展需求和解决制约发展的问题为导向，以保障国家安全、满足人民健康需求为目标，加快突破一批关键核心技术，打造国际一流公共卫生专业机构和国际公共卫生技术平台，引领行业发展，兼顾基础技术储备和能力维持；预科院要做全、做活，充分体现预防医学等学科发展方向，重点领域处于国际先进水平，创新与高校、科研院所、医疗机构等灵活的合作发展机制，全面构建预防医学学科发展的实践体系和网络，打造国家预防医学科研机构、权威智库、创新高地和人才基地。

（四）大胆突破，切实推进预科院挂牌工作

为做好加挂预科院牌子工作，下一步，我们要配套创新完善各类管理和运行机制。一是要进一步改革管理模式。中心总部划分为中国疾控中心和预科院两个单元。预科院管理与保障部门同中国疾控中心共享，在两个单元分设业务部门，加强对直属单位的科研与教育工作的统筹管理。二是要进一步优化机构设置管理。以业务整合优化为重点，增强业务统筹协调能力；向中央机构编制委员会办公室（以下简称中央编办）争取增加编制和统筹使用中心编制的权利；借鉴科研机构人事管理政策，向中央编办争取可自主设置、变更和取消预科院内设机构。三是要进一步创新运行机制。充分发挥市场作用，向财政部申请支持中心参与提供社会化服务，增加投入来源。向中央编办争取预科院按照科技与教育类"公益二类"事业单位管理，主动向科技部申请纳入科研单位管理序列，从财政科研经费、科研基本运行经费、科研工程项目经费等渠道保障经费，基础前沿类研究获得稳定支持。四是要进一步开创科研教育新局面。发挥中心对公共卫生领域科技发展的统筹管理作用，向财政部争取设立"公共卫生科技创新工程"专项资金，稳定支持中心的科研发展。加强中心科技攻关创新体系和能力建设，向科技部、财政部申请建设若干公共卫生研发与应用研究中心，建设（或重组）传染病和生物安全国家重点实验室，提升科技成果转化能力。着力建立完整的预防医学相关学科体系，加强病原学诊断产品、疫苗研发、病原学与流行病学等领域攻关。加强中心教育培训体系建设，向教育部争取承担教学任务人员按高校待遇享受教育课时、教育管理等政策。五是要打造高层次公共卫生人才队伍。向人社部、财政部进一步争取提高财政保障的绩效工资水平，优化专业技术岗位结构比例。给予内部分配自主权，建立健全职务科技成果转化收益分配机制，激发机构运行活力。在人社部高层次人才绩效工资单列的试点工作中，由国家财政给予高水平、足额的专项财政经费保障，提升人才吸引力。

（五）提高站位，引领全国疾控体系改革发展

作为全国疾控系统的"国家队""领头雁"，中心应该提高站位，着眼于全国疾控一盘棋，以自身改革带动全国疾控体系现代化建设，通过推动完善补偿激励机制、医防协同机制、考核评估机制和人才队伍发展机制等一系列体制机制创新，引领全国各级疾控机构的改革发展。

中央疾控体系改革文件明确指出，传染病防控和应急处置将成为各级疾控机构的核心职能。围绕这一核心职能，疾控机构需要进一步加强能力建设。一是提高监测预警能力：完善监测预警体系，建立智慧化预警多点触发机制。二是提高流行病学调查和风险评估能力：组建数量充足、分梯次的流调队伍，充分利用现场流行病学、分子流行病学、数

字流行病学等理论和技术开展流调溯源，利用人工智能、大数据等新技术开展疫情实时展示和趋势预测研判。三是提高实验室检验检测能力：统筹规划公共卫生实验室检测网络，分级、分类、分区域提高检验检测技术能力，加强生物安全实验室建设。四是提高应急响应和处置能力：建立集中统一高效的应急指挥决策体系。五是提高信息化和大数据应用能力：推进公共卫生大数据中心建设和应用。六是提高科学研究的能力：加强传染病防控和公共卫生科技攻关体系和能力建设。建立能有效应对重大传染病及突发公共卫生事件、服务支撑健康中国建设、基本满足国家公共安全需要的，责权清晰、功能完善、运转高效、协同联动、保障有力的疾控体系。

再次需要和大家说明的是，和全国疾控体系改革一样，我想中国疾控中心的改革发展也不会是一蹴而就的，是需要持久作战的。在这个过程中，一方面，我们需要大刀阔斧、只争朝夕的锐气；另一方面，我们更需要卧薪尝胆、长期坚持的韧性。相信有国家疾控局党组的领导，有在座各位专家的支持，有前辈打下的良好基础，有全体同事的共同努力，中国疾控中心的各项工作一定能够迈上新台阶，取得新发展。

四、担当作为，加强制度建设，促进规范管理

（一）树立坚定的政治站位

中心是全国疾控系统的“国家队”“领头雁”，我们要深入学习贯彻习近平新时代中国特色社会主义思想，提高政治判断力、政治领悟力、政治执行力，坚决把思想和行动统一到习近平总书记重要讲话精神上来，统一到党中央、国务院决策部署上来，不断增强“四个意识”、坚定“四个自信”、做到“两个维护”。尤其要认真学习党中央、国家卫生健康委、国家疾控局关于意识形态工作的有关要求，引导中心广大职工积极宣传我国抗疫策略和重大防疫成效，坚决同一切歪曲、怀疑、否定我国防疫方针政策的言行做斗争。

（二）营造良好的发展环境

当前党中央、国务院高度重视疾病控制工作，我们要抓住全国疾控体系改革的契机，充分利用好加挂预科院牌子，主动对接中央编办、科技部、人社部和财政部等中央部委，争取更多、更好的外部政策支持。在提升中心疾病控制、卫生应急、科学研究、教育培训水平的同时，争取更大的高级岗位比例，同时，完善中心内部的激励分配制度，充分利用好现有的各项政策，将职工的个人发展和中心的事业发展紧密结合起来；鼓励中青年专家更多地承担国家重大项目；针对国家重大政策调整，在中心科技、人事、财务等政策上要及时跟进完善，为中心发展提供更好的环境保障。

（三）强化严格的制度管理

中心是国家级疾病预防控制专业机构，我们鼓励大家参与专业会议研讨与交流，提高业务能力水平，同时也要严格制度管理。一是严格中心考勤制度，强化考勤管理。外出参加会议（培训授课）必须与本职工作高度相关，不影响单位正常工作，严格履行请假备案管理程序。各分管领导要严格把关，人事部门要加强检查抽查，确保中心工作高效、有序开展。二是加强中心借调审批和管理。建立健全中心人员借调管理制度，规范审批流程管理，下一步中心人事部门牵头落实，各单位（部门）必须严格落实主体责任，按照“谁批准、谁负责”的原则，做到“集体研究、及时备案、一个出口”。三是优化完善绩效评价和年度考核机制，突出干部职工的工作付出和效能评价，进一步与干部选用和岗位聘任相结合，牢固树立立足本职、服务中心、建功立业的工作理念。

（四）涵养进取的文化氛围

中心勇挑重担、甘于奉献的疾控精神给全国人民留下了深刻的烙印，我们要继承发扬优良传统，继续做好专业文化传承，要继续完善中心首席专家制度，做好顶层设计和规划，培养相关领域接班人，实现疾控事业高效持续发展。同时，我们还要高度重视人文关怀，做好工会、群团工作，通过各种活动不断丰富精神文化生活，培养树立疾控先进典型，形成中心团结奋进、积极向上的良好文化氛围。

同志们，幸福是奋斗出来的！

回望新冠肺炎疫情发生以来的深深脚印与辛勤奋斗，离不开习近平新时代中国特色社会主义思想的科学指引，离不开国家卫生健康委、国家疾控局的坚强领导，更离不开中心全体干部职工的辛勤耕耘与无私奉献。在此，我代表中心领导班子，向辛勤工作的全体干部职工表示崇高的敬意和衷心的感谢！

行进在建设国际一流疾控中心改革发展的大道上，让我们携手并肩、奋进前行，与中心事业发展、疾控行业进步、健康中国建设一同奋斗，为实现第二个百年奋斗目标、实现中华民族伟大复兴做出新的更大贡献，以实际行动迎接党的二十大胜利召开！

踔厉奋发、勇毅前行、团结奋斗 奋力谱写疾控事业高质量发展新篇章

——在2022年下半年工作部署会上的发言提纲

中国疾控中心党委书记　卢江

（2022年8月10日）

同志们，刚才沈洪兵主任做了《踔厉奋发，全面开启改革新征程　笃行不怠，持续增强发展新动能》的报告。在报告中，他充分肯定了疾控中心上半年的工作成绩，围绕建设国际一流疾控中心的发展方向和下半年工作提出了十大重点任务，对疾控体系改革和中心改革提出了五个方面的工作要求，要求要“以保障国家安全、满足人民健康需求为目标，将疾控中心建设成为机构职能清晰、业务领导有力、机制运行高效、人才结构合理、发展保障全面，充分体现政府公共卫生职责，适应中国特色社会主义新时代发展需要的国际一流公共卫生专业机构和国际公共卫生技术平台”。要结合预科院的成立，进一步提升中心的科研创新水平，打造国家预防医学科研机构、权威智库、创新高地和人才基地。

这份工作报告，充分体现了中心领导班子认真贯彻落实习近平总书记关于疾控体系改革的重要指示精神，贯彻党中央、国务院决策部署以及国家卫生健康委党组和国家疾控局党组工作要求的坚定决心。报告中的工作内容和想法，凝聚了各部门长期奋战在疾病控制和公共卫生管理一线的成功经验和智慧，充分反映了中心广大干部职工对疾控中心事业改革和发展的强烈心声和殷殷期盼。中心党委坚决支持沈洪兵同志的报告，同时号召全体党员干部要在下半年的有限时间里，勠力同心、团结拼搏，围绕报告提出的工作目标和远景规划，全面保障各项工作任务和措施落实落地；要在国家卫生健康委党组和国家疾控局党组的坚强领导下，为建设国际一流疾控中心而共同努力奋斗。

下面，我代表中心党委对落实好今天的会议精神、做好下半年的重点工作，提出以下工作要求。

一、以党的政治建设为统领，全面贯彻落实新时代党的建设总要求

（一）坚持把学习宣传贯彻党的二十大精神作为重大政治任务来抓

通过学习进一步提神定气，引导党员干部深刻感受新时代党和国家事业取得的历史性

成就、发生的历史性变革。开展向党的二十大代表和身边的先进典型学习活动，引导广大党员干部鼓起奋进新征程、建功新时代的精气神。切实把党员干部的思想和行动统一到党的二十大精神上来，统一到党的二十大确定的目标任务上来，统一到建设国际一流疾控中心的决心和信心上来。

（二）加强党的政治建设，进一步提高政治站位

建设国际一流疾控中心，不仅要体现在权威的专业性、超强的业务性上，更要体现在超强的政治判断力、政治领悟力、政治执行力上。为此，各位领导干部要带头学习习近平总书记关于改革完善疾控体系的重要指示批示精神，深刻认识疾控体系改革的重要意义，强化建设国际一流疾控中心的紧迫感，切实提高政治站位，坚决跟紧中心前进步伐，积极主动投身中心改革进程。保证在工作实践中把准政治方向、站稳政治立场、坚守政治原则，确保工作不出差错，以实际行动坚定拥护“两个确立”、坚决做到“两个维护”。

（三）加强党的组织建设，提高党组织战斗堡垒作用和党员先锋模范作用

1. 进一步夯实基层党组织建设

要坚持以提升组织力为重点，突出政治功能，持续建强基层党组织，为继续做好疫情防控工作、推动建设国际一流疾控中心提供组织保障。要继续深化“模范单位”创建，坚持将党建工作与业务工作深度融合，以业务工作成效检验党建工作质量。要继续巩固深化党支部标准化规范化建设成效，严格落实好“三会一课”、民主评议党员等组织生活制度，坚持党员领导干部带头讲党课，严格落实党员领导干部双重组织生活制度，提高民主生活会、组织生活会的质量。要进一步做好党员发展和教育管理等工作，把政治标准放在首位，做好党员发展工作，加强党员管理，不断发挥党员干部的模范带头作用。

2. 积极推进干部人才工作

一是要加强干部队伍建设。政策定了，目标明确了，干部就是决定性因素！这是实现国际一流疾控中心的关键，也是重要前提。由于改革人事冻结，我们的干部近两年没有选拔任用。但是基础工作一直没有停，对各部门岗位空缺梳理和对优秀干部的考察摸底一直没有停，原班子提出了一系列想法，新班子近日在研究完善干部选拔任用工作方案，和沈洪兵主任、周宇辉书记研究积极推动分批分类开展干部选拔任用工作，补齐配全空缺干部职位。配齐配强中层干部，为实现半年工作目标打下坚实的基础。

二是要探索创新，先行先试绩效工资改革、量化评审岗位聘任制度、高层次人才绩效工资单列，积极向人社部、国家卫生健康委和国家疾控局人事司争取支持，力争将高级岗位比例提高到50%左右。当前人社部核定中心的高级岗位比例是37%，实际使用的比例

一直是42%，在退休同志退出聘任岗位后，目前中心的高级岗位比例是39%，仍然超标。这里有两个前提因素很困扰我们。

一个因素是前期给我们的指标太低了，只有37%；另一个因素是2019年前，同志们把指标用完了，我们近三年在已经超标的情况下，不可能超标评聘，因为超指标聘用是严重的违规行为，人社部已经明确指出这一点。我们要有这种规矩意识。2020年和2021年，中心都没有开展聘任工作。

针对中心聘任工作中存在的堵点、困难，中心党委领导班子做了大量工作。

首先，为争取指标做了很多工作，多次向人社部人事司反映问题。因为国家卫生健康委原直属单位太多，情况比较复杂，当时面临疾控体系改革，所以人社部非常了解我们的情况，并表示在疾控体系改革落地启动，中心作为国家疾控局唯一一家直属单位后会全力支持我们。现在机会来了，我们班子要全力争取指标、全力推动提升比例。

其次，考虑大家的实际需求，经过反复研究，开展了内部评聘工作。建立内部评聘机制，这是没有指标又要考虑职工专家需求唯一可以进行的工作。虽然它是内部机制，但是这项工作很有意义。一方面，聘任工作是对大家多年来业务发展的考核过程，通过选拔又是激励过程，不断提升职工的精气神；另一方面，可以通过内部指标，将以后要开展的大量组织实施工作提前，特别是我们要开展三年评聘，公平公正，尽可能将对大家的影响降到最低。

国家疾控局党组对这件事很重视，特别请人事部门给予审定把关。毕竟这是在没有指标情况下的创新评聘办法，所以国家疾控局最后明确审批意见，表示很理解中心党委的用心良苦，但要求中心内部把好关。

这项工作复杂艰巨，两届中心党委班子都明确要担当起这份责任。在这样的背景下，大家要给予支持，我们要做好工作，提升比例，让更多的同志晋级。另外，聘任工作是精英选拔制度，即便我们实现了高级岗位比例提升到50%左右，也只能是一部分人实现晋级，不是所有人都能晋级。职称不是待遇，最终目的还是要通过机制，进一步激励广大干部职工爱岗敬业、干事创业，积极打造高层次“又红又专”的人才队伍，营造争先创优的氛围。

（四）加强党的作风和制度建设

一是要持之以恒抓好作风建设。要深刻认识到加强作风建设的重要意义，从严整治形式主义、官僚主义突出问题，不能只动口不动手、不深入实际，要牢记全心全意为人民服务的宗旨，加大领导干部深入基层调查研究的力度，特别是在改革过程中，要深入基层一线了解干部职工的诉求，及时掌握其思想动态，做到实事求是地解决真问题、真解决问题。我以前讲过，干部不能利用职务之便和其他同志抢占资源，巧取豪夺，造成矛盾。有些干部的群众威信不高，他们总是埋怨同事，不清楚自身存在的问题。

二是要不断加强完善制度建设。2022 年上半年，根据《关于加强中央和国家机关所属事业单位党的建设的意见》要求，中心党委对“三重一大”制度进行了进一步的修订完善。在下一步工作中，我们还将不断健全完善中心党建的各项规章制度，加强制度的执行监督，不断提升党建工作的制度化、规范化、科学化水平。这次成果转换工作比较成功，各个关键环节做到依法依规、程序严密、集体讨论、民主征求意见，各部门都积极主动配合，希望尽快建立制度，实现未来可持续发展。各部门要按制度办事，做事要有依据，经得起考验。

（五）继续做好群团工作

工会要继续发挥桥梁纽带作用，当好广大职工的“娘家人”、暖心人，把大家的心拢在一起。共青团要强化中心团员青年的政治思想工作。要履行统战工作主体责任，构建统战工作新格局，增进党外人士政治共识，健全风险防范机制，齐心协力，共同为推进中心改革、建设国际一流疾控中心贡献力量。

二、发挥党建引领作用，深化党建融合，推动建设国际一流疾控中心

2022 年下半年，要持续发挥党建引领作用，坚持党建与业务深度融合，将党建优势转化为推动中心发展的效能，落实完成好各项工作任务，推动中心改革、建设国际一流疾控中心向前迈进。

一是扎实做好疫情防控等重点工作任务。要认真落实习近平总书记关于疫情防控的重要指示精神，各级党组织要立即行动起来，号召广大党员干部积极投身疫情防控工作，坚决扛起国家级疾病控制技术权威和技术支撑机构的国家使命和责任。在疫情防控期间，做到在战斗中提升、在战斗中思考，打造全能型人才，不断提升我们的专业性、权威性，为建设国际一流疾控中心奠定坚实的基础。

二是围绕“四位一体”职责，落实沈洪兵主任提出的十大工作任务。一会儿，大家还要讨论，希望同志们能深入思考，凝聚智慧，提出高效、科学的发展路径，脚踏实地稳步推动建设国际一流疾控中心。

三、落实全面从严治党要求，推进党风廉政建设向纵深发展

一是要坚持严格落实中央八项规定及其实施细则精神，紧盯“四风”新表现、新变种，持续加大正风肃纪反腐工作力度，营造中心风清气正的干事创业环境。要进一步落实全面从严治党政治责任和党风廉政建设责任制，持续纠治“四风”，紧盯“关键少数”，强

化对“一把手”和领导班子监督，确保党中央重大决策部署落到实处。我们必须坚持底线思维、红线意识，把纪律规矩立起来、严起来、用起来，让纪律规矩成为带电的“高压线”，不断营造中心风清气正的改革发展环境。

二是要贯彻落实中心党委《关于加强中央和国家机关部门机关纪委建设的意见》实施方案，以及《全面从严治党、党风廉政建设和反腐败工作分工意见表》，坚决查处、严肃追责违规违纪、失职渎职等问题。要深化以案为鉴、以案促改、以案促治，发挥纪检组织的监督保障执行、促进完善作用，在堵住漏洞上下功夫，从严从实加强教育管理监督。要坚持有案必查、有腐必惩，做到有群众举报的要及时处理，有具体线索的要认真核实，违反党纪国法的要严肃查处，对反映失实的要及时澄清，对诬告陷害的要追究责任，保护党员干部干事创业的积极性。

四、坚持不懈筑牢安全防线，为建设国际一流疾控中心提供坚强保障

我们要为党的二十大胜利召开、疫情防控和中心改革以及建设国际一流疾控中心的工作目标提供安全保障，要持续重点抓好意识形态工作，完善意识形态工作机制，支持中心期刊政策评估办公室的工作，压紧压实责任链条。要加强保密工作专项教育培训，强化广大职工的保密意识，提高涉密人员的保密工作能力。要抓好生产安全和教育安全等工作，做好数据安全专项检查，全面掌握各单位、各部门的网络安全现状，对发现的问题和存在的漏洞，要立查立改，近期难以完成整改的，要提出工作计划，逐步完成整改。要认真落实国家卫生健康委及北京市关于实验室安全管理的各项规定，强化实验室和生物安全，严控实验活动，强化人员准入标准；加强病原微生物菌（毒）种库的人防、技防、物防等各项措施的落实，重点做好新冠病毒毒种及样本的管理；做好实验室应急物资储备和人员值守工作，杜绝重大实验室安全事故的发生。要强化内部审计监督，从讲政治的高度认识内部审计工作的重要性，充分发挥内部审计“治已病”“防未病”的重要作用，做好单位“经济体检”，筑牢风险防范堤坝，为中心健康发展保驾护航。各单位、各部门要主动配合和接受内部审计的监督检查，认真落实审计意见，做好审计中所发现的问题的整改工作，把审计结果及整改落实情况作为领导班子和领导干部年度考核、任免、奖惩的重要参考依据。

针对以上安全工作，各职能部门要开展常态化检查督查，建立长效机制，持续巩固安全工作成效。

同志们，今年是进入全面建设社会主义现代化国家、向第二个百年奋斗目标进军新征程的重要一年，也是中心改革发展继往开来的关键时期，我们肩负着时代赋予的光荣使命。让我们鼓足勇气，坚定信心，在国家卫生健康委党组和国家疾控局党组的坚强领导下，踔厉奋发、勇毅前行，为推动中心改革、建设国际一流疾控中心而努力奋斗，以更加昂扬向上的姿态迎接党的二十大胜利召开！

第二部分 工作进展

党办工作

【加强理论武装工作】深入学习宣传贯彻党的二十大精神，组织中心党员干部以各种方式收听收看党的二十大开幕会，组织召开党委理论学习中心组学习（扩大）会议、学习宣传贯彻党的二十大精神部署动员会，制定工作方案，并利用各种载体开展学习宣传。成立党办青年理论学习小组，参加中央和国家机关“关键小事”调研攻关活动、中国疾控中心流调溯源知识竞赛和保密知识竞赛等，获中心“优秀青年理论学习小组”称号。

【加强组织工作】组织各单位开展中心“以案促改”专题民主生活会和专题组织生活会。召开中心党的二十大代表选举工作动员部署会，开展党的二十大代表候选人、推荐人提名以及中央和国家机关党代表会议代表候选人、推荐人提名工作，协助完成李群同志的组织考察及相关宣传工作。

【夯实意识形态工作】组织召开意识形态工作会暨“七一”主题党日活动，党委书记讲专题党课。开展“五个一”专项工作，完成国家卫生健康委夯实意识形态工作责任制专项工作现场检查工作，对各直属单位开展意识形态工作专项督导检查。梳理中心网站、新媒体平台清单及热点敏感问题清单，制定意识形态风险预案。

【组织落实全面从严治党主体责任】完成中心 2021 年度党建述职评议考核工作，制定 2021 年度党建述职评议考核整改方案，推动整改工作落到实处。

【做好新冠肺炎疫情防控工作】2022 年，中心党办负责中心内部常态化疫情防控工作，组织中心北区工作人员开展常态化核酸检测。中心工会协助中心新冠肺炎疫情一级响应工作框架保障支持组开展保障支持工作，慰问一线返京专家 60 批次 556 人次，在重大节日慰问专班 12 批次，为专班工作人员发放服装 596 件。

【参与中心成立 20 周年相关活动】中心党办牵头负责《中国疾病预防控制中心二十周年纪念画册》编印，参与中心 20 年大事记和总结编写、大会筹备等其他重要工作。

【做好疾控分会工作】中心党办参加总会组织的各项活动会议，组织参加总会“一地一品”等主题活动。

【开展“学习研讨、查摆问题、改进提高”专项工作】在中心全体党员干部中开展“学习研讨、查摆问题、改进提高”专项工作，印发专项工作方案，建立专项工作整改台账，开展专题组织生活会。

（项春、贾惠岩）

传染病控制

【编写《新型冠状病毒肺炎防控方案（第九版）》并正式印发】2021 年 12 月，奥密克戎变异株传入我国，并快速成为本土疫情的优势流行毒株。2022 年 1—5 月，奥密克戎变异株 BA.2 等传播。2022 年 6 月，奥密克戎变异株 BA.5 等传播。坚持“外防输入、内防反弹”总策略和“动态清零”总方针，针对奥密克戎变异株潜伏期缩短、传播能力增强等特征，结合试点研究结果和吉林省、上海市等地的大规模疫情处置经验，2022 年 6 月 27 日，《新型冠状病毒肺炎防控方案（第九版）》印发，对防控措施进行完善优化。

【设计实施新冠肺炎疫情防控措施优化调整试点评估工作】贯彻落实党中央、国务院工作部署，探索研究设计试点方案，使科学精准开展疫情防控获得更多数据支撑。先后开展 2 次试点研究：第一次是《新型冠状病毒肺炎防控方案（第九版）》印发前，2022 年 4—5 月，在全国 7 个口岸城市进行试点；第二次是《新型冠状病毒肺炎防控方案（第九版）》印发后，2022 年 7—8 月，在全国 31 个省（自治区、直辖市）和新疆生产建设兵团继续开展第九版实践评估试点研究。坚持“边防控、边研究、边总结、边调整”，试点工作包括方案研究设计、工作部署、数据采集、质量控制、沟通协调、数据分析总结、专家研讨等，并形成试点评估总结报告，为不断优化完善我国的疫情防控措施提供科学证据。

【编写《进一步优化疫情防控的二十条措施》《关于进一步优化落实新冠肺炎疫情防控措施的通知》《新冠病毒感染由“乙类甲管”调整为“乙类乙管”》《新型冠状病毒感染防控方案（第十版）》并正式印发】为了进一步提升防控的科学性、精准性，最大限度地保护人民生命安全和身体健康，最大限度地减少疫情对经济社会发展的影响，结合对《新型冠状病毒肺炎防控方案（第九版）》政策实施情况的评估结果，经过专家的深入研究和论证，2022 年 11 月 11 日、2022 年 12 月 7 日、2022 年 12 月 27 日和 2023 年 1 月 7 日，国务院应对新型冠状病毒肺炎疫情联防联控机制（以下简称国务院联防联控机制）综合组分别印发了《进一步优化疫情防控的二十条措施》（以下简称“二十条”）、《关于进一步优化落实新冠肺炎疫情防控措施的通知》（联防联控机制综发〔2022〕113 号，以下简称“新十条”）、《新冠病毒感染由“乙类甲管”调整为“乙类乙管”》和《新型冠状病毒感染防控方案（第十版）》，不断优化调整防控措施，在较短时间内实现了疫情防控平稳转段，使新冠肺炎的死亡率保持在全球最低水平。

【新冠疫情流调溯源专班及时、准确地收集和公布疫情相关信息】为贯彻落实党中央、国务院工作部署，做好新冠肺炎疫情防控工作，累计派员20余人参加流调信息收集、疫情分析研判、材料撰写、信息发布等工作，对全国和重点省份的新冠肺炎疫情进行综合分析，科学研判疫情规模、强度、波及范围，准确研判疫情趋势，为国家卫生健康委和国家疾控局制定防控政策措施提供科学依据；及时、准确地完成疫情信息公布、世界卫生组织和国内相关部门信息通报、“两办”（中共中央办公厅和国务院办公厅）及有关领导信息报送工作。

【印发《2021年中国传染病监测报告》】《中国传染病监测报告》已连续编纂20年，是中国疾控中心对每年全国法定传染病大疫情监测数据与以设点为基础的全国重点传染病和病媒生物监测数据的年度综合分析报告，由传染病管理处牵头组织，中国疾控中心传染病所、病毒病所、寄生虫病所（国家热带病研究中心）、艾防中心、应急中心、信息中心、结控中心、免疫中心、性病中心、麻风病中心、鼠布基地、儿少中心共13个单位（部门）的业务人员共同编制完成。该报告重点分析了法定传染病和重要非法定传染病在人、时、地三间的动态分布，也包含对传染病宿主、媒介与传染来源，病原体的类别、变异、毒力、耐药等的分析结果，是对每年全国传染病监测工作的系统总结，同时也对工作中存在的问题进行剖析，并提出相应的建议，为各级政府和卫生行政部门、疾控机构和医疗机构及时了解我国传染病发生发展的规律、流行因素的变化及其影响，以及制定传染病防治措施和开展效果评价工作提供依据。

【协助国务院残疾人工作委员会、中国残疾人联合会完成联合国就我国履行《残疾人权利公约》情况的审议】对我国近10年来残疾人事业发展进行了全面回顾和总结评判，尤其是疫情防控期间残疾人的各项权利保障，全面宣介我国残疾人人权保障成就，展示了我国诚信履约、尊重和保障人权的负责任大国形象。

【全面推进流感疫苗接种工作】每年接种流感疫苗是防控流感最经济有效的方法。在新冠肺炎疫情全球大流行期间，接种流感疫苗不仅能降低罹患流感的风险，而且能减少流感相关疾病带来的健康危害及对医疗资源的挤兑。为此，围绕全面推进流感疫苗接种开展了以下工作：2022年3月8日，在全国开展了流感疫苗接种情况摸底调查、流感疫苗接种政策调查和流感疫苗需求量评估；制定《中国流感疫苗预防接种技术指南（2022—2023）》，并在2022年8月将该指南印发至全国省级疾控中心，指导地方开展预防接种工作；2022年10月，启动流感疫苗效果评价工作，在北京、苏州、新乡、宁波、嘉兴、襄阳、潍坊、深圳南山区、长沙开福区9地同步开展学生和60岁以上老年人的流感疫苗效果评价。上述工作为优化流感疫苗生产供应、推动全国和重点人群流感疫苗接种工作提供了技术指导。

【开展新冠病毒感染哨点医院监测】2022 年 12 月以来，我国面临新冠病毒感染疫情新形势，在国家卫生健康委和国家疾控局统一部署安排下，从 2022 年 12 月 14 日起，在全国 554 家国家级流感监测哨点医院开展了门急诊流感样病例和住院严重急性呼吸道感染病例新冠病毒感染监测，实时评估新冠病毒的活动水平、疫情流行态势、新冠与流感叠加流行的风险和疾病严重程度。

【开展基于数字健康技术的布鲁氏菌病患者综合管理模式试点项目】2022 年 5 月 7 日，启动基于数字健康技术的布鲁氏菌病（以下简称布病）患者综合管理模式试点项目。该项目在内蒙古自治区赤峰市翁牛特旗、巴彦淖尔市乌拉特前旗、鄂尔多斯市达拉特旗 3 个旗开展，为期 2 年，旨在探索基于电子药盒和信息系统及手机督导软件等数字健康技术的新型布病患者综合管理模式，以提高病例的依从性，降低布病慢性化危害。2022 年 5 月 8 日—7 月 4 日，各项目旗开展试运行工作。2022 年 5 月 8 日—6 月 10 日，中国疾控中心项目工作组分别赴 3 个项目旗开展现场技术培训和指导工作，确保项目试运行顺利开展。2022 年 7 月 5 日，中国疾控中心开展了项目试运行总结会，根据项目试运行情况，调整项目方案和信息系统。2022 年 7 月 6 日至今，项目正式运行。2022 年 9 月 25—29 日，中国疾控中心项目工作组再次赴 3 个项目旗开展督导和现场技术指导工作。

【开展促进犬传狂犬病消除工作】2022 年 9 月 2—4 日，组织召开全国狂犬病学术年会，参会人员达线下 800 人、线上 2 万余人，向社会各界宣传消除目标、交流相关技术进展。2022 年 9 月 3 日，开展健康科普直播，通过各类网络媒体平台覆盖 11.2 万人次。围绕世界狂犬病日开展系列活动，这些活动包括：与《健康报》合作，拍摄宣传视频；在中心公众号上发表 2 期科普文章；与中国动物疫病预防控制中心联合指导中国畜牧兽医协会开展狂犬病健康中国行科普——社区文明养犬宣传等；与其他主流网络媒体开展健康科普直播等。

【开展全球卫生工作】全年持续参与世界动物卫生组织（World Organization for Animal Health，WOAH）、世界卫生组织、联合国粮食及农业组织（Food and Agriculture Organization of the United Nations，FAO）、全球狂犬病控制联盟（Global Alliance for Rabies Control，GARC）联合的联合抗击狂犬病论坛工作组工作会，每 2 ~ 3 周一次。2022 年 5 月 7 日，参加东盟国家抗疫经验交流会，通过主题发言介绍中国新冠肺炎疫情防控经验。2022 年 7 月 14 日，担任澜湄国家跨境疾控研修班师资，分享中国狂犬病控制策略和进展。2022 年 9 月 13 日，参加全球疾控中心（Centers for Disease Control and Prevention，

CDC）联盟网络研讨会，分享中国在开展促进狂犬病消除相关立法倡导方面的经验。

【开展“全健康”相关工作】2022 年 7 月，One Health Office 在中国疾控中心成立，设立在传染病处，致力于促进“全健康”理念在中国公共卫生领域的应用。2022 年 5 月，参加世界卫生组织组织的系列 One Health 研讨会，并完成世界卫生组织西太区办事处组织的国家 One Health 工作进展情况调查问卷。

【完成手足口病重症病例病原谱及接种 EV71 疫苗对 EV-A71 感染引起的手足口病重症病例保护效果研究】由北京市自然科学基金资助开展的手足口病重症病例病原谱及接种 EV71 疫苗对 EV-A71 感染引起的手足口病重症病例保护效果研究于 2022 年结束。本研究选取手足口病重症高发省份云南、河南和湖南开展，共纳入 1 021 例手足口病重症病例，进行了多种肠道病毒检测，对不同肠道病毒引起的手足口病重症病例的临床症状和严重程度进行了比较分析，采用检测阴性研究设计，评估了接种 EV71 疫苗对 EV-A71 感染引起的手足口病重症病例的保护效果。相关研究，一是阐明了我国手足口病重症病例高发省份引起重症病例的病原谱和动态变化；二是提示了在临床诊疗过程中，应高度关注混合感染引起的手足口病患儿病程发展；三是进一步证实了 EV71 疫苗可有效预防 EV-A71 感染引起的手足口病重症，对其他肠道病毒血清型导致的重症无交叉保护作用，有必要积极开展多价疫苗的研发。

（张彦平、郑亚明、孙军玲、常昭瑞、彭质斌、陈秋兰、耿梦杰）

卫生应急

【新冠肺炎疫情应急响应工作】2022 年，共协调派出近 700 人次赴除新疆生产建设兵团以外的 31 个省（自治区、直辖市）和香港特别行政区参与近 50 起聚集性疫情应对和疫情督导。向国务院联防联控机制综合组和国家卫生健康委提交新冠肺炎疫情应对相关各类专题报告、防控建议报告、分析报告、简报等 5 000 份。配合国家卫生健康委和国家疾控局完成《新型冠状病毒肺炎防控方案（第九版）》和《新型冠状病毒感染防控方案（第十版）》的制修订及全国视频培训，参与新冠肺炎疫情防控措施优化试点研究以及“二十条”“新十条”优化措施的撰写。承接各类新冠病毒核酸检测任务 6.5 万余人次，完成全国本土病例和输入病例病毒基因组序列比对分析 3.2 万余例；为来自全国各级疾控机构的 1 700 余人次开展线上和线下应急培训。

【中国共产党第二十次全国代表大会保障工作】按照国家卫生健康委要求，制定保障党的二十大胜利召开的反恐怖防范和应急工作组组建方案。组织北京市、河北省及周边 8 个省（市）疾控中心建立党的二十大风险评估机制，累计开展风险评估 7 次。派专家参与现场保障，并组织中心应急队伍做好值守安排。协调中心传染病所、病毒病所、职业卫生所、辐射安全所等单位做好相关检测方案及人员备勤安排。

【北京 2022 年冬奥会保障工作】与北京市、河北省及周边 6 个省（市）疾控中心建立北京冬奥会风险评估机制，共开展周评估 9 次。协调 50 名流行病学调查人员组成国家级流调队，做好备勤工作；同时，做好 3 支国家卫生应急队伍值守安排。派专家参与北京冬奥会组织委员会（首钢园）医疗防疫组、北京冬奥会和残奥会医疗专家组工作。应急中心获得中共北京市委、北京市人民政府、北京 2022 年冬奥会和冬残奥会组织委员会授予的“北京 2022 年冬奥会、冬残奥会北京市先进集体”称号。

【监测预警与风险评估工作】按时、保质完成重点传染病疫情及突发公共卫生事件系统的常规监测分析。2022 年，共完成突发公共卫生事件监测周报 52 期、月报 12 期、季报 4 期、年报 1 期，完成节假日健康提示 3 期，开展风险评估日会商 249 次、月度评估 12 次；及时组织开展鼠疫、禽流感、猴痘、地震灾害、北京冬奥会、成都大运会（第 31 届世界大学生夏季运动会）、全国两会、党的二十大等专题风险评估近 30 次。

【新冠肺炎流调溯源专班工作】2022 年以来，我国本土新冠肺炎疫情呈现点多、面广、频发的特点，根据中心领导部署，流调溯源专班扩充为信息组、材料组、流调 1 ~ 6 组、综合组 9 个小组。持续开展全国疫情追踪与监测数据分析，累计完成全国新冠肺炎疫情分析研判每日简报 365 期、新冠流调信息快报 110 余期、每日各省疫情分析研判报告 3 000 余份，完成各类专题报告和疫情分析研判报告 430 余份，报送各类疫情预警信息 6 000 余条；向相关成员单位提出具体排查协查建议 140 余份，下达大数据协查排查任务 300 余次；及时总结德尔塔和奥密克戎变异株流行特点，撰写综合性总结与建议报告等 40 余份，为优化疫情防控策略与管控措施提供了技术支持。

【新发和再发传染病防控】

1. 人感染新亚型流感防控

2022 年，全国共报告人感染禽流感 37 例，其中，人感染 H5N6 禽流感为 18 例，人感染 H9N2 禽流感为 15 例，人感染 H5N1 禽流感为 1 例，人感染 H10N3 禽流感为 1 例，并在全球首次确诊 2 例人感染 H3N8 禽流感病例。继续推进《人感染动物源性流感预防控制技术指南（试行）》的推广和落实。组织开展《人感染高致病性禽流感诊断标准》（WS 284—2008）修订工作。

2. 鼠疫防控

2022 年，全国累计在青海省、内蒙古自治区、宁夏回族自治区、甘肃省、四川省、西藏自治区、新疆维吾尔自治区、云南省和新疆生产建设兵团的 36 个县（市、区、旗）及 1 个团场发生动物鼠疫疫情，共报告 2 例人感染病例，他们分别来自宁夏回族自治区和西藏自治区。针对全国鼠疫监测结果，以及近 20 年人间和动物鼠疫流行情况，同时考虑疫情跨境、远距离传播等风险，组织相关专家完成《2022 年秋冬季全国鼠疫风险评估报告》。

3. 猴痘防控

密切跟踪全球猴痘疫情进展，动态评估我国的输入风险和续发风险，完成风险评估报告 2 期。配合国家卫生健康委制定并下发《关于做好猴痘病例监测工作的通知》；组织制定《猴痘防控技术指南（2022 年版）》，开展全国培训；编写《猴痘健康提示》，开展风险沟通和健康宣教。派专家指导重庆市全国首例猴痘输入病例处置工作，并完成猴痘病毒病原鉴定。

4. 其他新发传染病防控

2022 年，继续开展西尼罗病毒病监测工作，共采集蚊媒、血清等标本 8 000 余份。继续追踪全球尼帕病毒病、埃博拉病毒病、寨卡病毒病和中东呼吸综合征等新发传染病疫情，完成 3 期新发传染病疫情态势报告、2 期乌干达埃博拉病毒病疫情专题风险评估报告。

【其他重要突发公共卫生事件应对】

1. 各类突发公共卫生事件应对

2022 年 9 月，启动四川省甘孜藏族自治州（以下简称甘孜州）泸定县地震灾害三级应急响应。派专家赴广西壮族自治区梧州市坠机事故现场、青海省西宁市大通回族土族自治县山洪灾区、四川省甘孜州泸定县地震灾害现场开展卫生防病工作。协助 500 余起毒蘑菇中毒事件处置。

2. 重大活动卫生保障工作

2022 年，先后选派 43 名专家为北京冬奥会、珠海航展（第十四届中国国际航空航天博览会）、上海进博会（第五届中国国际进口博览会）、世界青年发展论坛、上合组织峰会（上海合作组织成员国元首理事会第二十二次会议）、G20 峰会（二十国集团领导人第十七次峰会）、APEC 峰会（亚太经济合作组织第二十九次领导人非正式会议）、全国两会、党的二十大等重大活动提供保障；协调 2022 年北戴河暑期医疗卫生和食品安全保障任务；做好中心北区卫生保障工作。做好党的二十大生物反恐人员值班备勤。

【应急准备与应急能力建设】

1. 开展国家卫生应急法制与预案建设

组织接待全国人大常委会法工委和国家卫生健康委法规司关于《突发事件应对管理法》修订的现场调研，组织相关单位围绕调研提纲，就《突发事件应对管理法》修订中的重点问题进行专门汇报，为国家立法工作提供技术参考。受国家卫生健康委和国家疾控局委托，承担《国家突发公共卫生事件应急预案》修订工作，组织相关专家就突发事件的分级响应、监测预警等重点问题进行深入研究，完成修订建议稿报送相关司局。

2. 开展全球公共卫生安全研究工作

根据国家卫生健康委要求，组织开展《国际卫生条例（2005）》《大流行公约》等相关政策研究和分析；完成《国际卫生条例（2005）》国家归口单位工作规则研究项目；协助世界卫生组织完成《联合外部评估工具》（第三版）的翻译工作；线上参加第 75 届世界卫生大会、大湄公河次区域经济合作第三次高官会、国际民航组织民航公共卫生事件预防和管理协作项目全球专题会议等。

3. 扎实开展食品安全相关工作

做好食物中毒类突发公共卫生事件的监测分析和风险评估，向国家卫生健康委报送季报 4 期、年报 1 期和相关监测数据 5 期。组织专家撰写食品安全事故流行病学调查技术培训教材。

4. 做好突发环境因素事件应急准备工作

2022 年 7 月，在北京市举办全国突发水污染事件卫生应急技术线上培训；对突发水污染事件、高温中暑事件、非职业性一氧化碳中毒事件等环境因素事件开展监测分析，针对高发季节、春秋开学季、节假日、重要活动的重点时段，及时开展专题风险评估，并提出风险防范建议。对高温中暑个案报告系统和非职业性一氧化碳中毒个案报告系统进行升级完善。

5. 开展自然灾害防治相关工作

及时在中心网站上建立《四川芦山 6.1 级地震》《洪涝救灾防病》《四川泸定 6.8 级地震》热点专栏，对灾情信息、疾控动态、技术方案、健康宣教等核心信息进行实时更新。组织相关专家编写《火山爆发健康危害及防护建议》。全年安排中心自然灾害先遣队值守 2 000 人次。

6. 负责中华预防医学会卫生应急分会的工作

为着力防范和应对传染病疫情风险，指导各地加强传染病疫情应急演练，做好传染病疫情应急处置工作，中华预防医学会卫生应急分会组织专家编制了《国家传染病疫情应急演练管理办法》和《国家疾控局传染病疫情应急演练工作规划》。2022 年 11 月，召开传染病疫情应急演练研讨会，邀请部分省传染病防控和卫生应急演练方面的专家委员就完善传染病疫情应急演练工作进行研讨。

【规范性技术文件的制定】制定《猴痘防控技术指南（2022 年版）》《尼帕病毒病防控技术指南》，组织编写《儿童不明原因急性肝炎哨点监测工作方案》。

（施国庆、王琦）

结核病预防控制

【全国结核病疫情情况】截至2022年12月31日，全国共登记管理肺结核患者512 926例。其中，病原学阳性率为61.3%，较2021年上升了2.8%。

【结核病防治中长期规划】起草《全国结核病防治中长期规划（2023—2030年）》，组织专家多次论证后，提交国家疾病预防控制局传染病防控司（以下简称国家疾控局传防司）。

【《遏制结核病行动计划（2019—2022年）》终期评估工作】组织制定《遏制结核病行动计划（2019—2022年）》终期评估方案，开展终期评估现场调查、结核病防治核心知识知晓率和结核病登记报告质量专项调查。2022年10月27日，组织开展全国《遏制结核病行动计划（2019—2022年）》终期评估线上视频培训班。全国疾控中心（结防所）分管领导、结防所（科）所长（科长），结核病防治、监测、健康促进等领域的专业骨干，以及中国疾控中心结控中心政策规划部、监测预警部、监测评价部和健康促进部的相关人员共计500余人参与了此次培训。

【全国结核病防治综合质量控制工作】围绕结核病防治疾控机构、医疗机构和基层医疗卫生机构的工作质量提升目标，进一步扩充了综合质控专家团队，人员数量达到290余人，完成了《中国结核病防治综合质量控制核查手册》出版、标准化培训课件录制，制作并印发了《结核病防治综合质量控制现场核查清单》，组织开展了24期结核病防治综合质控云讲堂，累计观看人数达80余万人。

【全国结核病防治工作技术指南培训】为保证培训的同质化和标准化，组织专家编写并录制《中国结核病防治工作技术指南（2021年版）》标准化培训视频课程，针对结核病防治关键环节进行全面培训。该标准化视频发布在中国疾控中心网站上，供各级各类结核病防治机构在培训和工作中参考。

【社会动员、患者关爱及无结核社区三大行动】围绕联合国和世界卫生组织提出的“终结结核病流行”策略目标，启动了结核病防治“三大行动”，推动中国朝着“终结结核病流行”目标迈进；在全国18个省36个县区开展无结核社区试点工作，开发无结核社区系列健康科普宣传材料及健康宣传用品——《结核病防治知识系列读本（患者心理支持篇）》《结核病防治知识系列读本（患者营养支持篇）》《结核病防治知识系列读本（社区篇）》《结核病防治知识系列读本（校医篇）》《结核病防治知识系列读本（学生篇）》等，累计制作患者关怀包 900 套、耐药患者关怀包 500 套。

【重点人群、重点地区结核病防控】积极推进学校结核病疫情防控工作，全年完成了学校结核病疫情周报 52 期；监测、跟踪和指导处置 1 起学校结核病突发公共卫生事件和多起学校及其他人口密集场所的结核病聚集性疫情；启动开展高二学生肺结核筛查项目，组织 6 个试点省实施肺结核患者家庭内密切接触者筛查项目；完成冬奥会、冬残奥会、2022 年下半年大型活动等重大活动公共卫生风险评估报告 16 份。

【实验室质量控制和能力验证】积极推进全国结核病实验室网络质量管理工作，对全国 31 个省（自治区、直辖市）下发药敏试验熟练度测试菌株，覆盖 500 余个省、地、县结核病实验室；全国共 2 634 家结核病实验室参加结核病分子生物学检测能力验证，完成 2 926 套质控品，能力验证合格率为 98.2%；接收 4 家机构的结核病实验室星级评定申请，组织专家完成相应文件评审工作。

【结核病监测预警】升级全民健保体系下的新型结核病监测和预警系统，启动国家级监测数据分析平台、结核病监测数据质量核查工具建设工作，加强全国结核病监测信息质量监控，提高全国结核病耐药监测工作质量，完成年度和季度监测信息、结核病耐药率估计及变化趋势分析等报告撰写。

【结核病健康促进】

（1）组织“3·24 世界防治结核病日”全国主题宣传现场活动，期间，启动“遏制耐药结核病攻坚行动”，世界卫生组织结核病和艾滋病防治亲善大使彭丽媛教授受邀出席启动仪式；组织全国 30 个省（自治区、直辖市）开展“为终结结核病　点亮城市的红”国际倡导活动；拍摄和发布耐药结核病公益宣传片，制作科普短视频、图文等宣传材料，阅读量达 2 000 余万人次；设计制作和分发海报、宣传品等 1.3 万余份，全国结核病防治公益宣传志愿者已经超过 100 万人，中国 1 名结核病防治公益宣传志愿者应邀在 2022 年全球肺部健康大会上做报告；青年志愿者在 2022 年第二届亚太结核病论坛上展示倡导引领风采；“一网一微”宣传平台不断优化，组织编撰的《为了健康的呼吸——中国结核病防治纪实》中英双语画册于 2022 年 4 月获评国家卫生健康委 2021 年度委管出版物主题宣传优秀图书。

（2）2022 年 11 月 8—11 日，第 53 届国际防痨与肺部疾病联合会举办的全球肺部健康大会以线上会议形式召开，会议的主题为“抗击疫情：现在和将来”。在世界卫生组织和中国疾控中心的支持指导，以及湖北省疾控中心结核病防治所的大力推动和支持下，来自湖北省荆门市的结核病志愿者果果应邀在“YOUTH 4 LUNG HEALTH”分会场做了线上主旨报告。

（3）2022 年 11 月 29—30 日，第二届亚太结核病论坛在线上举办。中国疾控中心结控中心研究员屈燕在论坛上发言，围绕在“百千万志愿者结核病防治知识传播活动”带动下 10 年来全国志愿工作的蓬勃发展，重点分享了以构建无结核病校园和无结核病社区为主导的大学生志愿者和青年社区志愿者的工作特色与成效，展示了中国青年群体致力于终结结核病流行的标杆行动和影响力。本次论坛还特别展示了中国大学生志愿者的青春风采，视频的主角是四川省和浙江省 3 所大学的结核病志愿宣传团队。

【科学研究、技术创新和国内外项目合作】积极申请各种各类结核病防治项目及课题，开展科学研究和技术创新工作。结控中心成功申请科技部重点研发科研课题 1 项，组织实施横向课题“结核病患者关怀项目”“梅里埃三期项目”“礼来基金会项目”“中盖疫苗项目”“世界卫生组织合作项目”等多项国内外合作项目。

【援疆援藏及健康扶贫工作】派遣黄飞研究员作为第十批中组部援疆干部前往新疆维吾尔自治区喀什地区中国疾控中心南疆工作站，开展为期 1 年的技术援助工作；组织开展 1 期针对云南省怒江傈僳族自治州各级结核病防治人员的结核病防治技术操作与理论实践线上培训班，累计培训当地结防工作人员 120 人；支持四川省凉山州开展第二阶段攻坚行动，组织专家撰写《凉山州多病同防工作手册》结核病部分，指导开展重点人群结核病筛查等工作；支持新疆维吾尔自治区疾控中心和西藏自治区疾控中心联合申请自治区重大科技专项等科研项目 3 项，向新疆维吾尔自治区、西藏自治区及三区三州①等重点地区派发患者关怀包 580 套，共计 27.6 万元。

【新冠肺炎疫情防控】2022 年 1—12 月，结控中心先后派出 43 人次参与北京市、上海市、四川省、福建省、黑龙江省、吉林省、内蒙古自治区、新疆维吾尔自治区、广东省、河北省和重庆市等地的新冠肺炎疫情现场防控工作，累计现场工作时间达 600 余天；先后派遣 16 人参与国家卫生健康委新冠肺炎流调专班，累计工作时间达 900 余天。

（赵雁林、陈明亭、张慧、王前、王嘉）

---

① “三区三州”指西藏自治区、青川滇甘四省藏区、南疆四地州和四川凉山州、云南怒江州、甘肃临夏州。——编辑注

免疫规划

【召开中国维持无脊灰证实专家委员会 2022 年度会议】2022 年 8 月 24 日，组织召开中国维持无脊髓灰质炎（以下简称脊灰）证实专家委员会 2022 年度会议。中国疾控中心免疫中心和病毒病所分别汇报了中国维持无脊灰工作进展和脊灰网络实验室运转情况。各位委员对我国维持无脊灰所做的工作给予了高度肯定，并对脊灰病毒监测工作现况、脊灰疫苗免疫策略转变、新冠肺炎疫情对脊灰监测和疫苗接种的影响以及脊灰病毒封存工作研提意见与建议。各位委员审阅了 2022 年度中国维持无脊灰工作进展报告，一致同意中国继续处于无脊灰状态，并对报告签字确认。会后，报告被提交世界卫生组织。

【开展原发性免疫缺陷病儿童脊灰病毒携带情况监测】2022 年，中国疾控中心免疫中心在北京、上海、河南和重庆 4 个省（市）启动了世界卫生组织原发性免疫缺陷病儿童脊灰病毒携带情况监测项目。项目启动后，重庆市疾控中心从一名在重庆就医的贵州免疫缺陷病儿童的粪便标本中检出了 4 株脊灰病毒。2022 年 4 月 21 日，经国家脊灰实验室进行 VP1 区核苷酸序列测定和分析后，该病毒被鉴定为Ⅲ型免疫缺陷疫苗衍生脊灰病毒（immunodeficiency-associated vaccine-derived poliovirus，iVDPV）。中国疾控中心免疫中心指导贵州省疾控中心和重庆市疾控中心开展了一系列应急处置措施，包括现场调查及健康儿童粪便标本采集、急性弛缓性麻痹（acute flaccid paralysis，AFP）病例回顾性主动搜索和调查、疫苗接种率评估、脊灰疫苗查漏补种、密切接触者搜索和调查及粪便标本采集等。2022 年 5 月 20 日，中国疾控中心免疫中心组织专家就此次检出病毒情况以及疫情传播风险进行了讨论，认为病毒来源于免疫缺陷病儿童，贵州省存在疫苗衍生脊灰病毒（vaccine-derived poliovirus，VDPV）传播的风险极低，后续发生病毒传播风险低。

【指导宁夏开展Ⅰ型疫苗衍生脊灰病毒调查处置】2022 年 11 月 24 日，中国疾控中心病毒病所国家脊灰实验室对宁夏回族自治区疾控中心送检的一名石嘴山市急性弛缓性麻痹病例接触者粪便标本的Ⅰ型脊灰病毒分离物进行了序列测定，发现该病毒与Ⅰ型脊灰疫苗株相比，VP1 区有 13 个核苷酸发生了变异，为 VDPV。在宁夏回族自治区实验室检测结果提示可疑疫苗衍生脊灰病毒后，中国疾控中心免疫中心立即与宁夏回族自治区疾控中心联系，指导当地开展多项工作，包括该 VDPV 健康携带者后续标本及周围接触者标本采集及检测、儿童接种率调查分析、急性弛缓性麻痹病例主动搜索、VDPV 健康携带者管理等。根据前述处置工作结果，专家研判认为本次疫情发生病毒广泛传播的风险为低风险。

已通过“可能构成国际关注的突发公共卫生事件通报表”将此疫情报告世界卫生组织。

【召开中国消除麻疹证实委员会 2022 年度会议】2022 年 8 月 12 日，中国消除麻疹证实委员会 2022 年度会议在中国疾控中心召开。免疫中心和病毒病所分别汇报了中国消除麻疹和风疹工作进展、麻疹风疹实验室网络工作进展情况。各位委员审阅了 2022 年度中国消除麻疹和风疹工作进展报告，对我国消除麻疹和风疹所做的工作给予高度肯定，并就新冠肺炎疫情防控对麻疹和风疹流行的影响、实验室基因型监测情况、疫苗相关病例的定义与分类等内容进行了讨论。报告经各位委员一致同意并签字后，被提交世界卫生组织。

【赴河南省疫情现场开展新冠病毒疫苗针对德尔塔和奥密克戎双变异株的保护效果评价】2022 年 1 月 15—30 日，按照国务院联防联控机制工作部署，中国疾控中心免疫中心派专家赴河南省开展德尔塔和奥密克戎双变异株流行情况下的疫苗保护效果评价，比较了国内首个双变异株流行情况下的疫苗保护效果，为疫情防控提供了参考依据，并形成技术报告，上报国家卫生健康委。

【开展全国 14 个省新冠肺炎疫情暴发现场疫苗保护效果评价】2022 年 8—11 月，按照国务院联防联控机制工作部署，受广州国家实验室委托，中国疾控中心免疫中心基于 2022 年 2—7 月吉林、山东等 14 个省的奥密克戎变异株暴发疫情现场，组织开展了国产新冠疫苗对奥密克戎变异株所致感染、肺炎和重症 / 危重症的保护效果评价，证实了国产新冠疫苗对奥密克戎变异株的真实世界保护效果，为后期的疫情防控措施提供了参考，并形成专题报告，上报相关部门。

【完成新冠病毒灭活疫苗上市后免疫持久性及保护效果研究】2021 年 7 月—2022 年 12 月，中国疾控中心免疫中心围绕我国附条件上市的 3 款新冠病毒灭活疫苗，完成了 18 ~ 59 岁人群中灭活疫苗的免疫持久性、不同厂家灭活疫苗替代接种的免疫原性和安全性、18 ~ 59 岁和 60 ~ 80 岁人群 3 剂次不同免疫程序灭活疫苗的免疫原性和安全性研究；同时，还基于广东省广州市、云南省德宏傣族景颇族自治州瑞丽市和河南省郑州市的德尔塔变异株疫情，探索性地评价了真实世界中新冠病毒疫苗预防德尔塔变异株所致感染或发病的保护效果，为更新和完善我国新冠病毒疫苗免疫策略提供了科学的数据支持。

【继续开展新冠病毒疫苗免疫策略技术支持工作】2022 年 1—12 月，中国疾控中心免疫中心持续追踪国内外新冠病毒疫苗研发和使用进展，完成疫苗研发进展态势周报 52 期。撰写并报送我国下一步新冠病毒疫苗接种有关考虑等报告，起草老年人和有基础疾病人群新冠病毒疫苗接种指导意见、新冠病毒疫苗接种技术指南修订说明等。

【中国疫苗国家监管体系顺利通过世界卫生组织认证评估】2022 年 1 月以来，在国家疾控局的领导下，按照世界卫生组织对中国疫苗国家监管体系（National Regulatory Authority，NRA）评估警戒板块 AEFI 监测处置相关要求，积极组织参加了 NRA 评估准备工作，修订发布了《中国疾控中心 AEFI 监测质量管理手册（第二版）》，将其作为中心内部质量管理工作规程，并提交世界卫生组织，作为疫苗 NRA 评估证据。中国疾控中心免疫中心多次协助国家疾控局、国家药品监督管理局（以下简称国家药监局）更新提交 NRA 自评报告、答复口径、评估汇报及证据资料等，并培训指导浙江、四川、云南 3 个参评省开展相关评估准备工作。2022 年 7 月，中国疾控中心免疫中心 AEFI 监测室主任作为主答辩人之一，参加正式评估，顺利完成主答辩任务。2022 年 8 月 23 日，世界卫生组织宣布中国通过疫苗 NRA 评估。中国疾控中心免疫中心及参与评估的同志获得国家药监局的书面表扬，为我国通过疫苗 NRA 评估做出了突出贡献。

【推进《全国疑似预防接种异常反应监测方案（2022 年版）》发布及方案培训工作】中国疾控中心免疫中心协助修订了《全国疑似预防接种异常反应监测方案（2022 年版）》部分内容。2022 年 6 月，国家卫生健康委、国家药监局联合正式下发《全国疑似预防接种异常反应监测方案（2022 年版）》。2022 年 7 月初，中国疾控中心免疫中心组织召开全国省级疾控中心 AEFI 监测处置工作会议，解读《全国疑似预防接种异常反应监测方案（2022 年版）》，并指导落实新规定。

【开展数据质量核查工作，形成《2021 年全国预防接种异常反应监测信息概况》发布稿初稿】为做好 2021 年全国预防接种异常反应监测信息发布准备工作，2022 年 1 月，中国疾控中心免疫中心制定并发布了《全国 AEFI 监测数据审核订正参考原则》，要求各省开展监测数据核实订正工作，并完成 3 轮数据核查反馈，召开了 1 次重点 AEFI 病例专家研讨会，2 次上报新冠病毒疫苗监测数据质量信息，起草形成了《2021 年全国预防接种异常反应监测信息概况》发布稿初稿，经过 2 次沟通例会讨论通过后，正式上报国家疾控局。

【启动关注疾病监测模块开发建设工作】2022 年 11 月，中国疾控中心免疫中心启动了中国疾病预防控制信息系统免疫规划信息子系统疑似预防接种异常反应监测功能升级改造及运维项目，完成了关注疾病监测模块的概要设计说明书和需求规格说明书专家评审，正式启动了模块开发建设工作，可实现对试点地区关注疾病主动监测信息的采集、整理和分析等。2022 年 12 月 20 日，该模块通过初步验收并进入试运行阶段。

【继续推进新冠病毒疫苗安全性主动监测工作】为研究新冠病毒疫苗接种后重点关注

疾病（adverse event of special interested，AESI）的发生情况，中国疾控中心免疫中心根据接种新冠病毒疫苗后需 AESI 主动监测工作方案等要求，牵头建立了 AESI 主动监测网络，推动无锡、南通、厦门、济南、宜昌、绵阳 6 个地市区域健康信息平台改造建设和数据治理及分析工作，组织开展 AESI 与疫苗因果关联研究。

【维护改造 AEFI 监测系统，推动历史数据迁移】中国疾控中心免疫中心根据新冠病毒疫苗 AEFI 监测需求，及时调整增加监测变量，改进 AEFI 监测系统，保障新冠病毒疫苗加强免疫后 AEFI 监测工作。同时，将原 AEFI 监测系统中的 AEFI 历史数据迁移至现 AEFI 监测系统，选择试点地区开展历史数据核对校验工作，开展历史数据迁移后的质量评估。

【继续开展新冠病毒疫苗 AEFI 专项监测工作】中国疾控中心免疫中心负责新冠病毒疫苗 AEFI 监测分析工作，完成 AEFI 监测日报、周报、月报等，协助处理甘肃省报告的 1 起腺病毒载体新冠病毒疫苗群体性 AEFI 事件；完成并提交不同技术路线疫苗、重点人群、重点 AEFI 监测分析报告，组织由国家卫生健康委、国家疾控局、药监部门等多部门参加的 AEFI 监测沟通例会，通报 AEFI 监测系统运行情况，评估可疑信号等。

【定期向新冠病毒疫苗生产企业反馈紧急使用疫苗 AEFI 监测数据】中国疾控中心免疫中心按照国务院联防联控机制指示，定期向新冠病毒疫苗生产企业反馈紧急使用疫苗 AEFI 监测数据，以促进数据的分享利用，保障疫苗接种安全。

【持续开展中国百日咳流行病学特征变化、疫苗保护效果评价及百日咳再现原因研究】中国疾控中心免疫中心于 2020 年开展了中国百日咳流行病学特征变化、疫苗保护效果评价及百日咳再现原因研究。2022 年，持续在 6 个省 11 个地市开展相关研究工作，按要求完成各项任务，为分析我国百日咳疫情上升影响因素，以及评价国产百日咳疫苗保护效果提供科学数据。

【配合重点推进老年人新冠病毒疫苗接种】在国家疾控局领导下，继续开展新冠病毒疫苗接种技术指导和评价，承担多次全国培训，全年（包括节假日）无间断地每日收集、分析和报送全国新冠病毒疫苗接种信息。2022 年 10 月，组织开展老年人未接种新冠病毒疫苗相关因素调查，协助制定老年人新冠病毒疫苗接种方案，总结和交流各地老年人疫苗接种工作经验。2022 年 11 月开始，配合国家疾控局重点推进 60 岁以上老年人新冠病毒疫苗接种工作，指导各地因地制宜，为老年人提供可及和便利的疫苗接种服务，按期完成疫苗接种任务。2022 年年底，组织开展全国老年人专项摸底调查，进一步摸清底数，指导各级做好老年人新冠病毒疫苗接种工作。

【持续推进完善免疫规划信息系统】2022 年 1—12 月，继续协同信息中心，指导项目承建公司完善免疫规划信息系统，持续指导更新数据交换文档规范，确保预防接种和疫苗流通信息上传至国家免疫规划信息系统；持续监测免疫规划数据上传至国家免疫规划信息系统情况，指导开展国家和省级免疫规划信息系统适应性改造，满足不同阶段新冠病毒疫苗免疫策略下的接种数据收集和分析需要。进一步指导项目承建公司完善国家标准编码管理系统接种单位编码系统功能，修订印发《免疫规划信息系统接种单位编码维护工作方案（2022 年版）》，组织开展全国视频培训并提供技术指导，为全国免疫规划信息系统稳定运行提供基础保障，助力新冠病毒疫苗大规模接种。

【推进基于预防接种电子档案开展国家免疫规划疫苗接种率监测】在河北、江苏、安徽、山东、四川、甘肃 6 个省组织开展为期半年的试点工作，形成国家基于预防接种电子档案统计用标准数据库和标准统计结果，指导国家和省级免疫规划信息系统升级改造，形成《基于预防接种电子档案开展常规免疫接种率监测试点工作总结》，报送国家疾控局。在试点工作基础上，进一步修订形成《免疫规划信息系统预防接种信息收集和报告工作方案》和《全国常规免疫接种率监测方案（2022 年版）》，报送国家疾控局。持续评估和反馈各省预防接种电子档案数据上传情况和数据质量，指导各省完成省级免疫规划信息系统适应性改造和上传所有常规接种信息。

【开展预防接种服务现况调查】2022 年下半年，中国疾病中心免疫中心组织开展《中华人民共和国疫苗管理法》贯彻实施和新冠病毒疫苗大规模预防接种实施情况调查，评估接种单位的服务能力，为进一步提升和完善免疫服务能力提供科学依据。2022 年 8 月，赴贵州省开展预调查。2022 年 10 月，召开全国线上培训会，对 10 个省疾控中心和接种单位人员开展培训，启动全国预防接种服务现况调查。2022 年年底前，指导地方规范开展现场调查（共调查 177 个接种单位和 3 610 名儿童监护人），收集调查问卷，整理数据库，撰写调查总结报告。

【持续开展常规免疫接种率监测】2022 年，根据中国免疫规划信息管理系统收集的基于乡级报告单位报表数据，全国国家免疫规划疫苗累计报告接种 2.4 亿剂，同比下降 12.95%；全国国家免疫规划各疫苗剂次年累计报告接种率为 98.78% ~ 99.86%，乙肝首剂及时报告接种率为 95.04%。2022 年，全国非国家免疫规划疫苗累计报告接种 2.5 亿剂，同比上升 20.33%。通过电话调查 15 个省常规免疫接种数下降和接种率波动情况的原因，形成新冠肺炎疫情对常规免疫接种影响分析报告，报送国家疾控局，指导各级尽快组织做好查漏补种工作。

【开展国家免疫规划疫苗集中采购】中国疾控中心免疫中心和资产管理处积极配合，完成2022年国家免疫规划疫苗集中采购工作，共采购17个品种1.9亿支疫苗，采购预算为26亿元。免疫中心负责收集、汇总各省2022年国家免疫规划疫苗采购需求，制定各类国家免疫规划儿童疫苗采购技术参数，派出采购人代表参加采购评审，配合资产管理处开展国家免疫规划疫苗采购方案、采购文件制定等工作，并对国家免疫规划疫苗供应情况开展监测和评价。

【协助组织开展预防接种相关健康主题日宣传活动】协助国家疾控局组织开展“4·25全国儿童预防接种日”宣传活动，确定宣传主题“及时接种疫苗，保障生命健康”，组织设计制作2幅宣传海报和4万个宣传活动用口罩。联合中国肝炎防治基金会，开展“7·28世界肝炎日”宣传活动，组织设计制作2幅海报，协助开展线上肝炎防治知识竞赛活动等。进一步宣传疫苗接种在控制传染病、保护人民群众生命健康中的重要作用，营造预防接种的良好氛围，倡导全社会重视、关心和支持预防接种工作。

【成功开展预防接种宣传语及海报征集活动】2022年，“4·25全国儿童预防接种日”期间，面向各级疾控机构、接种单位，通过线上平台合作开展预防接种宣传语及海报征集活动，各单位大力支持此次活动并踊跃参加。共计征集宣传语类、海报类作品1 383件，评选出优秀作品15件、入围作品34件。

【发挥专家优势，开展新冠病毒疫苗接种科普宣传】派出中心首席专家参加10次国务院联防联控机制发布会，准备40余个相关备答口径；先后接受中国中央电视台、新华社、光明日报社、北京电视台等媒体采访，普及接种疫苗的必要性、保护效果及注意事项等公众关注的热点问题。同时，组织撰写《老年人新冠疫苗接种科普问答》，并在中心网站、公众号等媒体上发布。

（尹遵栋、安志杰）

公共卫生政策研究

【牵头疾控体系改革研究与预科院筹建】一是整理参考各高校及科研院所的发展管理模式，完成编写《中国疾控中心改革设想情况汇报》《三定规定及编写说明》等材料，参与中心总部"小三定"方案修订。二是参与预科院挂牌专班工作，撰写并印发专班工作方案，组织完成《筹建中国预防医学科学院有关考虑》和明确科研属性、增加人员编制等6份专项研究报告。三是组织召开国家疾控局与中心领导、首席专家和直属单位负责同志关于疾控中心改革研讨会，梳理完成《中国疾控中心改革面临的问题及改革建议》并上报国家疾控局。

【开展公共卫生领域政策研究】一是完成与中国医学科学院医学信息研究所合作开展的"我国疾病预防控制事业发展研究"，梳理了全国疾控体系近70年的发展历程和成功经验。二是与北京中医药大学合作开展"疾病预防控制机构队伍稳定与发展机制研究"，完成江苏省、山东省、湖北省、江西省、贵州省、四川省现场调查和数据分析。三是与北京市疾控中心、首都医科大学合作开展"疾病预防控制机构人员职业倦怠现状及影响因素研究"，完成北京16个区（县）级的现场调查和数据分析。

【参与中国疾控中心成立20周年相关筹备工作】一是根据各单位提供的20周年总结素材，汇总形成约5.1万字的总结材料，进一步凝练完成中心成立20周年纪念文章和中心主任主会场发言代拟稿等材料。二是启动"疾控20年"大事记征集和评选活动，经过征集、初评、复评、整合和意见征求5个阶段，汇总形成中心20年发展120条大事记。三是与中国新闻社合作，编印中国新闻全国两会专报《回眸二十年　展望新征程　加速建设现代化疾控中心》，全国两会期间，送至全国两会代表和委员报刊阅览处供参阅。

【参与新冠肺炎疫情防控工作】一是推动疫情防控工作综合协调，协助新冠肺炎疫情一级响应框架工作组做好人员派遣、队伍管理等相关工作，整理派遣专家人员信息，建立并更新数据库。二是派人参加新冠肺炎疫情防控流调溯源专班，协助完成专班综合保障工作。三是承担专家现场处置差旅补助材料整理与报销，做好疫情防控后续福利与保障工作。四是做好疫情防控专家组疫情分析组的培训、值守、备勤等工作。

【承担文稿撰写工作和党建工会活动】一是承担各类文稿撰写工作，包括《加强公共

卫生医师配置 完善基层医疗机构疾病防控能力》《加强基层公共卫生能力建设》等材料。二是作为机关一总支第一党支部纪检委员和青年委员所在处室，协助党支部书记开展各类组织生活会、专题生活会和党员大会，参与各项党建活动。三是协助参与中心机关工会管理工作，完成节假日福利产品采购及发放，协助中心机关工会完成各项活动和会议等。

（王园）

网络安全与信息化

【制度建设和管理体系完善】依据《中华人民共和国网络安全法》，按照等级保护相关管理标准，梳理中国疾控中心网络安全管理规范和制度，对现有制度和管理体系进行优化。一是随着新一届领导集体就位，2022 年 9 月，完成网络安全和信息化领导小组调整工作，调整了由党政主要负责同志担任双组长的网络安全和信息化工作领导小组，网络安全工作由中心党委副书记严俊负责。二是 2022 年 11 月，完成修订《中国疾病预防控制中心网络与信息安全事件应急处置程序》等。三是组织中心各单位和部门负责人于 2022 年 7 月 19—22 日签署网络与信息安全责任承诺书，压实主体责任。2022 年 7 月 30 日前，各单位和部门结合自身业务特点，细化制定内部的网络与信息安全责任承诺书，由全体职工签署，将责任落实到人，具体到岗。

【重要时期网络安全保障】2022 年，全国两会、国庆节、党的二十大期间，由中心党委副书记严俊组织召开网络安全专题会议，部署落实期间网络安全保障相关工作，实行每日“零报告”制度，开展网络安全自查自纠和风险评估工作，对重点保卫目标进行网络安全事件应急演练、网络安全扫描与检测，建立 7×24 小时值班值守制度，完善应急保障措施。发生重大网络安全事件时，按程序及时报告，并加强舆情应对和供应链安全管控等。

【信息系统等级保护】开展年度测评工作。对中国疾控中心 4 个三级信息系统（中国疾病预防控制信息系统、职业病及健康危害因素监测信息系统、协同办公系统、应急作业管理信息系统等）、4 个二级信息系统（公共卫生科学数据中心网站、国家慢性病综合防控动态监测与评估系统、《生物医学与环境科学（英文）》网站、《中国疾病预防控制中心周报（英文）》网站）进行等级保护测评。

【信息系统网络安全保障】对中心及直属单位的门户网站进行 7×24 小时安全监测，针对中心及直属单位的重要信息系统（等级保护三级）、大数据平台、云租赁等重要基础设施，采用计算机系统及人工相结合的方式，进行 4 轮渗透测试。落实中心及直属单位网站安全漏洞整改（含公安部、国家卫生健康委、北京市公安局、北京市国家安全局下发的安全漏洞扫描结果和整改通知）。

【应急保障、网络安全事件处置和攻防演练】一是参加新冠肺炎疫情应急防控工作，保障网络和信息安全，加强疫情专班网络和数据安全保障能力。二是完成各类应急事件处置，发布安全预警通报7次、整改通知17次，处置国家互联网信息办公室网络安全通报8次，接受中共中央办公厅督导组检查1次、公安部检查1次、北京市公安局检查2次、国家卫生健康委检查1次，接受北京市公安局昌平分局的现场监督检查8次。三是开展关键基础设施系统保障系列工作，包括风险评估、安保技术支持、现场值守及应急处置演练等，参加公安部和北京市公安局组织的重要信息系统网络安全攻防演练。

【数据安全保护工作】一是按照国家卫生健康委和国家疾控局相关管理制度要求，进一步做好中国疾病预防控制信息系统数据分级分类管理工作。二是开展数据安全专项检查，2022年7月14—15日，卢江书记带队，抽查了中心部分处室，实地了解涉疫数据的存储、管理、使用情况。2022年7月26日—8月12日，网安处组织全中心开展数据安全专项检查，从制度建设和责任落实、网络和信息系统数据安全、终端数据使用安全、安全教育和培训等方面，对各单位和部门的数据安全进行了一次全面摸底和检查，及时发现风险隐患。

【培训和教学工作】一是安排工作人员参加注册网络安全渗透评估专业人员（Certified Cybersecurity Penetration Assessment Professional，NSATP-A）、注册网络安全专业防御人员（Certified Cybersecurity Defense Professional，NSATP-D）、注册数据安全治理专业人员（Certified Information Security Professional-Data Security Governance，CISP-DSG）培训。二是协助国家疾控局组织实施并完成对国家及省级疾控网络安全专业培训工作，组织面向全国省级疾控中心的信息技术应用视频培训、中国疾病预防控制信息系统相关功能视频培训，面向中国疾控中心内部的科技文献数据库使用培训、流行病学动态数据采集平台（Epidemiological Dynamic Data Collection Platform，EDDC）培训、地理信息系统应用与空间分析技术培训等。三是开展研究生教学工作，完成“网络安全”“卫生信息技术”“医学信息检索与利用”3门课程组织，完成2022年度昌平校区72课时的教学工作和潘家园校区112课时的教学工作。

【国家卫生健康委和国家疾控局技术支撑相关工作】一是协助国家疾控局编制《国家疾病预防控制局网络与信息安全事件应急响应预案（征求意见稿）》。二是协助国家疾控局建设完成全国视频会议系统专线链路联通项目。三是协助国家疾控局开展疾控行业数据安全自查和信息系统摸底，整理并汇总全国二级以上信息系统摸底情况表，形成数据摸底分析报告。四是接受国家疾控局委托，开展疾控数据分级分类相关工作。五是协助国家卫生健康委完成《全国疾控信息化试点调查进展报告》。六是深度参与国家疾控局组织的疫情防控一体化数据集成支撑平台建设、“十四五”公共安全保障工程等信息化项目的申报，中央转移地方支付项目方案的测算，以及省统筹传染病监测预警平台建设指导意见的编写。七是承担国家疾控局综合司、规划财务与法规司、综合监督二司、监测预警司的 5 项委托工作。

【健康码底层数据支持】为全国一体化政务服务平台提供健康码的数据支撑，汇聚并推送新冠病毒疫苗接种信息、核酸检测结果信息。建立核酸检测结果交换接口，截至 2022 年 12 月 31 日，已实现 29 个省级核酸系统的自动交换。支持全国每日新冠病毒疫苗接种数据上传和分析，截至 2022 年 12 月 31 日，全国数据交换成功率达 100%。

【新冠大数据比对分析】向国家卫生健康委提供新冠病例数据和同户、同住、同行“三同”数据 2 433 次，向各省分发大数据比对分析结果 936 批次。

【疫情现场处置与专班工作】派出 1 名中心首席专家赴上海市参加国务院联防联控机制综合组防控数据小组工作。派出 1 名专业技术人员赴河南省郑州市参加国务院联防联控机制综合组河南工作组工作。派出 2 名专业技术人员、3 名硕士研究生参加流调溯源专班信息组工作。

【流调溯源专班网络和数据安全保障】为流调溯源专班搭建高速稳定的无线、有线网络，部署安装数据加密软件、内网即时通信工具、杀毒软件，以保证网络安全，协助专班完成 4 次转场工作。

【公共卫生创新计划项目验收】依托公共卫生创新计划项目开展的业务信息系统升级改造、IT 基础设施升级改造与网络安全加固等建设项目通过终验，优化了中国疾病预防控制信息系统免疫规划信息子系统、突发公共卫生事件管理信息子系统、重点传染病自动预警及可视化，完成机房改造和设备部署。

【业务信息系统及数据中心运行维护】维护约 887 台 / 套设备、71 条虚拟专网、49 条 SDH（synchronous digital hierarchy，同步数字体系）专线、12 条互联网线路、2 对裸光纤。保障面向全国应用的 19 个业务子系统和 1 套支撑平台稳定运行，核心业务应用系统全年可用率达 99.9% 以上。

【中心北区、南区网络改造和管理】实施中心北区无线网络改造并使其投入正式运行，启动中心南区网络改造工作，完成中心北区上网行为管理系统内部测试。

【信息化建设规划研究】委托清华大学公共安全研究院实施信息化建设规划研究，形成《中国疾控中心信息化建设发展规划（2021—2030）》《全国“十四五”疾控信息化建设规划（2021—2025）建议》《中国疾控中心二期基本建设信息化保障工程项目建议书》《中国疾控中心信息化建设规划研究报告》4 项产出。

【数据共享与情报服务】公共卫生科学数据中心的注册用户达 13.4 万人，年度新增 2 GB 数据，提供数据服务 7 312 次。保障基于云桌面的数据共享审核系统，创建审核数据 1 485 个。引进和维护 13 个科技文献数据库，发布“公共卫生学术热点追踪”微信公众号信息 68 期，约 266 条。

【科学数据汇交】启动科学数据汇交工作。编制形成《中国疾病预防控制中心数据汇交方案》，组织各数据生产单位梳理 2022 年及以前年度的业务数据和已结题的科研项目数据。

【流行病学动态数据采集平台推广应用】利用流行病学动态数据采集平台，建立儿童康复服务机构调查系统、儿童康复服务业务人员调查系统、康复儿童家长调查系统、特定健康问题哨点监测系统、丙肝哨点监测系统、丙肝抗体核酸检测结果登记系统 6 个调查系统、15 张数据采集表单，采集数据 25.8 万余条。

【获评国家卫生健康委数字健康典型案例】在国家卫生健康委规划发展与信息化司组织的数字健康典型案例征集活动中，中国疾控中心申报的“全民健康信息化疾病预防控制信息系统建设与应用”案例获评数字健康典型案例（第二批）。

（苏雪梅、傅罡、万明、张英杰、赵自雄、赵嘉）

公共卫生管理

【完成特定健康问题哨点监测工作】2022年，为了解决人群超重、肥胖和特定人群贫血问题，同时，为健康中国行动的部分指标评估提供技术支持，受国家疾控局委托，中国疾控中心公共卫生管理处作为国家项目管理办公室，负责总体技术统筹和推进实施。监测工作按照进度安排，国家项目管理办公室先后组织完成了技术方案和工作手册的制定、监测系统定制、现场和实验室检测盲样考核、技术培训、现场督导检查、监测数据分析及监测工作总结和技术报告的撰写。

【参与新冠肺炎疫情防控工作】中国疾控中心公共卫生管理处积极投身全国新冠肺炎疫情防控，按照国务院联防联控机制和中心统一安排，2022年9—12月，参与组建国务院联防联控机制综合组调度专班，配合国家卫生健康委、国家疾控局领导对单日新增病例较多的地区等开展专项调度和跟进，从核酸筛查、社区管控、流调溯源、隔离转运等环节，核查地方疫情防控风险和存在的漏洞短板，有针对性地指导地方采取更为积极有效的防控措施，尽快遏制疫情扩散蔓延。同时，中国疾控中心公共卫生管理处选派丁库克副处长赴上海市、西藏自治区参加新冠肺炎疫情防控工作，选派唐小哲同志参加中央援港抗疫专班，作为第五批专家组成员赴港参加抗疫工作。

【承担全国城乡饮用水水质监测项目管理办公室工作】为了促进全国城乡饮用水水质监测项目的整体性，国家疾控局委托中国疾控中心公共卫生管理处作为全国城乡饮用水水质监测项目管理办公室，组织相关直属单位为全国城乡饮用水水质监测项目提供技术支撑，委托经费预算为20万元。

【完成农村环境卫生监测项目历年产出梳理】2011年全国农村环境卫生监测项目由原卫生部疾控局组织领导，中国疾控中心改水中心负责技术支撑。该项目于2021年结束，根据国家疾控局指示，中国疾控中心公共卫生管理处牵头、改水中心配合，对监测项目历年来产生的数据、文件、论文、专利、报告及相关科研课题进行了收集整理，并将结果报告给国家疾控局，同时分发给相关省疾控中心。

【首次组织开展大数据技术及其应用培训工作】成功获批2022年国家级继续医学教育基地项目（项目名称为“大数据分析技术培训”，项目编号为J51-22-30）。经过精心准备，

2022 年 8 月，线上举办为期 6 天的“大数据技术及其应用培训”培训班。此次培训班每天线上培训人员均在 220 人以上，深受大家的喜欢与好评。此举旨在为全国疾控系统，特别是中西部省份培养大数据分析与应用人才。为全国疾控系统的疾控人员申请到国家级继续医学教育学分一次培训的最高学分（10 分），并完成了大数据分析技术培训班的会议培训工作以及继续教育系统内要求的信息整理和上报工作，疾控人员成功取得了国家级继续医学教育电子学分证书。

【推进儿童青少年近视防控适宜技术试点对口指导工作】2022 年，中国疾控中心、北京市疾控中心与对口指导的上海、江苏、浙江、广东 4 个省（市）在第一批试点工作的基础上，通过线上研讨、培训等方式，继续稳步推进第二批儿童青少年近视防控适宜技术试点对口指导工作，形成 2022 年对口专业指导工作总结，并已上报国家疾控局。同时，与对口指导的 4 个省（市）签订了 7 份业务工作委托协议，委托专项资金支持各地区开展近视等常见病防控适宜技术研究、应用及推广工作，并按要求对工作产出结果进行验收。

【开展学校卫生健康宣教工作】结合处室学校卫生工作任务，为有效控制诺如病毒感染引起的急性胃肠炎在校园及托幼机构内的发生和蔓延，提高广大学生、家长、学校和社会的科学防控能力，中国疾控中心、北京市疾控中心联合编写了《学校诺如病毒感染防控百问百答》科普读物。全书分为 5 篇，有百余个问题，辅以 50 余幅插图，累计 7.5 万字。该书于 2022 年 11 月正式出版，并通过邮寄分发给全国 31 个省（自治区、直辖市）和新疆生产建设兵团疾控中心学校卫生所 / 科，进一步强化学校卫生健康宣教工作。

【参与中央和国家机关“关键小事”调研攻关活动】中国疾控中心公共卫生管理处青年理论学习小组联合群团处、保卫处、环境所、营养所、职业卫生所有关青年理论学习小组，牵头开展了儿童青少年近视防控工作主题调研。其调研成果获评 2022 年中央和国家机关青年理论学习小组“关键小事”调研攻关活动三等奖，公共卫生管理处青年理论学习小组荣获 2021—2022 年度中国疾控中心“优秀青年理论学习小组”。

（丁库克、唐小哲、林琳、张荔、刘瑶）

慢病与老年健康管理

【正式发布 2022 年全民健康生活方式宣传月核心信息】2022 年 8 月 29 日，在北京市召开 2022 年全民健康生活方式宣传月核心信息发布解读会，向公众发布减盐、减油、减糖和健康口腔、健康体重、健康骨骼的“三减三健”宣传核心信息，倡导口味清淡，全生命周期关注“三健”。在京近 20 家媒体机构以及相关学会组织的专家和代表现场参会，发布会现场邀请了相关领域的专家对核心信息进行专业解读。此次“三减三健”宣传核心信息的发布与解读，为社会各界积极参与和落实《健康中国行动（2019—2030 年）》健康知识普及行动提供了重要工具，为广大媒体参与健康科普传播工作提供了科学、权威的基础性支撑。

【组织开展 2022 年全民健康生活方式宣传月活动】2022 年 9 月 1 日是第 16 个“全民健康生活方式日”，全民健康生活方式行动国家行动办公室组织各地广泛开展了主题为“‘三减三健’ 健康相伴”的全民健康生活方式宣传月活动。2022 年 9 月上旬，以开学日为契机，聚焦儿童青少年，开展了肥胖预防和健康生活方式倡导宣传；9 月中旬，重点开展了“9 · 15”中国减盐周主题宣传，组织策划了“科学减盐 健康相伴”线上科普直播活动；9 月下旬，重点开展了全国爱牙日和健康骨骼专题宣传，制作发布了“骨骼健康 受益终生”科普视频。

【健康生活方式相关科普宣传荣获 2022 年多项科普奖项】2022 年 5 月，“‘三减三健’核心信息科普传播与应用”荣获 2022 年中国营养学会科学技术奖一等奖。2022 年 7 月，《儿童青少年“三好”促健康》科普视频荣获 2022 年北京市科普微视频大赛二等奖。2022 年 12 月，“三减三健”健康生活方式核心信息系列图书荣获北京预防医学会科学技术奖科普奖。

【组织开展 6 个省（自治区、直辖市）12 个县区健康老龄化纵向评估】2022 年，在北京、山东、江西、吉林、宁夏、广西 6 个省（自治区、直辖市）12 个县区，开展健康老龄化纵向评估，涉及 4 800 位社区老年人，内容包括主要慢性病患病情况、失能状况、认知功能、躯体功能和社会参与 5 个维度，利用健康老龄化指数评估健康老龄化发展变化趋势。

【组织开展老年人心理调适示范基地建设】为推动实现健康老龄化，2022 年 7—12

月，在北京市朝阳区、湖南省株洲市天元区和甘肃省庆阳市庆城县，建立老年人心理调适示范基地，开展科普宣传与人员培训，积极探索社区心理调适工作模式。示范基地的建设显著提高了当地居民的心理健康素养水平，促进了工作人员心理健康工作队伍的建设。

【组织开展老年人失能失智预防干预推广项目】在国家卫生健康委老龄健康司的支持指导下，组织北京等16个省市开展老年人失能失智预防干预推广项目，编制并下发技术方案，于2022年10月26—27日召开项目启动暨培训会。组织各试点地区通过视频播放、健康讲座、义诊咨询、海报张贴和折页发放等形式，开展覆盖全县区的老年人健康促进宣传活动，并对失能失智高危老人开展慢性病管理小组活动、八段锦/太极拳锻炼、抗阻（爆发力）训练、体重管理、饮食干预、放松训练、工娱活动等综合干预。该项目受到老年人的广泛好评。

【组织编制5项老年健康系列标准】为推动老年健康促进适宜技术有效落实，中国疾控中心、中国疾控中心慢病中心与中国老年学和老年医学学会合作，编制了《健康老龄化支持性环境建设指南》《老年人认知障碍预防干预技术指南》《骨质疏松症社区管理规范》《老年人失能预防服务规范》和《老年人心理健康促进服务规范》5项标准。组织完成了标准起草及多轮专家研讨和修订工作，这5项标准已进入立项阶段，拟于2023年第一季度发布。

【组织开展第六次全国慢性病防控能力调查】为了系统评估慢性病防控能力现状及制约因素，为加强我国慢性病防控能力建设、制定相关政策提供依据，2022年8—12月，通过网络调查系统，收集了全国省（自治区、直辖市）、地市和县区三级所有疾控中心和3 000家基层医疗卫生机构的数据。调查内容主要包括政策能力、基础配置能力、教育培训与指导能力、合作与参与能力、监测能力、干预与管理能力、评估能力和科研能力8个模块。

【组织开展国家基本公共卫生服务慢性病管理项目评估工作】为了解我国基层慢性病防控工作开展情况，动态评估国家基本公共卫生服务慢性病管理项目的现状和效果，2021年10月—2022年9月，在广西、湖北、江西、江苏、浙江、新疆、四川、云南8个省（自治区），组织完成了第四轮国家基本公共卫生服务慢性病管理项目评估调查。调查对象包括高血压患者、糖尿病患者、基层医务人员、基层疾控机构、基层医疗卫生机构等基本公共卫生服务的需求方和提供方。开展第四轮调查数据审核和数据库清洗工作，梳理前期调查资料，为完善社区慢性病健康管理措施提供依据。

（司向、高欣、朱晓磊、张晓畅、杨一兵、王静雷、王安琪、宋隽清、石文惠、殷召雪、赖建强）

流行病学应用与实践

【中心新冠肺炎疫情防控应急工作】在新冠肺炎疫情防控工作中，中国疾控中心流病办全体人员在中心统一领导和调配下，在不同岗位发挥了应有的作用，做出了应有的贡献。于石成自 2022 年 1 月 1 日起，担任疫情防控管理平台大数据应用组副组长，编制大数据分析报告。胡跃华于 2022 年 7 月 1—7 日参加国务院联防联控机制《新型冠状病毒肺炎防控方案（第九版）》督导工作组赴宁夏回族自治区督导工作，7 月 11—24 日参加国家政策措施评估工作组赴宁夏回族自治区、青海省开展评估及督导工作，并参加全球新冠肺炎中国溯源专家队，参与疫情分析研判工作。2022 年 9 月 8 日—11 月 8 日，亓晓参加国家卫生健康委办公厅新冠肺炎疫情防控专班，参与收集和分析数据、撰写报告等工作。李俊琦和董哲分别在 2022 年 7 月 9 日、9 月 28 日进入国家溯源流调专班参与应急任务，负责数据统计、撰写调度材料。郑文静和胡跃华参与全国应对新冠肺炎疫情防控国家专家队任务。

【国民健康测量相关技术规范开发及试点应用工作】推进《中国国民健康状况指标》（T/CHAA 006—2019）的技术推广工作，支持各地开展居民健康状况报告撰写工作，开展健康期望寿命等相关技术开发和专项研究，参与申请科技部的重点研发项目。

【教育、培训和业务指导工作】

1. 流行病学、卫生统计学和卫生经济学教学工作

2022 年，完成研究生流行病学、卫生统计学和卫生经济学相关 14 门课程共 804 学时的设计、组织、管理、授课、考核和总结；作为课程主要组织者，参加“公共卫生与预防医学概论”课程设计、教学研讨及授课；完成流行病学和卫生统计学 2 门学科共 2 次硕士研究生入学考试出题及阅卷；推进教学体系改革。

2. 开展流行病学和卫生统计学核心能力研修项目专项培训

流行病学和卫生统计学核心能力研修项目旨在为疾控体系培养高层次的流行病学和卫生统计学应用型公共卫生人才。第二期学员招生从中国疾控中心拓展到省市疾控中心，10 名学员已完成 1 个月的基础集中培训，后续将完成公共卫生实践、学术交流、研究设计方案答辩等。

3. 其他业务指导工作

派出 2 位专家全力支持中心落实中美首脑会晤的任务之一——《中国疾病预防控制

中心周报（英文）》（*China CDC Weekly*）编辑部工作。《中国疾病预防控制中心周报（英文）》已经成为中国科技核心期刊，引用率在全球 392 种同类刊中排名第 8，并被国际多个著名权威数据库收录。

【爱国卫生运动技术指导和支持工作】完成爱国卫生运动 70 年白皮书撰写工作；组织开展《国家卫生城镇评审管理办法》《国家卫生城市和国家卫生县标准》《国家卫生乡镇标准》标准释义、评分表编写等工作；负责国家爱国卫生信息系统升级和技术支持；承担中华预防医学会爱国卫生技术指导工作委员会秘书处工作，完成 2 次爱国卫生实用技术线上培训；开展“致敬爱卫人　讲爱卫故事”典型案例征集活动，共征集 217 个案例，并组织完成专家初审和复审。

【公共卫生与预防医学名词编审工作】中国疾控中心流病办作为全国公共卫生与预防医学名词编审秘书处挂靠单位，进一步完善组织、体制、机制建设，与全国科学技术名词审定委员会（以下简称全国科技名词委）、21 个二级学科的编写和审定分委员会保持密切联系，推动 21 个学科名词的编审工作。2022 年 4 月，全国科技名词委授牌——全国科学技术名词审定委员会公共卫生与预防医学办公室。2022 年 1—10 月，组织和推动 21 个学科名词审定分委员会全部完成了各自学科的名词定名二审工作。2022 年 11—12 月，完成名词定名终审工作。同步组织完成名词释义培训工作、名词释义试编写批阅及反馈工作，完成部分学科名词释义初稿。同时，部分老师以流行病学主编、编委，卫生统计学副主编、编委，伤害控制学编委的身份参与到名词编审工作中。

【科研课题项目工作】在研课题为 12 项，牵头组织或参与申报国家重点研发计划项目“我国老年疾病谱现状与发展趋势研究”“主动健康知识体系构建与输出技术方法研究”，并在爱国卫生运动知识体系、公共卫生研究设计、测量及评价实用技术和方法体系、公共卫生与预防医学名词体系规范化建设模式等方面开展研究。组织编写《什么是公共卫生与预防医学?》，该书于 2022 年 7 月正式出版。

（胡跃华、么鸿雁）

控烟工作

【出版《2019 年中国青少年烟草调查报告》】中国疾控中心控烟办于 2019 年 4—12 月组织开展了 2019 年中国青少年烟草调查，2020 年完成调查报告撰写。2022 年 6 月，《2019 年中国青少年烟草调查报告》由人民卫生出版社正式出版。

【发布 2021 年中国中学生和大学生烟草调查结果】中国疾控中心控烟办于 2021 年组织开展了中国中学生和大学生烟草流行调查，2022 年完成调查数据的录入、清洗和分析，形成调查报告简报，于 2022 年 5 月 30 日世界无烟日发布了调查结果。

【开发成人烟草调查系统】中国疾控中心控烟办于 2022 年开发了成人烟草调查系统，供全国各地开展 2022 年成人烟草调查使用。该系统实现了从抽样、数据收集、质量控制到数据可视化的电子化管理，有利于实时监控调查进度，发现调查中存在的问题，提高调查质量。

【完成控烟数据管理平台升级改造需求分析】为加强信息系统信息安全和隐私保护管理，进一步推进控烟工作信息化进程，提高控烟工作效率，中国疾控中心控烟办于 2022 年完成了控烟数据管理平台升级改造需求分析，为下一步控烟数据管理平台升级改造奠定了良好的基础。

【推进全国无烟环境建设】中国疾控中心控烟办协助国家卫生健康委，完成控烟优秀案例推荐评审工作和《健康中国行动（2019—2030 年）》控烟行动专项调研。2022 年 7 月，对北京市、山西省、山东省和广西壮族自治区 4 地进行线上和线下调研评估及指导。制定国家级禁烟标识规范及制作要求，拟订全国无烟党政机关评估工作方案，指导地方无烟环境建设工作。

【开展社区戒烟干预综合试点】中国疾控中心控烟办在苏州市和深圳市开展社区戒烟干预技能培训，开发社区戒烟宣传工具包及戒烟干预工具包。在项目社区初步建立戒烟综合干预工作机制，为社区吸烟居民提供戒烟帮助，并为银川市开展社区戒烟干预综合试点工作提供全方位技术支持。

【研发个性化戒烟干预App】 初步设计信息库、评估问卷和诊断报告、App功能脚本、个性化干预课程和专家视频，并开展人群需求评估及采用德尔菲法进行专家评分。制定App研发技术需求，完成研发公司招标工作。

【提高全国戒烟干预服务能力】 中国疾控中心控烟办完成31个省（自治区、直辖市）的国家级培训，提高各地提供简短戒烟干预技能及戒烟门诊规范化建设水平。编写戒烟干预服务技能实操手册，为戒烟干预人员提供指导。

【开展“送烟＝送危害”控烟宣传活动】 在健康中国行动控烟行动工作组的指导下，中国疾控中心控烟办开展了“送烟＝送危害”控烟宣传活动，设计制作了宣传工具包，其中包括宣传片、海报、控烟口罩、对联、福字、红包、手提袋等，该活动得到各省市的纷纷响应。2022年1—2月，在健康中国、中国疾控中心等自媒体平台和其他社交媒体平台上，开展媒体宣传推广，广泛推广“送烟＝送危害”的无烟理念，各平台的相关报道和文章共1 587篇。在微博平台上创建的“#送烟＝送危害#”“#要年味不要烟味#”话题，其阅读讨论量近1 000万人次。

【举办“无烟文化，青春同行——健康中国行动控烟行动大学生科普辩论大会”】 2022年4—5月，在健康中国行动控烟行动工作组、教育部体育卫生与艺术教育司的指导下，在世界卫生组织驻华代表处的支持下，中国疾控中心、中国控制吸烟协会联合举办了“无烟文化，青春同行——健康中国行动控烟行动大学生科普辩论大会”。北京大学、清华大学等全国24所高校参与，此次活动引起全网热议。

【开展世界无烟日主题宣传活动】 2022年5月30日，承办2022年世界无烟日“烟草威胁环境”主题宣传活动，采用“线下＋线上”方式开展，发布了2021年中国中学生和大学生烟草流行监测结果，健康中国行动控烟行动形象大使进行控烟倡导，营造全社会关注控烟、支持控烟的良好氛围。通过报刊、网络社交平台、短视频平台、网络直播平台等媒体渠道，开展全方位的世界无烟日宣传材料及宣传活动的推广传播工作。在新浪微博设置“#2022世界无烟日#”“#无烟不止这一天#”“#高校控烟辩论大会#”等话题，主动策划的宣传活动新媒体阅读量超过1亿人次。各平台关于世界无烟日传播活动的信息总数达17万条，“中国戒烟平台”微信小程序累计访问数量近248万人次。

【维护控烟宣传工作网络，开展控烟经验交流】 2022年8月11日，举办控烟媒体宣传工作研讨会，重点针对省级控烟宣传工作，邀请清华大学、姚基金，以及河北省、浙江省、河南省、重庆市等地的相关机构介绍健康传播趋势及控烟宣传工作，各省控烟工作人员近 50 人参加了此次会议。2022 年 8 月 12 日，举办控烟媒体宣传研讨会，重点针对城市控烟宣传工作，邀请清华大学，云南省、杭州市、武汉市、长春市、秦皇岛市等地的相关单位介绍了宣传核心信息测试方法及实践，分享控烟宣传经验，各省控烟工作人员近 50 人参加了此次会议。两次会议交流推广了各地控烟宣传工作经验，强化维护了控烟宣传工作网络，启发了各地持续开展不同形式的控烟宣传倡导工作。

【制作开发其他控烟宣传材料并落地推广及投放】拍摄无烟党政机关建设成果宣传视频，策划制作控烟宣传短视频及控烟背景音乐，设计制作控烟宣传品，更新“送烟 = 送危害”宣传材料并印刷制作。2022 年 11 月，在北京市人流聚集地区的公交站台灯箱、地铁出入口扶梯灯箱、地铁 LCD 电子屏、社区楼宇电视投放控烟宣传材料，开展线下宣传工作，倡导烟草威胁环境，宣传科学戒烟。

【完成控烟政策法规汇编修订及执法工具包编写】中国疾控中心控烟办收集 2006 年世界卫生组织《烟草控制框架公约》在我国生效以来，全国人大常委会和政府部委发布的控烟相关法律、法规、规章、政策、文件等，形成《控烟相关政策汇编（2006—2022 年）》。收集 2006 年世界卫生组织《烟草控制框架公约》在我国生效以来，各级地方人大常委会和政府发布的控烟相关法规、规章等，形成《地方控烟相关法规汇编（2006—2022 年）》，并进行季度更新。组织专家编写《控烟执法工具包》。通过以上工作，技术支撑国家卫生健康委规划司和全国控烟机构，为制定控烟相关的政策法规以及控烟执法等提供支持。

【推进城市控烟立法执法】

（1）中国疾控中心控烟办为城市控烟立法提供技术支持，包括四川省（成都市）、浙江省（杭州市、丽水市）、广西壮族自治区（南宁市）、浙江省（温州市）、河南省（商丘市、漯河市）、江西省（南昌市）、安徽省（芜湖市、淮南市）、山东省（济南市、威海市）、甘肃省（兰州市）、河北省（秦皇岛市、廊坊市、邯郸市、衡水市）、青海省（西宁市）、陕西省（西安市）、湖北省（恩施土家族苗族自治州）、海南省（三亚市）、广东省（河源市）、新疆维吾尔自治区（克拉玛依市）等。为深圳市、山东省和杭州市电子烟零售点布局管理规定提供修改意见。多个城市控烟相关立法被列入立法计划或者出台。

（2）2022 年 8 月 18—19 日，中国疾控中心控烟办采用线上方式举办控烟立法培训，来自 24 个省（自治区、直辖市）43 个城市的近 100 位代表参加了此次培训。2022 年 11 月 28 日，联合新探健康发展研究中心，线上举办全国控烟政策高级研讨会暨 2022 年控烟立法执法经验交流会，来自 21 个省（自治区、直辖市）54 个城市的 200 余位代表参加了此次会议。搭建了全国控烟立法执法交流平台。

（3）2022 年 8 月 9 日和 11 日，分别在西宁市、西安市举办了控烟政策研讨会，推动了西宁市和西安市搭建控烟投诉举报平台，到 2023 年，实现北京、上海、兰州、深圳、西安、西宁 6 个城市建成城市控烟投诉举报的立体网络。

（肖琳、刘世炜、南奕、谢莉、熙子、谭新宇、邹兰花、杨杰、冯薇薇）

健康传播

【建立健全工作机制】对中心新媒体账号及运行情况进行摸底、分析，并形成报告，了解中心新媒体健康传播的基础信息。草拟《中国疾控中心健康科普工作机制》《中国疾控中心健康科普知识信息发布和传播机制》《中国疾控中心疾控科普 logo 标识使用规范及维护管理办法》等文件。

【加强能力建设】继续更新并完善疾控科普知识库。定期进行网络百姓关注疾病预防控制方面的科普热点分析，并根据结果进行科普核心信息开发。组织召开多次科普工作研讨会，深入挖掘科普需求。积极申报中国疾控中心“健康传播与健康教育实用技术与方法”研究生课程。积极推进与相关部委、国际组织及学术学会和相关新媒体平台合作开展健康传播工作。

【协助完成健康传播相关工作】协助国家卫生健康委和国家疾控局审核电视剧剧本、公益广告、科普图书书稿、科普作品 15 个，研提国务院联防联控机制新闻发布会口径和全国两会科普口径 21 条。协助国家疾控局官方微信公众号的创建与科普内容的运行，建立健康科普的审核机制。为国家疾控局供稿和审核科普作品多篇。

【推进 2021 中国健康科普大赛评审工作】推进 2021 中国健康科普大赛评审工作，组织中心 15 个相关处所、国家心理健康和精神卫生防治中心，并邀请 40 余名健康科普和健康传播专家对 4 810 件参赛作品进行三轮评审，此外，还开展了一轮网络投票。对 401 件获奖作品和 6 个组织奖获奖单位进行公示。

【借助新媒体平台开展健康传播】开发和制作各种类型的健康科普作品 400 余件，包括一图读懂、海报、视频等。通过“中国疾控动态”、疾控科普和全国卫生 12320，共发布微博、微信内容 8 600 余条，阅读量约为 14 000 万人次，发布内容被多家新媒体账号多次转载。开展肿瘤防治宣传周、世界防治结核病日、世界精神卫生日、世界慢阻肺日、联合国糖尿病日、世界流感日、世界厕所日、遏制耐药等健康主题日的线上科普宣传。如于世界无烟日在微博开设话题，发起控烟倡议，举办“戒烟不止这一天”活动。该话题的阅读讨论量近亿人次，倡导树立正确的健康观念，受到广大网友的好评，被微博推荐为“2022 年度政务微博优秀案例”。

【提升新媒体运营能力】 完成中国疾控中心和全国卫生 12320 官方微信、疾控科普和全国卫生 12320 微博、百家号、人民号等 10 个新媒体账号的运营工作，及时发布新冠肺炎等与社会热点和公众需求相关的健康科普信息。完成疾控机构微信公众号传播影响力排行榜 12 期。引导各地疾控中心及各地 12320 卫生热线、短信、微博、微信等综合服务平台，形成全方位、多角度、立体化的科普宣传与舆论引导格局。

【打造疾控科普品牌】 继续开发疾控科普 App，完善疾控科普 App 六大功能板块，持续更新和补充支撑知识库，截至 2022 年年底，知识库中有近 7 000 条知识信息。积极协调相关部门，牵头申报国家级健康科普基地，并成功通过中国科学技术协会（以下简称中国科协）2021—2025 年第一批全国科普教育基地审批。

【指导健康科普工作】 组织编写《健康科普实用技术与方法》一书，用于指导疾控人员和医务人员开展健康科普工作。组织全国各地 12320 卫生热线人员编写《12320 健康系列丛书》，截至 2022 年年底，各分册初稿编写工作均已完成。

【承办"健康知识普及行动——2022 年新时代健康科普作品征集大赛"】 健康传播中心（12320 卫生热线管理中心办公室）组织中国疾控中心各直属单位和总部各处室参加国家卫生健康委与科技部、国家中医药管理局、国家疾控局和中国科协共同举办的"健康知识普及行动——2022 年新时代健康科普作品征集大赛"，并承担大赛传染病防控类 521 件作品和 8 件表演作品的复审工作。中国疾控中心有 10 件参赛作品［其中包括健康传播中心（12320 卫生热线管理中心办公室）7 件、免疫中心 2 件、控烟办 1 件］和官方微信公众号、微博账号获奖，并被授予本届大赛特别贡献单位。

【开展日常卫生舆情监测和应急监测】 开发及制作大量新冠肺炎疫情科普作品。为国务院联防联控机制新闻发布会提供新冠科普口径，扩大中心的社会影响力，加深公众对新冠的认识和理解，引导人们树立科学、正确的新冠肺炎疫情防控观念。通过 12320 卫生热线，监测相关咨询来电 4 100 余万件次，形成舆情监测周报 53 期，分析研判咨询热点及变化趋势，对下一步宣传重点提出有针对性的建议。与中心相关处室组成风险沟通组，对舆情进行研判并提出对策。

【推进 12320 卫生热线服务平台建设】 继续完善 12320 信息录入统计系统。设计调查表，开展年度调查，了解各地 12320 卫生热线运行情况，并完成 2022 年工信部电信网码号资源使用年报。

【开展“十四五”时期疾控健康促进和健康教育目标、策略与核心政策研究项目】 开展原国家卫生健康委疾控局[①]委托的“十四五”时期疾控健康促进和健康教育目标、策略与核心政策研究项目，回顾我国疾控系统健康促进和健康教育工作内容、特点和策略等；分析新时期疾控健康促进和健康教育工作面临的新形势、新任务。

（荣蓉）

---

① 2021 年 5 月 13 日，国家疾控局正式挂牌。2022 年 1 月 24 日，中共中央办公厅、国务院办公厅发布《中共中央办公厅　国务院办公厅关于调整国家卫生健康委员会职能配置、内设机构和人员编制的通知》，撤销国家卫生健康委疾控局。——编辑注

卫生标准

【完成标准审查和上报】完成10个国家卫生健康标准委员会公共卫生领域标准专业委员会报批的62项标准的协调性审查，并将结果报送国家卫生健康委法规司。

【完成其他类（公共卫生）标准代理秘书处工作】完成6项其他类标准的预审工作、1项其他类标准的会审工作、1项其他类标准的复审工作、3项标准制定项目的开题工作、1项标准发布。

【开展标准培训与宣贯工作】完成3期公共卫生标准宣贯，并对山西省、贵州省、海南省等地市级疾控标准管理人员进行现场培训，同时开通线上培训通道，为各省级疾控中心培训卫生标准专业人才，提升工作人员实施卫生标准的能力和水平。培训采取专家授课、互动式教学等方式。通过培训前后的考核，对培训效果进行了量化评估。培训内容涉及标准顶层设计政策解读，健康城市创建相关标准，免疫规划信息化、国家病原微生物资源保藏、地方病、学校卫生、传染病等标准体系、现状及应用，线下覆盖150余人。

【开展标准追踪评价和实施评估工作】积极推进已立项标准评估项目，组织验收2020年和2021年标准评估项目共23项。组织完成2022年标准评估项目的标准推荐、承担单位征集、立项评审等工作，召开标准评估项目立项评审会议，择优评选承担单位，最终委托47家省级机构开展19项公共卫生领域卫生健康标准评估工作。

【开展标准化试点项目工作】开展公共卫生领域标准化试点项目工作，召开立项评审会议择优评选，最终委托贵州省疾控中心等17家省级、地市级疾控中心开展试点项目；协助设计标准化试点牌匾样式。联合发文督导2021年试点项目，并收集整理进度表。

【开展标准前期研究工作】首次开展公共卫生领域卫生健康标准前期研究工作，公开向疾控机构、医疗卫生机构、科研院所、高等院校等征集前期研究项目近百项，通过立项评审会议择优评选，最终支持中国医学科学院放射医学研究所等60余家单位共77项研究。

【开展世界标准日卫生健康标准宣传活动】开展2022年世界标准日卫生健康标准宣

传活动。以“实施卫生健康标准　助力健康城市创建”为主题，设计、印刷宣传海报及折页，并分发至全国各省和计划单列市疾控机构开展宣传活动。

【开展卫生标准实施情况调研】分别完成贵州、山西 2 个省地方卫生健康标准化工作调研，深入了解地方卫生健康标准化工作，并推动构建国家和省级联动的卫生健康标准化技术支持体系。

【开展公共卫生标准舆情监测】开展公共卫生标准舆情监测，发布公共卫生领域卫生健康标准舆情监测月报 3 期、季报 1 期，将热点舆情及时通报相关专业标准委员会。

（雷苏文、孙乃玲、刘开琦、沈超、张莉、周泽）

人事管理

【人员基本情况】截至2022年12月底，共有正式职工1 952人，其中管理人员为78人，专业技术人员为1 832人，工勤人员为42人。在专业技术人员中，具有高级资格的人员占64%，具有中级资格的人员占23.6%，具有初级资格的人员占12.4%。

【干部选拔任用】中国疾控中心党委始终坚持党管干部原则，把选好用好干部作为重要的政治责任，在政策法规、制度规定的框架范围内，从推进疾控工作全局的高度谋划中心干部队伍建设。2022年，平级调整使用干部7人。截至2022年12月底，中心各直属单位领导班子成员、总部处级干部共有88人，其中各直属单位领导班子成员为43人，总部处级干部为45人。

【干部教育培训】选派干部参加各级各类学习培训，圆满完成培训任务。中心领导班子成员积极主动参加国家卫生健康委“面对面大讲堂”、国家疾控局“学思践悟”大讲堂等活动。选派党员干部参加中央和国家机关示范培训班，不断提升党务干部做好党建工作的能力水平。组织中心135名党支部书记和党务干部参加网络培训班、39名干部参加“奋进新时代”主题成就展等，引导中心党员干部深学细悟笃行，推动学习贯彻党的二十大精神在中心走深走实。

【干部监督管理】落实领导干部个人有关事项报告和核查制度，完成领导干部个人有关事项年度集中报告103人，随机抽查12人，重点查核4人，查核验证1人。加强领导干部因私出国（境）管理，在北京市公安局出入境管理总队办理变更信息3人次，办理因私出国（境）管理证件申领1人次。严格管理中心处级干部、离退休司局级干部兼职，对于符合规定到社会组织兼职的，按程序办理备案审批，全年共为15名干部办理相关手续。

【干部人事档案专项审核】干部人事档案是干部个人信息的“记录仪”，是组织上历史、全面地考察和了解干部，公道、正派地选拔和任用干部的“信息源”。根据中共中央组织部（以下简称中组部）和国家卫生健康委人事司有关工作要求，在全中心范围内，持续推进干部人事档案专项审核全覆盖工作，加快推进干部人事档案管理信息化建设，为任前审核制度、干部资源配置提供精准、高效的服务。根据中组部和国家卫生健康委人事司相关工作要求，结合干部人事工作实际，在全中心范围内开展了干部人事档案专项审核工作，已完成 1 834 份干部人事档案的审核。

【人才上下互派】中国疾控中心人才上下互派项目长期致力于接收各省、计划单列市疾控机构人员进修，以及开展中心青年骨干到基层锻炼、培训等工作。自 2019 年起，增设“免疫规划高级研修学者”项目，旨在培养具有国家级专业水平的免疫规划青年专家或后备领军人才，提升全国免疫规划专业人员整体工作能力。对中组部、人社部、国家卫生健康委等多部委的“西部之光”访问学者、新疆（西藏）特培学员等人才培养工作，中国疾控中心党委历来高度重视，连续多年按照国家卫生健康委人事司的安排，对全国各省市的疾控专业骨干和干部进行培训，帮助援助单位培养干部。2022 年，共接收“西部之光”访问学者 2 人、进修人员 30 人，接收第二期“免疫规划高级研修学者”3 人。

【人才引进和公开招聘】严把进人关口，继续做好高校毕业生公开招聘工作，2022 年，共接收高校毕业生 58 人。为满足直属单位和机关处室部分岗位的用人需求，中国疾控中心人事处通过中国疾控中心官网、中国疾控中心公众号、国家卫生健康委人才中心官网等，加大招聘宣传力度，吸引了更多优秀的海外留学回国人才，有海外留学回国人员 14 人。

【专业技术资格申报评审】根据各部委专业技术资格评审要求，中国疾控中心人事处积极转发通知并组织开展相关评审工作。2022 年，国家卫生健康委开展的研究系列和医技系列的专业技术资格评审继续推行代表性成果评价，继续实行代表作制度，最低 1 篇论文可满足要求。2022 年，共计 232 名职工申报专业技术资格评审（2021 年为 341 人，2022 年减少 109 人，减幅为 32%），包括 1 名破格申报人员、1 名以公务员身份申报人员、45 名抗疫一线申报人员（其中 8 人符合“优先晋升条件”）。230 人通过本单位、国家卫生健康委人才服务中心交叉互审，最终 140 人通过，其中正高职称为 39 人，副高职称为 57 人，中级职称为 44 人，通过率为 61%。同时，人事处全年为 10 人办理高级会计、图书出版、党务工作专业技术资格委托评审手续。

【人才选拔推荐】加大对优秀人才的选拔推荐力度，对外积极争取名额，对内规范推荐程序，保障推荐质量。全年共开展人才选拔推荐 50 余人次，中国疾控中心传染病处、寄生虫病所（国家热带病研究中心）疟疾室荣获“全国消除疟疾工作先进集体”，杨维中、严俊、周晓农、汤林华、刘起勇、周水森、夏志贵、肖宁、顾政诚、郑贤育、周升共 11 人荣获“全国消除疟疾工作先进个人”。通过选拔推荐，一批专业领域成绩显著的优秀人才脱颖而出，起到激励带动作用，提升了中心专家的知名度。同时，选派后备干部和优秀业务骨干参与援疆援藏和到西部地区工作，将其作为进行人才培养的重要平台。2022 年，推荐选派中组部、人社部第十批援疆干部第三期人选4名，并办理1名博士团成员延长挂职手续。年轻干部和业务骨干通过一年的基层挂职工作，丰富了阅历，增长了才干，达到了培养和锻炼干部的目的。2022年，4名职工继续借调国际组织任职，新派出2名同志，持续加强中心全球卫生人才建设，提高中心在世界卫生组织等国际组织公共卫生领域的话语权和影响力。

【岗位聘任改革与组织开展】在中心党委的领导下，中国疾控中心人事处牵头制定了中心岗位聘任量化评价方案，开发了申报评审系统，建立了中心岗位聘任量化评价体系，改革了岗位聘任方式。2022年，平稳完成了2019年度专业技术二级岗位聘任工作，平稳推进了2019年度专业技术三至十二级岗位聘任和2020年度二级岗位聘任工作，稳定人才队伍。

【中心岗位设置调整和提高】积极对接国家疾控局、人社部，力争调整中心岗位设置（管理岗位占7%，专业技术岗位占92%，工勤技能岗位占1%），实现专业技术高级岗位比例提高至50%以上，缓解专业技术人员的职业发展和薪酬待遇问题。

【博士后管理】2022年，办理博士后出站3人、退站1人；拨付经费4人次；出站落户2人。组织中心在站博士后人员申报中国博士后科学基金第71批、第72批面上资助基金及第4批特别资助（站前）、第15批特别资助（站中）基金。

【重要日常人事管理】2022年，办理因公出国（境）政审20余人次，上报重要人事统计报表50余套。调整在职人员薪级及职务变动工资252人次，按月核定在职人员津贴补贴发放366人次，核定赴一线参加疫情防控人员卫生防疫津贴209人次；完成238名在职人员、112名聘用人员科技成果转化普惠性奖励统计及发放；核定在职人员253人养老保险、职业年金缴费基数及补缴情况。按月核定在职240人、退休169人养老保险征缴及发放工作，并顺利完成退休人员2022年调整工资待遇工作。完成参加养老保险人员退休、增减、数据采集确认等信息变动33人次；办理人员调入、调出、退休等工资核定37人次，以及2名去世人员抚恤金发放；办理直属单位4位专家延缓退休手续。

【外聘人员管理】2022年，发布招聘启事20余期；签订劳动合同80余份；出具证明材料30余份；按月计算工资、社保和公积金达120余万元；终止合同并发放经济补偿金4人；办理离职手续25人。核定130余名外聘人员的社保基数和公积金基数；录入370余名职工的工伤保险和失业保险基数；办理社保增减员手续90余人次；申报生育保险1人次。

（吕艳、黄彦、刘杨、李南南、崔璐、刘娜娜、李琪琪）

基础设施建设

【二期工程初步设计方案和投资概算获得批复】2022 年 3 月 22 日，国家发展改革委正式批复中国疾控中心二期工程初步设计方案和投资概算，国家卫生健康委于 2022 年 4 月 12 日批转了该批复。该批复的总建筑面积为 17.15 万平方米，总投资为 17.20 亿元。与项目建议书批复投资 14.25 亿元相比，增幅为 20.7%，建筑面积也略有调增。与项目可研报告相比，二期工程红线内建筑安装工程费（工程直接费）增加约 2.19 亿元，投资增幅为 16.67%。初步设计正式获批，是二期工程建设的重要里程碑事件，标志着二期工程的投资将按年度计划陆续到位，各项工作可进入实质性推进阶段。

【应对新冠肺炎疫情提升公共卫生应急能力建设项目实验动物中心 ABSL-3 实验室工程完成竣工验收备案】2022 年 6 月 23 日，应对新冠肺炎疫情提升公共卫生应急能力建设项目顺利通过了属地政府主管部门的竣工验收备案，取得该项目的正式竣工验收备案表。至此，该项目施工阶段的建设流程已全部完成。

【二期工程施工图审查完成】2022 年 10 月 18 日，提交的二期工程施工图设计文件符合程序审查要求，未发现施工图设计文件存在涉及严重影响安全及违反工程建设标准强制性条文的问题，通过了综合审查机构的审查。

【二期工程在公路增设或改造平面交叉道口的申请获得批复】2022 年 12 月 9 日，二期工程在公路增设或改造平面交叉道口的申请，经审查，提交材料齐全，符合规定的条件和标准，依据《中华人民共和国行政许可法》第 37 条规定，获得北京市交通委员会批复。

【二期工程前期垫付经费归垫工作完成】在二期工程项目建议书获得国家发展改革委批复后，根据批复文件及财政垫付资金规定，申请在中央投资概算资金下达之前，使用单位基本账户资金先行垫付二期工程项目初步设计概算批复前的工程前期费用，并按程序通过国家卫生健康委向财政部进行了垫付备案。截至 2021 年年底，共垫付二期工程前期费用约 4 247 万元。2022 年 12 月 30 日，经财政部批准，二期工程前期垫付经费 4 247 万元归垫工作顺利完成。

（蒋晋生、薄珊珊）

科研管理

【科研项目管理】组织开展2022年度国家重点研发计划各重点专项、新型冠状病毒药物研发应急项目、新冠快速检测试剂研发应急项目、猴痘应急专项项目申报，牵头申报33项，截至2022年11月18日，获准9项；协助中心总部申报2022年度国家自然科学基金项目6项、2023年度北京市自然科学基金项目4项；管理北京市联合基金项目3项；协助申报2023年度陕西省杰出青年科学项目1项；组织召开“国家自然科学基金申报启动暨经验分享交流会”；组织评审立项中心第三批科研项目14项、中心青年科学基金项目14项；组织开展科技基础资源调查专项项目2项的综合绩效评价工作；组织开展国家科技资源共享服务平台国家资源库2个，并提交2021年度自评工作报告；积极推进2021年度“公共卫生创新计划”项目经费执行进度。加强10余项横向课题的管理。

【新冠相关科研项目管理】作为中心新冠肺炎疫情一级响应框架科技组，梳理总结阶段性研究进展和成果发表情况，及时上报中心研究报告；报送疫情周报；组织评审新冠相关论文49篇；开通疫情防控期间伦理绿色通道，及时对新冠相关项目进行伦理审查。

【科研相关制度建设】科技处作为牵头部门，会同财务处、审计处、人事处和政研室，经过政策研究、调研和专家论证等工作，形成科技成果转化管理办法及《中国疾病预防控制中心推进新时期科技成果转化工作实施方案（初稿）》。修订中心科研项目管理规定，完善课题管理权限、调整流程、间接经费及结余资金管理等内容。协助财务处完成相关科研项目经费管理办法。

【科技援藏、援疆工作】以西藏自治区疾控中心委级重点实验室建设和P3实验室拟申报自治区级重点实验室工作为抓手，积极组织推进科技援藏工作；组织指导新疆维吾尔自治区疾控中心申报国家自然科学基金项目11项；组织完成新疆医科大学与中国疾控中心签署战略合作协议，着手建立长期、高效、共赢的援疆战略机制。

【科研诚信和伦理审查管理】加强科研诚信和科研作风学风建设，组织开展汇交科研诚信严重失信行为信息工作；与教育培训处联合开展科研诚信专题培训；筹备全国疾控系统科研诚信与医学伦理培训会。受理伦理审查30多项，跟踪伦理审查近30项及加急线上审查会议1次；出具国家自然科学基金申报伦理证明6项、国家重点研发计划申报伦理证明 4 项；参与国家疾控局科技教育与国际合作司（以下简称国家疾控局科教国际司）关于《征求涉及人的生命科学和医学研究伦理审批办法（报批稿）》《科技伦理审查办法（试行）（征求意见稿）》等相关伦理工作的咨询。

【重点实验室和人类遗传资源管理】

（1）负责国家重点实验室、国家卫生健康委重点实验室及中心重点实验室的日常管理工作；协助报送国家级、委级重点实验室 2021 年度报告 5 份；组织评审立项建设营养所“中国疾病预防控制中心母乳科学研究重点实验室”；按科技部办公厅要求，组织开展传染病预防控制全国重点实验室的重组申报工作。受国家疾控局委托，负责完成国家疾控局重点实验室建设及运行管理项目。经过研究国家重点实验室布局和相关政策、研讨国家疾控局重点实验室的建设需求、组织专家论证，形成了国家疾控局重点实验室建设规划和国家疾控局重点实验室监督管理办法及评估规则初稿。

（2）组织申报人类遗传资源行政审批许可 3 项，协助办理人类遗传资源材料入境 6 项；协助江苏省疾控中心中美 EID（Emerging Infectious Diseases）项目（中美新发和再发传染病合作项目）1 项申报人类遗传资源行政审批许可，为其提供伦理材料；协助北京市实验动物管理办公室开展北京地区人类遗传资源调查工作。

【科技成果管理】

（1）2022 年，协助完成 4 项北京市科学技术奖的提名推荐、4 项华夏医学科技奖和 2 项中华医学科技奖的申报工作。组织完成 6 项科技成果鉴定、登记工作；推荐北京预防医学会科学技术奖评审专家 37 人。组织开展科技创新领军人才申报推荐工作，全中心推荐 6 人；组织开展 2022 年度北京市科技新星计划候选人推荐工作，中心总部推荐 1 人。

（2）完成中心与中生集团北京生物制品研究所有限责任公司新冠病毒种子株成果转化，并负责制定第一批成果转化经费 2 亿元的使用管理方案，增发职工科研激励经费，提升全中心职工的工作积极性和科研创造力。

【科技成果汇览编写】总结中心成立 20 周年科技成果，编写出版《科技支撑疾病防控——中国疾病预防控制中心科技成果汇览》，协助完成《中国疾病预防控制中心二十周年纪念画册》组稿工作。

【大型科研仪器设备共享管理】负责中心大型科研仪器设备共享考评工作，完成大型科研仪器设备共享平台的招标采购，部署落实系统建设工作。

（陈园生、王吉春、陈亮、魏民、秦宇、李晓杰、杨剑、刘天琪）

外事工作与全球公共卫生

【外事工作概况】2022 年，办理因公出国（境）任务 20 批 34 人次，成行 7 批 12 人次，接待外宾来华或参加中方线上会议 14 批 43 人次。受疫情影响，部分线下交流活动改为线上视频会议，报批线上国际会议 84 批 153 人次。报批并举办视频国际会议或培训班 15 个。与埃塞俄比亚、南非、巴西、日本签署合作谅解备忘录 / 协议 4 份。执行国际合作项目 51 项；组织申报科技部科技援外项目 17 项；申报并获批外国专家来华工作项目 3 项。与我国台湾地区疾控部门交换传染病疫情信息 131 期。

【拓宽中美疾控中心双边合作机制并举行主任年度会晤】2022 年，中美疾控中心联合举办了 6 期新冠肺炎疫情防控技术交流和信息共享视频会议，内容涉及奥密克戎变异株与冷链传播、特殊人群疫苗接种、社区防控与管理、禽流感防控、猴痘病毒防控及烟草控制等领域。与美国疾控中心在华项目团队进行了 10 余轮合作会谈，研究制订并推动新发传染病防控、结核病防控、流感防控、慢性病防控、全球卫生、现场流行病学培训、免疫规划、烟草控制、环境卫生、全健康等领域合作计划。2022 年 12 月 15 日上午，中国疾控中心沈洪兵主任与美国疾控中心罗谢尔·瓦伦斯基（Rochelle Walensky）主任进行首次线上会晤。双方就现场流行病学培训项目、新发和再发传染病领域的合作研究、全健康（one health）工作、非洲疾控中心建设、《中国疾病预防控制中心周报（英文）》编辑出版工作、新项目开发及人员互访等未来重点合作领域进行交流。

【合作伙伴祝贺中国疾控中心成立 20 周年】2022 年 1 月 23 日，中国疾控中心成立 20 周年。世界卫生组织、美国疾控中心、欧洲疾控中心、非洲疾控中心、比尔及梅琳达·盖茨基金会等国际合作伙伴，以及香港卫生防护中心等我国港澳地区合作伙伴发来贺词、贺信与祝贺视频，以多种形式与中国疾控中心共同庆祝这一历史时刻。

【开展与欧洲疾控中心的合作】2022 年，中心专家参加欧洲疾控中心合作伙伴视频会议和应急合作视频会议 10 次，在北京冬奥会期间，向欧洲疾控中心分享疫情信息 61 份，并解答其技术问询。通过欧洲疾控中心牵头的全球主要疾控机构交流活动，加强了与欧盟国家在公共卫生领域的合作伙伴关系，并且增进了对美国、日本、韩国、新加坡、澳大利亚、以色列、墨西哥等国家公共卫生动态的深入了解。

【在全球疫情警报和反应网络机制下推进境外援助工作】2022 年 6 月，协调专家通过全球疫情警报和反应网络（Global Outbreak Alert and Response Network，GOARN）渠道，申请赴埃塞俄比亚开展新冠病毒疫苗社区接种管理和推广工作。

【高福院士入选世界卫生组织具有大流行和流行潜力的传染病危害战略和技术咨询小组】2022 年 6 月，高福院士入选世界卫生组织具有大流行和流行潜力的传染病危害战略和技术咨询小组。该小组通常就可能构成全球健康威胁的病毒感染风险提供建议。

【吴尊友首席专家担任《国际卫生条例（2005）》花名册专家】2022 年 6 月，受世界卫生组织邀请，首席流行病学专家吴尊友教授担任《国际卫生条例（2005）》花名册专家，并出席猴痘相关会议。

【南非国家传染病研究所与中国疾控中心分享奥密克戎变异株样本】2022 年 6 月 13 日，南非国家传染病研究所与中国疾控中心分享了奥密克戎变异株样本，该样本用于新冠病毒科学研究。

【发布施行《中国疾病预防控制中心在华开展国际合作项目管理办法》】2022 年 7 月，发布施行了《中国疾病预防控制中心在华开展国际合作项目管理办法》。该管理办法根据近两年来国际合作项目管理的实际情况，结合政府有关部门及中心内部发布的有关新规，进一步明确了国际合作项目类型及主体责任，完善了各管理环节的操作规范与管理要求。

【与埃塞俄比亚公共卫生研究所签署合作谅解备忘录】2022 年 8 月 3 日，中国疾控中心沈洪兵主任与埃塞俄比亚公共卫生研究所梅塞·海鲁（Mesay Hailu）主任通过视频会议的形式，签署了机构间合作谅解备忘录。双方未来五年将在传染病防控、妇幼营养、实验室检测能力建设等诸多领域开展合作与交流。埃塞俄比亚驻华大使特肖梅·托加（Teshome Toga Chanaka）先生作为嘉宾和见证人出席了线上签约仪式。

【沈洪兵主任会见德国驻华使馆全球卫生特使施贺德博士】2022 年 8 月 12 日，中国疾控中心沈洪兵主任在昌平园区会见了德国驻华使馆全球卫生特使施贺德（Bernhard Schwartländer）博士、社会事务参赞克里斯汀·史泰芬（Christian Steffen）先生、医学官员肯尼·吉奥莫尔（Kenny Geomor）博士一行，并介绍了我国新冠病毒防控机制、与德国合作情况等信息。双方就未来中德公共卫生合作计划交换了意见。

【参与和推广世界卫生组织公共卫生和应急队伍路线图实施相关工作】2022 年 10—12

月，组织推荐专家参与世界卫生组织公共卫生和应急队伍路线图指导委员会会议及相关后续工作，并与英方合作伙伴开展中英合作支持世界卫生组织公共卫生和应急队伍路线图项目。

【组织开展2022年国际合作管理调研和座谈会】2022年10—12月，中国疾控中心外事处赴中心有关直属单位和处室开展国际合作管理调研和座谈会，以规范国际科研合作项目管理，加强涉外项目风险防控。

【与南非国家传染病研究所签署合作谅解备忘录】2022年11月1日，中国疾控中心沈洪兵主任与南非国家传染病研究所阿德里安·普雷恩（Adrian Puren）主任函签了机构间合作谅解备忘录。双方未来五年将在传染病监测与防控、健康安全、应急准备和响应等诸多领域开展合作与交流。

【发布施行《中国疾病预防控制中心授予外籍专家荣誉称号管理规定》】2022年11月，发布施行了《中国疾病预防控制中心授予外籍专家荣誉称号管理规定》。发布施行该管理规定的目的是表彰和鼓励对中心做出突出贡献的外籍合作伙伴，规范中心授予外籍专家荣誉称号的流程。

【沈洪兵院士当选国家级公共卫生机构国际联盟执行委员会委员】2022年11月30日，中国疾控中心主任沈洪兵院士当选国家级公共卫生机构国际联盟（International Association of National Public Health Institutes，IANPHI）执行委员会委员，任期为2023—2025年。国家级公共卫生机构国际联盟是由各国国家级公共卫生机构负责人参加的联盟组织，致力于通过技术合作、专家资源共享、政策倡导等活动促进各国公共卫生机构之间的交流与共同发展。

【共同举办第五届中俄传染病研讨会】2022年11月10—11日，与俄罗斯合作伙伴共同举办第五届中俄传染病研讨会。中国疾控中心沈洪兵主任出席会议并致辞，来自俄罗斯斯莫罗汀特瑟夫流感研究所、俄罗斯联邦消费者权益保护和卫生防疫监督局中央流行病学研究所、俄罗斯波特金传染病医院、圣彼得堡彼得大帝理工大学、圣彼得堡国立巴甫洛夫第一医科大学、中国医学科学院病原生物学研究所等机构的领导及专家参会并做了新冠病毒、流感、结核病和艾滋病相关主旨发言。

【召开"中俄蒙哈阿勒泰山鼠疫疫源地联合调查研讨会"】2022年12月2日，由中国疾控中心和传染病预防控制国家重点实验室主办、中国疾控中心传染病所和新疆维吾尔自治区疾控中心承办的“中俄蒙哈阿勒泰山鼠疫疫源地联合调查研讨会”以视频会议形式在线召开。来自俄罗斯、蒙古国、哈萨克斯坦、中国的鼠疫防控专业人员分别就各国阿勒泰山脉地域内的人间鼠疫疫情、动物间鼠疫调查、鼠疫疫源监测和防控开展专题报告和讨论。中国疾控中心沈洪兵主任出席会议并致辞，国际和国内鼠防机构、中国海关的专业人员通过 80 余个分会场或个人节点登录参会。

【在线召开第十六届中日韩传染病防控论坛暨联合研讨会】2022 年 12 月 8 日，第十六届中日韩传染病防控论坛暨联合研讨会在线召开。中日韩三国专家围绕猴痘监测检测和防控策略、新冠病毒疫苗等对大流行的影响、传染病防控和全健康策略相关议题展开讨论。中国疾控中心沈洪兵主任还分别与日韩两国疾控机构主任进行了年度会晤。

【与巴西奥斯瓦尔多·克鲁兹基金会签署合作谅解备忘录有效期延长修订协议】2022 年 12 月 8 日，与巴西奥斯瓦尔多·克鲁兹基金会（The Oswaldo Cruz Foundation，Fiocruz）签署合作谅解备忘录有效期延长修订协议。双方未来五年将继续保持良好的合作伙伴关系，在开展卫生研究项目、科研专家互访、开发技术、交换信息与技术、组织召开专题研讨会及共同发表科技论文等诸多领域展开合作。

【沈洪兵主任线上会见英国卫生安全局首席执行官詹妮·哈里斯】2022 年 12 月 19 日，中国疾控中心沈洪兵主任与英国卫生安全局首席执行官詹妮·哈里斯（Jenny Harries）以视频连线的形式会见。沈洪兵主任表示，双方可探索在世界卫生组织公共卫生人力资源发展路线图项目的实施、新技术在传染病防控中的应用、风险评估、全球卫生等方面的合作。哈里斯表示，未来双方可在新冠病毒变异株、病毒性肝炎、艾滋病、疫苗可预防疾病以及加强基层公共卫生能力等方面开展交流。

【举办国际合作交流能力提升系列讲座】2022 年，为提升中国疾控中心专家的国际合作交流能力，外事处举办了 5 场系列讲座，主题分别为“国际卫生事件应急和对外沟通技巧能力提升”“美国疾控中心海外任职派遣机制与海外项目管理经验分享”“美国疾控中心全球健康工作分享”“世界卫生组织合作中心建设经验交流会”“全球卫生工作的经历经验和心得体会分享”。美国疾控中心在华项目主任威廉·施麓德（William Schluter）、中国常驻联合国日内瓦办事处代表团公使衔参赞冯勇等专家受邀做报告。

【召开中国疾控中心成立 20 周年全球卫生与“一带一路”学术论坛】2022 年 11 月 26 日，中国疾控中心成立 20 周年全球卫生与“一带一路”学术论坛在北京市召开。国家疾控局领导、中国疾控中心领导，以及长期从事全球卫生研究和实践工作的跨领域专家与国际合作伙伴出席会议。同时，400 多名专家学者在线观看了会议直播。会议紧扣“融合与创新”的主题，从中国参与全球卫生的发展历程、合作模式、疾病防控、人才培养、卫生产品、网络建设、智库建设、金融筹资、社会参与等角度，分享了全球卫生相关的理论成果和实践经验，回顾并展望了中国参与全球卫生事业的过去、现在和未来。此外，圆桌论坛深入分析了后疫情时代全球卫生合作发展面临的机遇与挑战，并就能力提升、卫生外交、卫生援外等方面提出意见和建议。

【做好“全球疫情数据分析和风险评估平台”维护升级】做好“全球疫情数据分析和风险评估平台”运行维护和功能升级，对平台包含的多个功能模块进行了升级完善。2022 年，基于此平台发表了 11 篇学术文章和 40 余篇报告，为研判疫情态势和及时调整我国境外输入疫情防控策略提供技术支持。平台还积极响应 2021 年李克强总理在第二十四次中国—东盟领导人会议上“中方正在建设全球新冠肺炎数据整合与风险分析信息系统平台，愿及时同东盟分享疫情监测和防控数据，共同提升预警和应急反应能力”的重要指示，已开发完成平台英文版，未来将与东盟和其他国家共建共享，为开展全球传染病常态化监测提供保障，为建设人类卫生健康共同体贡献中国力量。

【实施援塞拉利昂固定生物安全实验室第三期技术援助项目】2022 年 1—12 月，中国疾控中心全球公卫中心在国家国际发展合作署和商务部的支持下，组织实施援塞拉利昂固定生物安全实验室第三期技术援助项目。该项目以塞拉利昂—中国友好生物安全实验室为平台，协助塞拉利昂开展新冠肺炎疫情及其他重要疫情防控、重要传染病病原学监测；为塞拉利昂培训高等级生物安全实验室工作人员，培养传染病防治人才队伍；支持塞拉利昂制定国家病毒性肝炎防治规划。2022 年，共派出技术人员 10 人；培养实验室技术人员 17 人；组织短期培训 8 次，累计培训当地技术人员 415 人；开展新冠疑似样本检测量约 5 万份，约占塞拉利昂全国检测量的 1/3。

【派出专家支持非洲疾控中心总部建设】为推进支持非洲疾控中心总部建设工作，制定了《关于推进非洲疾控中心建设十年规划方案（2023—2032）》和《中国疾控中心支持非洲疾控中心卫生合作项目方案（2023—2025）》，2022 年 6 月，报送国家卫生健康委国际合作司（以下简称国家卫生健康委国际司）。2022 年 8 月，派出 1 名实验室领域专家赴非，其作为 P4 级别技术顾问在非洲疾控中心总部任职。这位专家赴任以来，积极参与非洲疾控中心的日常工作，参与各类实验室技术交流会议与培训 10 余次，为各级实验室及卫生机构提供中国相关领域经验，推进中国公共卫生产品进入非洲，参与传染病疫情应对处置，积极推进中非疾控中心实验室合作项目的讨论磋商。

【举办中国—东盟“信息化技术支持的暴发调查”研讨会和桌面演练】2022年12月15日，由中国疾控中心全球公卫中心主办、现场流行病学培训项目和免疫中心协办的中国—东盟“信息化技术支持的暴发调查”研讨会和桌面演练活动成功在线举行。此次活动得到了各东盟国家、东盟秘书处和东盟卫生发展高官会的大力支持与帮助，来自泰国、新加坡、马来西亚、老挝、文莱、菲律宾、柬埔寨和中国的国家及地方卫生部门，以及东盟秘书处共64位公共卫生专业人员参与了此次活动。此次“信息化技术支持的暴发调查”研讨会和桌面演练活动历经半年的精心筹备，有效加强了中国与东盟国家在传染病防控和监测方面的能力建设，促进了深入交流，为探索如何更好地将信息技术应用在监测和现场疾病控制工作中提供了方向。

【举办首期疾控人员信息流行病培训班】2022年9月22—23日，中国疾控中心全球公卫中心在新址举办了第一期信息流行病（也称信息疫情）培训班。信息流行病是指在突发公共卫生事件中会产生海量信息，其中真假混杂，虚假信息像病毒一样传播并造成广泛危害。培训内容包括认识信息流行病、舆情监测研判和应对、谣言和辟谣、公共卫生事件的风险沟通和媒体沟通模块，邀请跨学科且具有丰富实战经验的领域专家作为授课教师，帮助疾控人员从跨领域的视角理解公共卫生事件中的信息流行病问题。在介绍理论知识的同时，结合疾控工作场景，重视案例讲解和经验交流。本次培训由中国公共卫生发展援助能力建设项目支持，60余名疾控人员参加，培训对象满意度超过90%。

【举办“全球公共卫生援助合作培训——跨文化沟通专题培训班”】为了促进全球公共卫生援助项目的开展，提升疾控人员对跨文化沟通的理论认识和应对能力，2022年11月9—10日，中国疾控中心全球公卫中心在北京人卫酒店举办了“全球公共卫生援助合作培训——跨文化沟通专题培训班”。本次培训班邀请世界卫生组织驻华代表处人员、疾控援外专家、外交学院教授、在华国际学者进行培训讲座，内容涉及国际组织工作中的跨文化交流、外国人眼中在华工作的跨文化案例以及跨文化相关理论研究。本次培训由中国公共卫生发展援助能力建设项目支持，50余名疾控人员参加，培训对象满意度超过90%。

【持续实施中美疾控中心合作项目】持续促进中美疾控中心合作项目第三周期（2018—2023年）工作开展，项目主要涵盖新发和再发传染病的疾病监测、医院感染控制、多病原的快速检测、能力建设、卫生应急、疾病负担研究和项目协调管理等重要领域，包括对季节性流感和流感大流行、结核感染防控、全球卫生安全、感染与抗生素耐药、人畜共患病，以及寨卡病毒、登革热病毒和基孔肯雅热病毒等的探索和研究。2022年，支持和参与完成了1项监测系统建设、231人次国内培训，开发了18个技术方案指南或教材等，在国际和国内期刊上发表5篇文章。中美疾控中心合作项目是中美两国政府间的重要卫生合作项目和重要合作平台，致力于就中美及全球共同关注的新发和再发传染病的预防、发现与应对开展合作。

（王晓琪、邹运铎、丁旭虹、刁菲、胡静然、黄伊人、戚晓鹏、陈虹、王立立、庞明樊、杨昕娉、武洁雯、房元圣、康凯）

教育培训

【开展研究生招生工作】2022 年，扩招录取研究生 298 人，其中包括博士研究生 80 人、学术型硕士研究生 93 人、全日制公共卫生硕士研究生 115 人、非全日制公共卫生硕士研究生 10 人。实际报到新生 293 人，保留入学资格 1 人，放弃入学资格 4 人（其中包括博士研究生 1 人、学术型硕士研究生 1 人、全日制公共卫生硕士研究生 1 人、非全日制公共卫生硕士研究生 1 人）。

【举办“相约疾控”线上夏令营活动】2022 年 7 月 28—29 日，举办 2022 年全国优秀大学生“相约疾控”线上夏令营活动（第八届），全国近 300 名大学生参加了本次活动。中心设主会场，各单位设分会场，开展学术讲座、师生交流和招生答疑等多种形式的夏令营活动。

【举办研究生毕业典礼暨学位授予仪式】2022 年 7 月 13 日，举办 2022 届研究生毕业典礼暨学位授予仪式。

【举办研究生入学教育周活动、开学典礼】2022 年 8 月 29 日—9 月 3 日，举办 2022 级研究生新生入学教育周活动。2022 年 9 月 1 日，举办新生开学典礼，线上同步直播。

【推进高层次应用型公共卫生人才培养创新项目】2022 年 12 月 9 日，与 10 所“高层次应用型公共卫生人才培养创新项目”院校召开专题会议，共同签订战略合作协议，推动建立更加紧密的协作合作关系。

【开展校际交流】2022 年，与南京医科大学联合招收博士研究生和硕士研究生 17 人，与浙江大学联合培养公共卫生硕士研究生 2 人。

【开设研究生学位课程】中国疾控中心研究生院集中开设 51 门课程，共计授课 2 508 学时；组织各研究生培养单位开设专业课程 23 门，共计授课 1 244 学时。在春季学期、秋季学期集中授课阶段，组织线上和线下同步教学。

【开展教学与管理工作】2022 年 9 月，中心机关新开专业课程“疫苗与疫苗可预防疾病”（课程编号：Z1JG001）。2022 年 11 月，首次为公共卫生硕士研究生增设学位课程“公共卫生与预防医学概论”（课程编号：S3B0301）。首次制定《中国疾病预防控制中心研究生线上考试须知》和《中国疾病预防控制中心线上考试教师监考须知》两个文件，规范线上考试管理。

【举办“疾控讲堂”研究生系列专题讲座】2022 年，共举办 10 场“疾控讲堂”研究生专题讲座：马峥研究员讲授“科技信息定量分析支持科研管理的实践与创新”、袁钟教授讲授“公共卫生与传统文化”、施小明研究员讲授“暴露科学在老年健康研究中的应用”、孙承业研究员讲授“蛇之七寸”、武桂珍研究员讲授“国家生物安全与新冠抗疫”、卢金星研究员讲授“生态平衡与健康”、刘剑君主任讲授“工作中的学习”、孙全福研究员讲授“辐射与健康”、毛群安司长讲授“中国的公共卫生实践：爱国卫生运动”、关梅林教授讲授“研究生的心理健康与和谐发展”。

【开展研究生疫情防控工作】继续贯彻落实学生疫情防控备案制度；加强对研究生的心理健康管理；落实防控措施，从严从实做好 2022 级研究生新生入学疫情防控工作。根据国家政策，及时调整研究生疫情防控方式。

【开展研究生思想政治教育及党团建设工作】深入学习贯彻习近平新时代中国特色社会主义思想和党的十九届七中全会精神、党的二十大精神，进一步贯彻落实全国高校思想政治工作会议和全国卫生计生系统思想政治工作会议精神，组建 2022 级新生党、团支部，指导研究生党支部做好入党积极分子的培养、考察和组织发展等工作，指导党、团支部认真落实中心党委、团委部署，开展好各项活动。2022 年 10 月，潘家园教学区和昌平教学区学生党支部开展了学习党的二十大精神主题党日活动。

【加强研究生德育工作队伍建设】加强班主任和辅导员队伍建设，提升德育工作水平。继续加强与研究生班主任和辅导员的沟通联系，探讨研究生管理方面的成功经验和做法。2022 年 12 月，召开班主任和辅导员学习工作交流会。

【评选奖学金、助学金及优秀研究生】组织开展在读研究生财务信息数据库建设工作，并落实 2022 年 1—12 月（2 月、8 月除外）在读研究生每月基本助学金的核定发放。组织开展研究生新生奖学金、学业奖学金、基本奖学金、优秀研究生、优秀研究生干部评选工作，共计评选一等学业奖学金 52 人（其中 47 人同时获得“优秀研究生”称号）、二等学业奖学金 95 人、优秀研究生干部 58 人。

【落实研究生管理助理制度】组织落实研究生院和各直属单位研究生管理助理设置工作，开展研究生“助管”岗位选聘，核定发放“助管”费用152人次。

【办理研究生交通综合意外保险】为全体在读研究生、2022届毕业研究生、2022级研究生新生办理交通综合意外保险的年度续保、减保、增保工作。

【评定研究生困难补助】2022年9月，召开研究生困难补助评审会，核定并确认困难补助发放名单29人。

【办理研究生助学贷款】协助中心研究生办理生源地助学贷款98人次，上传并采集研究生助学贷款相关信息。

【联合举办健康科普大赛】中国疾控中心研究生院与中华预防医学会联合举办2022年全国大学生健康科普大赛。

【推动研究生会建设】完成2022—2023学年研究生会招新工作。完成2022年研究生会换届暨工作总结交流会，以及3次研究生会例会工作。开展研究生会微信平台建设工作，“疾控学子”微信公众号推送内容56条。

【举办研究生文体活动】2022年1月，举办博硕论坛·第三期求职经验分享会。2022年3月，举办中国疾控中心研究生摄影大赛。2022年5月，举办博硕论坛·第四期统计方法分享会。2022年5—6月，举办线上运动会比赛。2022年6—7月，举办中心研究生健康科普比赛。2022年10月，举办博硕论坛·第五期英语学习方法分享会。2022年11月，举办“青春献礼二十大，筑梦时代谱华章”2022年中国疾控中心研究生文艺汇演活动。

【开展学位授予及研究生导师队伍建设工作】经中心第七届学位评定委员会审定，授予博士学位43人、硕士学位61人、公共卫生硕士专业学位72人。评选中心优秀博士学位论文6篇。增选博士研究生导师15人、硕士研究生导师27人、公共卫生硕士研究生导师52人。截至2022年年底，共有研究生导师412人，其中，博士研究生导师为107人，硕士研究生导师为178人，公共卫生硕士研究生导师为127人。2022年，共有814人担任研究生副导师。

【开展研究生学籍注册、学历学位服务】落实研究生新生学籍电子注册294人、在校生学年电子注册902人、毕业生学历电子注册176人。完成研究生入学登记、毕业登记。

办理研究生延期毕业、更换导师、休学 / 复学、更换副导师、增聘副导师等备案共计 71 人次。提供毕业研究生学历学位相关服务 119 人次。

【开展学位授权点自我评估】组织开展 2020—2024 年中心学位授权点自我评估工作，2022 年 5 月，完成基础医学博士、公共卫生与预防医学博士、公共卫生专业学位硕士 3 个学位授权点基本状态信息上报。

【调整第七届学位评定委员会主席】2022 年 9 月，沈洪兵主任担任中心第七届学位评定委员会主席。

【提供预防医学科住培与公共卫生医师规培试点技术支撑】根据国家疾控局安排，起草关于加强公共卫生医师队伍建设等有关提案的参考材料、关于公共卫生法议案的有关建议、关于医改重点工作的有关建议、公共卫生医师规范化培训（以下简称公共卫生医师规培）试点工作报告等。2022 年 2 月，组织开展对宁夏回族自治区人民医院作为新增预防医学科专业培训基地的评审工作。2022 年 3 月，根据中国医师协会部署，参加 2022 年住院医师规范化培训（以下简称住培）第一次工作会议，研讨、部署 2022 年度考核和评估工作。2022 年 5 月，完成预防医学科住培细则、基地认定细则（2022 年版）修订工作。2022 年 5—6 月，协助中国医师协会开展预防医学科住培评估专家推荐工作，共推荐相关领域的 8 名专家，以开展住培评估。2022 年 9 月、10 月、12 月，参加重庆、海南、四川公共卫生医师规培师资培训班，并提供授课指导。2022 年 10 月，组织专家参加 2022 年度水平测试审题工作。2022 年 12 月 23 日，在全国疾控机构教育培训年会期间，设置公共卫生医师规培专题交流模块，组织基地规培工作分管负责人、管理人员等进行交流、培训。

【管理国家级继续医学教育项目】2022 年，获批国家级继续医学教育项目共 74 项，其中包括国家级继续医学教育普通项目 56 项（执行 26 项）、传染病预防控制国家级继续医学教育基地项目 18 项（执行 13 项），实际共执行 39 项，累计培训学员 5 469 人次。根据全国继续医学教育委员会安排，统筹协调国家级继续医学教育项目的管理工作，开展项目常规申报、备案、执行汇报和现场督导评估。按照全国继续医学教育委员会办公室《关于申报 2023 年国家级继续医学教育项目的通知》（全继委办发〔2022〕13 号）的要求，教育培训处（研究生院）组织申报 2023 年第一批新项目 19 项。2022 年 1 月，印发《中国疾病预防控制中心教育培训处关于做好 2022 年国家级继续医学教育项目工作的通知》（教育处便函〔2022〕2 号），进一步修订了疫情防控常态化背景下 2022 年中国疾控中心国家级继续医学教育项目举办标准化操作程序、管理标准化操作程序。2022 年 8 月 12

日，召开中心国家级继续医学教育项目管理工作会议。根据全国继续医学教育委员会办公室《关于国家级继续医学教育项目全面启用电子学分证书的通知》（全继委办发〔2020〕23 号）的有关要求，国家级继续医学教育普通项目和基地项目全部施行电子学分证书，提升了国家级继续医学教育信息化管理与服务水平。

【组织召开 2022 年全国疾控机构教育培训工作视频会议】2022 年 12 月 23 日，组织召开 2022 年全国疾控机构教育培训工作视频会议。本次会议重点围绕全国疾控机构公共卫生医师规培试点、骨干人才培养项目，就各级疾控机构的教育培训工作情况、公共卫生人才培养、所取得的经验及存在的问题、继续教育等进行了总结和交流讨论。

【开展全国公共卫生与预防医学名词编审项目工作】教育培训处（研究生院）作为全国公共卫生与预防医学名词编审秘书处成员单位，全程参与项目工作，开展名词编审的过程管理、培训及信息系统使用相关工作，管理首批 21 个学科中 14 个学科的具体工作。2022 年 1 月 21 日，在北京市组织召开全国公共卫生与预防医学名词编审工作安排及释义编写培训会议，本次会议为全国公共卫生与预防医学名词编审下一步工作安排及释义工作开展奠定了基础。2022 年 9 月 28 日，秘书处组织召开全国公共卫生与预防医学名词规范化建设工作座谈会。本次会议主要交流了公共卫生与预防医学各二级学科名词编审工作开展情况，学科间名词编审、释义编写等工作经验和需要协调解决的问题，以及下一步工作计划及安排。作为秘书处成员，参加了分管的 14 个学科启动会，并在会上给各学科详细介绍了名词编审工作、相关管理及要求等。同时，作为委员、秘书角色，全程参与卫生管理学和营养学 2 个学科的名词编审工作，指导开展 14 个学科名词编审、释义的全过程管理。协助开展名词查重、反馈、修订、二审、释义编写修订反馈等工作。

【参与中国工程院 2022 年重大战略研究与咨询项目课题研究工作】在中国工程院 2022 年重大战略研究与咨询项目“我国现代公共卫生体系及能力建设战略研究”课题 5“公共卫生教育培训与科技创新”课题组的指导下，与西安交通大学公共卫生学院一起，完成了课题 5 的分课题——公共卫生教育培训任务的研究方案制定、现场调查方案修订、课题研讨，牵头组织开展了毕业后教育及继续教育线上研讨与调查，参与课题研究报告编制等。

【参与中国疾控中心研究生学位课程设计与管理】参与中国疾控中心新开设的研究生学位课程“公共卫生与预防医学概论”课程大纲的设计与编排、课程建设、研讨和组织管理，承担其中公共卫生教育专题的授课任务。

【组织开展新冠肺炎防控方案培训、应急培训等】

（1）在中心新冠肺炎疫情一级响应框架下，作为培训督导组的牵头部门，持续开展培训组相关工作。2022 年 4 月 7 日，举办新冠肺炎疫情防控现场工作队员培训，在中心北区设主会场，中心各直属单位及研究生教学区设分会场，采用视频会议形式，组织国家专家队伍、后备专家队伍、相关专业人员、研究生等 330 余人参加培训。2022 年 6 月 29 日，国务院联防联控机制召开《新型冠状病毒肺炎防控方案（第九版）》视频培训，主会场设在国家卫生健康委应急指挥中心。中国疾控中心设分会场，并采用钉钉平台直播，组织各单位新冠肺炎防控现场工作队员、专业人员和研究生等 800 余人参加培训。2022 年 9 月 14 日，国务院联防联控机制召开 2022 年国庆假期及前后新冠肺炎疫情防控政策措施视频培训会，主会场设在国家卫生健康委应急指挥中心。中国疾控中心设分会场，组织各单位新冠肺炎防控专业技术人员约 40 人参加培训。2022 年 11 月 23 日，培训督导组组织开展优化新冠肺炎疫情防控措施解读培训。主会场设在中国疾控中心（北区）四层会商室，各单位分别设分会场，并采用钉钉平台直播，培训 600 余人。

（2）专项支持西部地区新冠肺炎应急培训，为其提供师资和技术指导。2022 年 8 月中下旬，甘肃省临夏回族自治州（以下简称临夏州）开展全州疫情防控指挥体系运转、流调溯源、核酸检测、核酸采样、隔离管控、院感防护、方舱医院、社区管控等重点环节专题应急培训。2022 年 8 月 19 日、8 月 23 日和 8 月 24 日，中国疾控中心分别就流调溯源、核酸检测和核酸采样，选派师资进行专题授课，支持临夏州培训全州疫情防控相关人员。

（3）利用网络媒介，持续为各省、其他工作组提供疫情最新进展、防控方案、指南等技术材料。持续为各省更新、提供疫情防控培训音视频课件。开展培训组日报、周报、工作量统计等信息报送以及培训计划制订、工作总结编制等。

【录取 CFETP 第二十一期学员】2022 年 1 月 18 日，录取两年制 CFETP 第二十一期学员 24 人，其中包括中国疾控中心 4 人、省级疾控机构 7 人、地市级疾控机构 13 人。CFETP 自 2001 年成立以来，已累计招收学员 444 人。

【录取中级 FETP 第七期学员】2022 年 1 月 25 日，录取中级 FETP（Field Epidemiology Training Program，现场流行病学培训项目）第七期学员 40 人。西部地区 FETP 自 2016 年 2 月启动以来，已累计招收学员 279 人。

【举办 CFETP 第二十一期暨中级 FETP 第七期学员开学典礼】2022 年 3 月 2 日，CFETP 第二十一期暨中级 FETP 第七期学员开学典礼在中国疾控中心昌平园区举行。中国疾控中心主任、研究生院院长高福，中国疾控中心副主任、研究生院执行院长刘剑君等领导出席典礼。中国疾控中心免疫中心、应急中心、结控中心、传染病处、慢病中心的导师代表为学员介绍了中心各实习单位（部门）的业务及培养情况。

【CFETP 确定第二十一期学员责任导师及第一阶段培训基地和实习单位】2022 年 4 月 27 日，根据 CFETP 实施办法，经与有关部门沟通确认，按照学员的工作背景和专业方向等，选定吴静等 24 位专家为 CFETP 第二十一期学员责任导师。同时，按照学员的专业培训需求和责任导师意见，确定第二十一期学员第一阶段培训基地和实习单位。

【CFETP 举办第二十期、第二十一期学员中期汇报会】2022 年 9 月 26—28 日，CFETP 组织召开学员中期汇报会。会议采取线上和线下相结合的方式进行。CFETP 第二十期、第二十一期学员按专业方向进行分组汇报，简要介绍各自的产出完成情况，并针对各自已完成或即将开展的专题调查、监测数据分析和暴发调查进行详细汇报。

【CFETP 举办中级 FETP 第七期学员毕业答辩】2022 年 12 月 1—2 日，中级 FETP 第七期学员进行毕业答辩。根据新冠肺炎疫情防控要求，中级 FETP 第七期学员毕业答辩在线上举办。此次答辩分三组进行，内容为学员在培训期间开展的暴发调查或专题研究。

【启动 CFETP 第二十二期学员招生工作】2022 年 10 月 18 日，正式启动 2023 年学员招生工作。招生单位面向国家级、省级、地市级的疾病控制、结核病、寄生虫病（血吸虫病、地方病）防治、环境职业卫生、营养食品卫生等公共卫生专业机构和行政部门，教育部和国家卫生健康委联合设立的高层次应用型公共卫生人才培养创新项目院校，地市级及以上医疗机构等。

【举办 CFETP 第十七届年会】2022 年 9 月 22—23 日，在北京市举办 CFETP 第十七届年会。中心领导、专家、CFETP 在京学员和责任导师代表等 100 人现场参会。CFETP 京外学员、责任导师，各省市 FETP 学员、指导教师以及毕业生等近 300 人通过网络参会。中国疾控中心主任沈洪兵做主题发言。此届年会共收到投稿摘要 263 篇，其中 33 篇被收录为口头报告，63 篇被收录为展板报告。经专家评选，最终评选出口头报告金奖 1 名、银奖 2 名、优秀奖 3 名，优秀壁报奖 3 名。

【研究生院举办 2022 年现场流行病学培训项目指导教师培训暨基地管理会】2022 年 7 月 26—27 日，2022 年现场流行病学培训项目指导教师培训暨基地管理会在北京市举行。中国疾控中心直属单位、总部相关处室负责人，CFETP 责任导师，培训基地负责人和现场导师，CFETP 项目教师以及在训学员等通过线上和线下方式参会。学员责任导师代表和有关专家围绕如何指导学员开展暴发调查、专题调查、监测数据分析等进行了案例分享，并与参会人员展开了讨论交流。四川省疾控中心和苏州市疾控中心作为培训基地代表，分享了指导和管理学员的成功经验。

【举办疾控机构骨干人才培训项目会议暨现场流行病学培训项目国家级师资培训班】 2022年8月2—3日，疾控机构骨干人才培训项目会议暨现场流行病学培训项目国家级师资培训班在哈尔滨市召开。国家疾控局传防司流调与检测指导处副处长赵阳等领导出席会议。各省（自治区、直辖市）疾控中心项目负责人和FETP国家级师资代表，以及CFETP指导教师通过线上和线下相结合方式参加会议。CFETP就疾控机构骨干人才培训项目的工作进展、取得的成绩、面临的挑战进行了总结。各省（自治区、直辖市）疾控中心代表分别就各自实施疾控机构骨干人才培训项目情况进行了经验交流。

【6名CFETP学员的摘要入选TEPHINET第十一届全球科学会议并报告】 2022年9月4—9日，全球流行病学培训项目与公共卫生干预网络（Training Programs in Epidemiology and Public Health Interventions Network，TEPHINET）第十一届全球科学会议在巴拿马举办。CFETP共6名学员的7篇摘要入选此次会议，包括口头报告2篇、展板报告5篇，内容涉及新冠肺炎和水痘等传染病、食源性疾病以及寄生虫病等。

【CFETP参加东盟+3现场流行病学培训网络技术咨询专家组召开的网络研讨会】 2022年3月9日，东盟+3现场流行病学培训网络（ASEAN Plus Three Field Epidemiology Training Network，ASEAN+3 FETN）技术咨询专家组召开网络研讨会。CFETP与来自文莱、印度尼西亚、马来西亚、菲律宾、新加坡、泰国、越南、日本等国家的其他专家组成员，以及东盟基金会的同行一起参加了会议。本次会议针对专家组成员关于全球新冠疫情态势及应对策略的问卷调查结果进行了分享，并由菲律宾与泰国的FETP针对“如何与COVID-19安全共处”进行了介绍交流。

【CFETP参加东盟政策沟通联合培训研讨会】 2022年3月18日和25日，CFETP师生以线上方式参加东盟政策沟通联合培训研讨会。培训内容包括政策简报撰写的介绍、劝说性信息的沟通技巧和如何确定利益相关者等。按照培训要求，CFETP学员在项目指导教师的指导下，为会议举办方提供了一份政策简报训练稿“Suggestions on Dengue Fever Prevention and Control in Mainland China①”。

① 中国大陆的正确表述是Chinese mainland，不是mainland China。为与原名保持一致，此处不做修改。——编辑注

【CFETP 参加 ASEAN+3 FETN 线上举办的风险评估研讨会】2022 年 4 月 19 日、21 日和 26 日，ASEAN+3 FETN 分 3 个半天线上举办风险评估研讨会。CFETP 师生分别作为观察员及学员参会。会上，来自世界卫生组织、世界动物卫生组织、联合国粮食及农业组织、美国疾控中心的合作伙伴，分别针对如何对突发公共卫生事件开展快速风险评估等不同主题做了介绍，韩国、马来西亚、泰国、菲律宾、新加坡等成员国代表针对各自开展风险评估的经验进行了分享。

【CFETP 参加 ASEAN+3 FETN 视频会】2022 年 8 月 11 日，ASEAN+3 FETN 召开主题为“为应对猴痘暴发做好监测系统准备，最佳实施方式以及经验教训分享”的视频会。作为 ASEAN+3 FETN 技术咨询专家组的成员，CFETP 与来自泰国等国家的其他专家以及东盟基金会的同行一起参加了会议。会上，来自美国疾控中心的合作伙伴介绍了美国纽约猴痘监测系统，来自泰国和马来西亚的专家针对本国开展的猴痘疫情监测工作进行了分享。

【CFETP 参加 ASEAN+3 FETN 第十二届执行委员会会议】2022 年 11 月 22—24 日，ASEAN+3 FETN 在文莱召开第十二届执行委员会会议。受新冠肺炎疫情影响，CFETP 未能派人员现场参会。CFETP 主任马会来特别录制了有关 CFETP 2022 年培训工作的视频，在会议上播放，与其他成员针对 2022 年 CFETP 开展的工作及经验进行了分享交流。本次会议促进了成员国和对话伙伴的协同合作，加强了各成员国之间的经验交流，推动了公共卫生人才建设方面的合作及有效沟通协作。

【CFETP 开展第二十二期学员招生面试工作】2022 年 12 月 29—30 日，CFETP 召开第二十二期学员招生面试会，邀请中国疾控中心 14 个处所的 15 名专家担任评委，对 39 名通过资格审核的报名人员进行线上面试考核。考核内容包括沟通交流能力、专业技能、心理素质、英语口语等方面。

【参与新冠肺炎疫情应对工作】2022 年 1—12 月，CFETP 派遣 31 名学员和 4 名教师参与新冠流调溯源专班、疫苗专班、疫情防控策略专班和视频调度专班工作。27 名学员和 2 名教师参与 21 个省（自治区、直辖市）的新冠肺炎疫情现场处置，1 名学员参加乌兹别克斯坦的疫情应对。中级 FETP 第七期学员在各自省份均参加了新冠肺炎疫情应对。

（戴政、马会来）

学术出版管理

【《中国疾病预防控制中心周报（英文）》编辑出版】2022年，《中国疾病预防控制中心周报（英文）》被Scopus和Web of Science的SCIE和SSCI核心数据库收录，是2022年国内唯一一本被SCIE数据库收录的学术期刊，也是国内第二本同时被SCIE和SSCI数据库收录的期刊。《中国疾病预防控制中心周报（英文）》于2020年发表的“The Epidemiological Characteristics of an Outbreak of 2019 Novel Coronavirus Diseases（COVID-19）— China，2020”文章，被评为2022年“第七届中国科协优秀科技论文遴选计划优秀论文”奖。

【主办学术期刊管理】2022年，8本主办学术期刊在国家卫生健康委宣传司“期刊社会效益评价考核”中，全部获评优良，其中，《中国疾病预防控制中心周报（英文）》《生物医学与环境科学（英文）》和《疾病监测》3本期刊被评为优秀，其余5本期刊均为良好。在国家卫生健康委主管出版物主题宣传成果推荐工作中，《中国疾病预防控制中心周报（英文）》和《中国媒介生物学及控制杂志》被评为主题宣传优秀报刊，《疾病监测》的栏目设计被评为主题宣传优秀专栏。

（谭枫、张群、许媛媛、崔云裳、陈钰、陈卫红、刘楠堃、申学颖、张莹、王晓宁）

财务管理与审计

【加强预决算管理，做好绩效管理工作】

（1）组织中心 12 家单位完成 2021 年部门决算和财务报告编报汇审工作。从 2022 年开始，在编报以收付实现制为基础的决算的同时，编报以权责发生制为基础的财务报告。组织中心本级 2021 年决算和财务报告编制，完成部门决算、住房改革支出决算、卫生健康快报及年报、工会决算、财务报告等报表，并编写分析报告。

（2）组织中心 2023 年预算申报工作。按国家卫生健康委和国家疾控局要求，完成 2023—2025 年项目入库及 2023 年“一上”预算上报工作。2022 年 5—11 月，先后向不同主管部门（2022 年 7 月中心转隶国家疾控局）和以不同方式（原申报模式、中央预算管理一体化系统）4 次组织提交预算。中心本级及 10 家直属单位（不含妇幼中心）申报 2023 年财政项目（含中央基建投资项目）85 个，申请金额约为 11.67 亿元。

（3）完成 2022 年预算公开和 2021 年决算公开工作。保证公开的文本内容、结构及格式规范、严谨，公开的数据准确无误。预算公开后，未产生重大舆情影响。

（4）组织预算绩效自评，接受上级绩效评价。对中心本级 47 个项目（含归拢非财政项目）开展绩效自评，汇总上报了全中心 176 个项目的绩效自评报告，覆盖全部预算资金；继续作为国家卫生健康委整体支出绩效试点单位，完成 2021 年度本级整体支出绩效自评工作，接受 2022 年 9—10 月国家卫生健康委委托项目资金监管服务中心对中心现场评价，以及 2022 年 10—11 月财政部监督评价局对 2020 年一级项目绩效评价整改落实情况的专项核查。

（5）推动预算支出标准体系建设，与业务部门协作，在个别项目中实行标准建设试点工作，建立业务处室与财务专人对接的专项工作小组，完成试点项目支出标准初稿编写工作，使预算编制更具科学性、合理性。

【健全财务管理制度，规范财务收支行为】

（1）2022 年，继续梳理和完善财务管理相关制度，印发了《中国疾病预防控制中心财政科研项目资金管理办法》（中疾控财务发〔2022〕11 号）、《中国疾病预防控制中心关于进一步加强差旅伙食费和市内交通费收交管理有关事项的通知》（中疾控财务便函〔2022〕593 号）等财务管理相关制度。

（2）严把财务审核关口。严格按照各项财务制度规定，严把审核关，财务报账从预算符合性、票据合规性、依据充分性、签批完整性等多方面进行把控，保证资金正确支付。

（3）加大力度督促预算执行和存量资金清理消化。继续贯彻落实预算执行责任制度，坚持按月通报各单位、各部门的预算执行进度，自2022年起，对本级执行缓慢的项目进行“红黄灯”预警；对部分重点项目，通过建立执行计划台账、定期通报计划实施进展、多次召开预算执行专题推进会等方式，督促预算执行。财政存量资金执行率为93.3%。继续实行咨询费、会议费、培训费、因公出国（境）费用、公务用车购置和运行费、公务接待费等费用支出台账管理，按照核定的额度监控额度使用，严格报销审核，保证费用的支出在总额度内进行，严格执行“三公”经费支出管理。

（4）积极配合外部审计和检查。配合专项审计、项目验收机构组织等开展的课题验收结题审计等约20次，对审计过程中提出的问题和情况，及时做出说明和解释。

【多渠道保障疫情防控经费需求，保障疫情防控人员的利益】

（1）补充完善疫情防控相关经费管理制度。结合应急加班执行情况及财务报账系统的启用，制定了《中国疾病预防控制中心关于进一步规范新冠疫情防控应急响应加班统计发放的通知》（中疾控财务便函〔2022〕788号），稳定、持续保障了疫情防控人员的利益，并使管理更加规范、科学、高效。

（2）多渠道筹措资金，保障疫情防控任务。2022年5月和10月，两次统筹资金，用于疫情防控相关支出。

（3）适当提高人员交通综合意外险保额并完成年度采购工作。根据中心近年来执行国内外疫情防控和应急任务频次增加、意外风险加大的情况，适当提高人员交通综合意外险保额，完成年度采购工作并在全中心执行。

（4）派出财务人员参与国家卫生健康委和国家疾控局的预算管理与财务工作筹备、新冠肺炎疫情处置队伍费用报销专班及资金核算工作，按时完成工作并得到上级部门的肯定。

【加强内部控制工作，推进财务管理信息化步伐】

（1）开展内部控制自评工作，上报年度内部控制报告。在认真梳理总结2021年度单位内部控制实施情况的基础上，开展本级内部控制自评工作，并汇总上报全中心2021年度内部控制报告。

（2）加强对财务人员的道德规范、行为准则、保密诚信等方面的要求。结合财务处的工作特点和承担的责任，制定并与全体财务人员签订《财务人员道德规范与行为准则承诺书》《中心财务处保密与网络安全工作责任书》，召开专项会议，解读要义和重点内容。加强会计人员能力建设，筑牢会计人员诚信之基。

（3）上线适合中心的财务报账系统。自2022年1月起，全面上线新开发的财务报账系统，并启用银企直联专线支付，实现了报账、核算与支付各环节的连接；形成从填制报销单、报送领导签批、提交财务审核到生成记账凭证与网银付款的一体化模式，将财务制度、支出标准、日常管理等相关内部控制要素嵌入信息系统，极大地降低了人为控制的偏差。

（4）克服困难，推进中央预算管理一体化在中心的落地实施。成立中心领导小组，推进各单位政务外网通、人员知识通、财务数据通。2022 年 7 月，组织完成一体化基础数据（人员档案、工资、账户等信息）收集、核对和上报工作；2022 年 12 月，完成中心本级及 10 家直属单位 2023—2025 年项目入库及“一上”预算申报工作，充分准备 2023 年利用中央预算管理一体化系统开展预算执行工作。

【开展预算执行和财务收支审计】中国疾控中心审计处按照年度审计计划，结合中心实际情况，制定了中国疾控中心开展直属单位 2021 年度预算执行和财务收支审计工作方案，委托北京天圆全会计师事务所对 11 个直属单位 2021 年度的预算执行和财务收支情况进行了审计。在审计期间，审计处及时协调、督促和检查会计师事务所的各项工作进展情况，在会计师事务所审计组现场审计基本完成时，成立了 2 人专家小组，到各单位听取项目审计组的审计意见反馈，了解各单位对各项问题的认领意见，对会计师事务所出具的审计报告进行了审核与质量把控。本次审计共发现 59 个问题（其中，13 个问题已在审计现场立审立改，46 个问题需要今后整改）、15 个提请关注事项，进一步揭示了风险隐患，有效地规范了各单位的资金使用和内部管理，履行了中心总部对直属单位的监管职责，实现了审计全覆盖的要求。

【开展合同事前审计】实施审计关口前移，开展合同事前审计。2022 年，对中心 229 份 5 万元以上的经济合同实行了签订前的审计，主要从经费预算、采购规定执行、合同条款、律师意见执行等方面进行了审计，审计金额总计 2.86 亿元，提出更正修改意见共 601 条，纠正错误金额 79.74 万元。通过合同事前审计，及时发现问题并要求送审部门进行了纠正，有效地防范了合同签订不规范给单位带来的风险，确保了中心经济合同签订的规范性和采购程序的合规性。

【开展工程项目过程跟踪审计】对中心二期工程开展全过程跟踪审计。中国疾控中心审计处编制了采购招标文件，配合资产处完成过程跟踪审计单位招标采购工作（中标单位为北京金马威工程咨询有限公司），并与该单位签订了工程造价咨询合同。组织开展二期工程施工、监理招标文件审核、总包工程量清单和招标控制价审核、设计费增加额审核，审计涉及资金量达 14.8 亿元，纠正错报、漏报及审减额共计 6 400 多万元，进一步确保了工程项目资金合规、有效使用。

【开展专项审计】按照中心领导要求，2022年7—8月，中国疾控中心审计处对新冠疫情流调专班经费、慢病中心脑卒中项目经费开展了专项审计，分别出具了专项检查报告和初步核实情况报告，并提交财务处和中心领导。

【搭建中心合同审计管理系统平台】为加强合同全过程动态管理，中国疾控中心审计处牵头，与信息中心合作搭建了中心合同审计管理系统平台。2022年4—6月，完成软件测试和修改，协助软件公司完成系统上线培训工作。2022年7月，该系统正式上线运行。通过该系统的建立，实现了中心采购审批、合同审计、合同审批、合同执行、合同存档动态管理，同时也协助各部门进一步落实了审计整改工作。

【完善内部审计管理规定】依据《审计署关于内部审计工作的规定》《卫生计生系统内部审计工作规定》《国家卫生健康委直属和联系单位主要领导人员经济责任审计规定》《进一步加强卫生健康行业内部审计工作的若干意见》《国家卫生健康委审计整改管理办法》，2022年9—10月，中国疾控中心审计处修订印发了《中国疾病预防控制中心内部审计工作规定》（中疾控审计发〔2022〕50号）、《中国疾病预防控制中心直属单位主要领导人员经济责任审计规定》（中疾控审计发〔2022〕52号），进一步完善了单位内部审计管理规定。

（马洁琳、胡文上、袁灵华、徐博霞）

资产管理

【采购工作】2022 年，遵照国家法律法规及中心相关规定，采用公开招标、竞争性谈判、竞争性磋商、询价等多种采购方式，共完成采购项目 109 项，总计采购预算约为 14 421.08 万元，总计中标金额约为 13 299.99 万元。

【固定资产管理工作】截至 2022 年 12 月 31 日，中心本级资产总量为 31 144 台 / 件，总金额为 1 326 350 562.88 元（约 13.26 亿元），净值为 623 755 331.41 元（指折旧后，约 6.24 亿元）。通用设备为 159 382 台 / 件，总金额为 336 148 974.08 元，专用设备为 2 125 台 / 件，总金额为 235 171 903.58 元。100 万元（含）以上设备为 82 台 / 件，总金额为 168 892 675.46 元。

【批量采购及信息统计上报工作】已报送 5 种品目（台式计算机、笔记本电脑、复印机、打印机、空调）共计 292 台。

【二期工程建设项目】完成中国疾控中心二期工程开辟道口施工项目、二期工程法律服务项目、二期工程临时用电及架空线路改移项目、二期工程水土保持监测采购项目。二期工程施工总承包单位采购项目、二期工程监理单位项目、二期工程规划核验测量及基坑监测采购项目正在进行。

【国家免疫规划疫苗集中采购工作】完成 2022 年国家免疫规划疫苗集中采购工作，采购 17 个品种疫苗约 1.9 亿支，成交金额为 31.85 亿元。2023 年国家免疫规划疫苗集中采购工作已经开始，共收到 31 个省（自治区、直辖市）疾控中心和新疆生产建设兵团疾控中心上报的 2023 年国家免疫规划疫苗采购计划，计划采购疫苗 17 个品种 1.1 亿支，预算约为 18 亿元。中国疾控中心资产处会同免疫中心起草《国家免疫规划疫苗集中采购方案》（2023 年），正在与国家疾控局卫生与免疫规划司免疫处沟通修改。

【对外投资工作情况】北京中吉预医科技发展有限公司完成注销手续，正在申请办理中心及直属单位所办企业国有资产产权证。

【中心电子采购平台工作】2022 年 5 月 31 日，为 10 个在京的直属单位开通电子采购平台专家库使用权限，方便各单位抽取采购专家。

【中心采购专家库扩充工作】为规范和加强中心采购工作，充分发挥中心各领域专家的丰富经验和专业特长，2022 年 6 月，中国疾控中心资产处第二次征集中心采购专家库专家，经审核，共 54 位专家入选专家库。中心采购专家库共有 212 位专家，包括卫生管理类、信息类、后勤保障类等九大类别。

【制度建设工作】根据财政部《关于进一步加大政府采购支持中小企业力度的通知》（财库〔2022〕19 号）等相关规定，结合中心实际情况，制定了《中国疾病预防控制中心政府采购促进中小企业发展管理办法实施方案》（中疾控资产便函〔2022〕552 号）。

（王悦）

实验室和实验动物管理

【获批国家高等级病原微生物实验室生物安全培训基地】2022 年 6 月，获批国家卫生健康委首批 6 家“国家高等级病原微生物实验室生物安全培训基地”之一。2022 年 8—9 月，联合传染病所、病毒病所、艾防中心及实验动物中心举办 2022 年高等级病原微生物实验室生物安全培训班，完成 93 名 BSL-3 实验室人员培训与考核工作。同时，作为北京市首批病原微生物实验室生物安全培训基地，完成 62 名生物安全二级实验室骨干人员的培训与考核工作。

【强化人员培训】为强化实验室工作人员的安全意识，提高其安全技能，结合远程培训方式，面向中心各直属单位及全国各省级疾控机构，有针对性地开展各项培训，包括中心实验室监督检查员培训班（2022 年 3 月 15 日，线上）、2 期全国病原微生物运输管理培训班（2022 年 4 月 19—21 日、7 月 27—31 日，线上），累计培训 3 期，约 120 人次。

【严格监督检查】组织专家对在京直属单位进行季度实验室安全与质量监督检查 3 次。在元旦、春节、国庆节等重要节假日及党的二十大等重大会议前提前下发通知，要求各直属单位做好实验室安全工作，督促各单位开展自查，并联合中心保卫处、后勤运管中心等部门对在京部分直属单位（部门）的安全生产工作进行抽查 2 次。此外，组织各直属单位迎接国家卫生健康委、北京市昌平区卫生健康委等部门开展的生物安全专项检查 5 次。

【举办生物安全宣传活动】

（1）2022 年 4 月 14 日，开展以“树牢总体国家安全观　感悟新时代国家安全成就　为迎接党的二十大胜利召开营造良好氛围”为主题的全民国家安全教育日活动。本次活动包括中心机关第二党总支十二党支部与中国生物技术发展中心党支部联学联做、《走进生物安全》科普书籍进校园、主题宣传海报张贴以及全民国家安全教育日知识问答等。通过多种形式，提升了生物安全宣传效果，增强了国家安全意识。

（2）2022 年 4 月 25—29 日，举办以“保障实验室安全　迎接党的二十大”为主题的中心第十六届实验室安全周活动。统一制作宣传海报，中心及各直属单位开展了专题讲座、知识竞赛、应急演练、实验室检查等形式多样的活动。

（3）管理“实验室那些事儿”公众号，收集、整理国内外实验室管理相关资料，通过微信公众号，发布图文消息 178 篇，为国内各级公共卫生实验室从业人员提供学习和经验交流的平台。

【做好病原微生物运输审批及运输相关协调工作】

（1）开展跨省运输至中心的高致病性病原微生物菌（毒）种及样本运输审批工作。2022年，共办理95个运输准运证，涉及新冠病毒、高致病性禽流感病毒、结核分枝杆菌、鼠疫等10余种病原。安排24小时手机值班，及时办理运输审批，并为运输单位解答各类问题。

（2）依据《出入境特殊物品卫生检疫管理规定》的要求，2022年，共审核办理19个医用特殊物品出入境申请。

【开展检验检测机构资质认定工作】组织25个检验检测机构的评审工作，完成16个机构的相关变更审批事宜；完成15名新评审员推荐审核工作，以及123名获证评审员参加国家市场监督管理总局组织的网上测评考试；与艾防中心联合开展HIV（human immunodeficiency virus，人类免疫缺陷病毒）病毒载量实验室间比对项目考核，全国共计450家单位参加此次考核。面向卫生行业检验检测机构开展诚信建设情况调查，收到反馈44份。2022年，对行业评审组内的4家获证机构开展了监督检查工作。

【推动国家病原微生物保藏中心建设】

（1）进一步确立国家病原微生物保藏中心在全国病原微生物保藏领域的技术指导和引领地位。2022年7月，国家卫生健康委《人间传染的病原微生物菌（毒）种保藏机构“十四五”发展规划》明确规定，依托中国疾控中心建设国家病原微生物保藏中心。这是在新发展时期和阶段国家赋予中心的一项历史重任，是强化和提升中国疾控中心新发展动能的历史机遇。

（2）健全国家共享机制，并及时开展新冠病毒变异株分享，进一步提升保藏工作在重大疫情防控中的基础支撑作用。国家病原微生物保藏中心提出病原微生物获取与惠益分享的“PICC”原则[（公益性原则（public welfare）、尊重利益原则（interests）、分级注册原则（classified）、分类共享原则（category）]，以及基于“风险可控、来源合法、质量可靠、产权保护”4个原则的“科学研究中规范使用病原微生物菌（毒）种专家共识”，编制《病原生物菌（毒）种或样本对外提供协议书（2022年版）》，并向有关科研、企业等机构提供奥密克戎BA.2.12.1、BA.4、BA.5等变异株和H3N8流感毒株等重要资源，为迅速启动全国科研联合攻关，研发诊断试剂、疫苗、动物模型，制定和调整疫情防控策略等国家重大需求提供了有力支撑。

（3）基本完成国家病原微生物保藏标准体系构建，进一步夯实保藏工作高质量发展和安全基础。围绕数据信息规范、实物资源规范和机构运行管理规范三个方面内容，分别从基础类、通用类、专用类，立项、编制、发布了包括国家标准、行业标准和团体标准在内的20余项标准，基本建立了“金字塔”架构的保藏标准体系，为保障病原微生物资源保藏工作质量提供了重要支撑。

（4）注重科研并及时总结成果产出，进一步提升国家保藏可持续发展能力。联合*Biosafety and Health*杂志，组织《病原微生物资源保藏与利用研究》专刊，展示保藏领域的科研成果。获国家发明专利2项，申请国家发明专利3项，获软件著作权5项，出版专著2部，升级优化信息平台功能，不断夯实国家保藏工作基础，提升全国共享服务能力。

【参与新冠肺炎疫情防控工作】中心新冠肺炎疫情一级响应期间，实验室管理处全体成员承担生物安全组工作。落实中心领导指示，2022年5月，与北京市卫生健康委信息统计处对接，为传染病所、病毒病所和艾防中心协调将核酸检测结果上传至健康宝事宜。2022年6月，组织传染病所、病毒病所和艾防中心对新冠核酸检测实验室开展实验室间比对活动，确保新冠核酸检测实验室核酸检测质量。根据中心疫情防控工作安排，派员赴内蒙古自治区、吉林省、山东省、北京市、天津市、上海市、四川省、西藏自治区、新疆维吾尔自治区等地参与新冠肺炎疫情处置工作。

【持续做好国家卫生健康委和国家疾控局技术支撑工作】

（1）协助国家卫生健康委制定一级、二级实验室备案指导意见；开展《人间传染的病原微生物名录》《可感染人类的高致病性病原微生物菌（毒）种或样本运输管理规定》《人间传染的病原微生物菌（毒）种保藏机构管理办法》修订工作，征求相关单位及专家意见，并提出修订意见；协助申报“公共安全保障工程—实验室生物安全管理”项目。

（2）参与全民健康保障信息化一期工程—疾病预防控制信息系统集成项目，负责实验室信息系统分析模块的数据分析。

（3）协助国家疾控局申报“疾控系统实验室能力提升项目”“提升传染病实验室检测能力建设项目”。

（4）承担国家疾控局科教国际司委托任务“疾控领域实验室体系研究”“疾控领域实验室生物安全专家库的建设与管理”“开展国家疾控局高等级病原微生物实验室生物安全监督检查”3项。

【参与相关标准的制定工作】

（1）编制国家标准《人感染病原微生物与样本保藏通用要求》，已提交送审稿。

（2）组织编制公共安全行业标准《生物安全领域反恐怖防范要求　第1部分：高等级病原微生物实验室》（GA 1802.1—2022）和《生物安全领域反恐怖防范要求　第2部分：病原微生物菌（毒）种保藏中心》（GA 1802.2—2022），经多次会议研讨、征求意见、修订完善，这两项标准于 2022 年 12 月 28 日正式发布。

（3）卫生行业标准《疾病预防控制机构实验室仪器设备配置和管理要求》通过会审会，待发布；《病原微生物核酸扩增检验实验室能力通用要求》经多次会议研讨和沟通协调，已报送送审稿。负责行业标准《人间传染的病原微生物菌（毒）种保藏机构设置技术规范》（WS 315—2010）修订工作，已提交送审稿。2022 年，立项 2 项行业标准。

（4）牵头起草的 7 项病原微生物菌（毒）种保藏相关团体标准顺利进行。2022 年，立项 3 项团体标准。

【推动对外援助工作】组织专家对援非盟非洲疾控中心实验室建设工艺布局、实验室信息系统建设等进行论证，优化实验室设备技术参数。接收甘肃省疾控中心、福建省疾控中心的 3 名人员进修实验室安全及质量管理工作，协助山西省疾控中心、通辽市疾控中心的 10 人办理进修实验室检测事宜。

【开展科学研究】

（1）完成国家重点研发计划“食源性致病微生物采集和测序”课题结题工作；积极推进“设施人员项目”“重要公共场所生物恐怖威胁因子发生机理与播散规律研究”“‘平急一体’数据标准化接口与体系建设”“中国致病微生物资源调查及模式菌株基因组测序”4 个项目的执行工作。获得国家重点研发计划项目 2 项、中心第三批科研项目 1 项。

（2）牵头负责《国家病原微生物资源库目录——第三类病原微生物目录（2021 年版）》《病原微生物保藏鉴定技术》书稿的编制工作，参与《实验室生物安全手册（第二版）》《医学科技管理》《实验室生物安全能力建设》《国家生物安全学》等书籍部分章节的编写工作。

【开展法规、标准及技术培训】完成《ABSL-2 实验室体系文件（第四版）》（270 个）修订工作，完善《ABSL-3 实验室体系文件（第一版）》（160 个）；举办实验动物岗前培训班 30 余次，培训 99 人次；完成美国实验动物医学会《实验动物医学（英文）》（*Laboratory Animal Medicine*，第三版）的翻译校对工作，翻译初稿已提交中国农业出版社。该书的翻译出版项目入选“十四五”时期国家重点图书、音像、电子出版物出版专项规划；完成美国兽医协会《动物安乐死指南（2020 版）》中文版权协议签订工作（版权无偿授予中国疾控中心），该书已于 2022 年 12 月出版。

【开展动物设施管理工作】2022 年，签订动物实验协议 57 份，签订协议总金额累计近 600 万元；顺利通过了中国合格评定国家认可委员会（China National Accreditation Service for Conformity Assessment，CNAS）对实验动物中心进行的实验动物机构定期监督评审；获得北京市科学技术委员会颁发的实验动物使用许可证［许可证号：SYXK（京）2022-0029］；顺利召开中国疾病预防控制中心实验动物中心运行十周年总结暨 ABSL-3 实验室试运行工作部署会；完成易制爆危险化学品的备案工作，获得易制爆危险化学品从业单位备案证明（备案编号：1210000400013118R）；完成实验动物中心西区机组改造招标采购和执行相关工作（预算为 339.5 万元）；完成传染病动物模型资源库及数据库的建设项目招标采购相关工作（预算为 400 万元）；完成“2023 年生物安全动物实验平台设备更新及能力提升建设项目”预算申报相关工作（预算为 566 万元）；完成大、小鼠独立通风笼具（individually ventilated cages，IVC）、生物安全换笼台（BS48）的维保招标采购相关工作；完成生物安全柜高效过滤器更换及第三方检测、污水处理系统检测，传感器校准及零配件更换相关工作；完成实验动物中心 ABSL-2 实验室部分监控模拟设备（17 台）升级更新工作；完成实验室工作人员个人防护装备穿脱的现场考核和实验室应急演练工作；对危险化学品库进行了全面升级；完成 2022 年实验动物中心外聘人员聘岗工作；对实验动物中心成果转化机制进行了初步探索，向科技处提交技术服务合同。

【推进条件平台及资源库建设】基因平台、病理平台、ABSL-3 实验室试运行工作稳步推进。

【推进二期工程动物设施建设】完成二期工程动物设施（面积为 7 635 平方米）工艺布局图设计优化工作。

【开展 ABSL-3 实验室工作】完成一层东区 ABSL-3 实验室设施验收、设备检测、环境影响评价相关工作，在试运行过程中，分别进行了布氏田鼠、豚鼠、犬、猴、鸡的饲养，在动物饲养过程中，对设施设备的性能参数进行了进一步测试，各类设备基本运行平稳；针对 ABSL-3 实验室的特殊环境进行了有针对性的应急演练；完成 ABSL-3 实验室高压蒸汽灭菌器特种设备登记备案相关工作；完成“2023 年中国疾控中心动物生物安全三级模式实验室改造项目”（预算为 300 万元）招标采购相关工作。

【开展新冠防控工作】实验动物中心协助病毒病所 ABSL-3 实验室开展新冠肺炎相关动物实验工作；实验动物中心 ABSL-2 实验室承接新冠肺炎免疫原性相关动物实验。

【开展对外合作与交流】开展北京实验动物学学会生物安全专业委员会专题研讨会筹备与召开工作；开展《实验动物与比较医学》审稿工作；参与中国人民解放军军事科学院军事医学研究院牵头的《IACUC 管理人员实验动物项目管理指南》翻译工作；参与中国医学科学院医学实验动物研究所牵头的《实验动物医学管理》编写工作。

【开展中国疾控中心实验动物管理委员会和实验动物福利伦理委员会秘书处工作】中国疾控中心实验动物福利伦理委员会开展了12项实验动物福利伦理审查工作。

【开展科研工作】参与国家重点研发计划“病原学与防疫技术体系研究”重点专项“呼吸道疾病非注射剂型疫苗研发及靶向递送技术体系研究”项目的3个子课题的申报，并获得立项。

（赵赤鸿、魏强、张必科、李思思、姜孟楠、卢选成、李晓燕）

离退休人员管理

【离退休人员基本情况】截至2022年年底，离退休人员共1 461人，其中离休干部为26人，退休干部为1 169人，工人为266人；党员为677人；新增退休人员53人，去世46人。机关离退休人员共168人，其中离休干部为1人，退休干部为144人，工人为23人；党员为113人；机关司局级领导为13人，处级干部为46人，具有副高以上职称的为75人；年龄在90岁及以上的为4人，80 ~ 89岁的为24人，70 ~ 79岁的为48人，60 ~ 69岁的为80人，59岁及以下的为12人；新增退休人员5人，去世4人。

【定期工作通报】中国疾控中心领导高度重视离退休干部工作，离退处同志认真贯彻落实相关方针政策，突出政治引领，在做好疫情防控工作的基础上，坚持通过微信平台与老同志沟通交流，传达学习有关文件精神；组织老同志收听中组部举办的全国离退休干部网上专题报告会2场；每月结合集中收取医药费单据，与老同志见面，听取老同志的意见和建议，不断推动工作落实。

【走访慰问】做好重点人群走访慰问工作。元旦、春节期间，走访慰问老党员、老专家、老领导和生活困难的老同志，中心机关结合扶贫帮扶，在扶贫产品平台为168位老同志安排了慰问品，自主兑换、快递到家，实现全覆盖；同时，与中心机关一总支共同确定重点走访慰问17人，考虑到疫情防控，将慰问金转入个人账户，确保送去组织的关怀。“八一”建军节，根据疫情形势，对中心机关退休复转军人进行慰问。继续做好看望离休老干部和慰问急病、重病、大病老同志，机关全年共慰问58人次；为符合条件的43位高龄老同志送上生日祝福和蛋糕卡。

【医疗健康服务】一是配合财务系统上线，与有关部门配合，重新梳理就近定点医院清单，调整集中收取医药费单据日期，从整体上优化报账流程和模块，做好老同志医药费收取报销工作，确保不跨月、不跨年，提升其满意度。二是做好体检工作，协助组织退休职工参加年度体检，有97位老同志参加。三是送别离休老同志，妥善办理送别事宜；协助机关4位去世老同志的家属办妥逝者告别、抚恤金和丧葬费领取等事宜，并对家属进行慰问。

【疫情防控工作】疫情防控期间，离退处向中心机关老同志和各单位发送微信信息，提醒其做好个人防护和积极接种疫苗，强调不能有侥幸心理，遵守属地化管理要求，落实好疫情防控，做自我健康的第一责任人。自2022年4月26日起，要求各单位统计上报被划入封控区的高龄独居（或老两口居住）人员情况，每周2次统计更新，防止极端事情发生。另外，根据有关要求，2次对中心机关169名老同志接种疫苗情况进行统计。

【日常管理】 继续管理好机关离退休通知微信群，除发送通知提示和用于交流沟通外，坚持每日推送《人民日报》的“来了！新闻早班车”、天气预报和健康知识，引导老同志了解时政要闻和大政方针，关注天气变化，提升健康素养；同时，在微信群中加强引导，明确要求不信谣、不传谣，遵守中心关于接受新闻媒体采访等规章制度，配合做好意识形态方面的管理；根据情况，转发反诈、保密等方面的提示。

【能力建设】 召开中心离退休干部工作交流座谈会，利用线上和线下形式，传达学习会议精神，促进工作交流，加强学习借鉴，部署工作要求；配合完成中心潘家园老干部活动室的修缮改造，坚持定期巡视工地，监督落实施工要求，并临时配置会议桌等旧的办公家具，下一步将根据经费情况，继续完善配置，为老同志打造整合集党建、文娱、会议、学习等功能于一体的活动空间；认真做好中心离退休干部统计年报工作，完善更新全国离退休干部信息管理系统中的信息数据。

【其他工作】 一是参与中国疾控中心成立20周年庆祝筹备活动，协助负责回顾文章专栏、征集老照片、收集祝福文字（视频）、联系离退休人员（发放纪念品）等工作，还组织机关部分老同志排练录制了专门的合唱节目。二是协助中心机关女声小合唱安排了5～6次活动，邀请专业的老师教学和组织排练，提升了演唱水平。三是配合中心机关一总支加强离退休党建工作，参加支部活动，共同学习交流，协助安排组织等；做好报纸杂志的订阅工作，丰富老同志的精神生活。

（王晓锋、丁宏斌、余水晶、黄建军）

安全保卫管理

【综合治理工作】在中心党政领导的直接领导下，中国疾控中心保卫处围绕“确保中心绝对安全”的总目标，贯彻“管行业必须管安全、管业务必须管安全”的总要求，不断强化红线意识和底线思维，切实履行好安全生产主体责任。保卫处紧紧围绕“保安全、保稳定、保发展”工作主线，实现了连续多年无火灾、无责任事故、无重大刑事案件“三个零”工作目标，为中心各项疾控事业稳定运行提供了坚强的安全保障，较好地完成了上级交给的各项任务。

【安全教育宣传培训】贯彻“确保中心绝对安全”的总目标，不断提升中心消防“四个能力”建设及安全生产意识，全面加强安全教育。2022 年 9 月，中国疾控中心保卫处开展新生安全教育工作。2022 年 11 月 9 日“全国消防安全宣传教育日”，开展消防安全主题活动，组织中心北区物业、安保人员开展灭火器灭火、紧急逃生等应急演练。

【安全制度和人员管理】为加强管理，中国疾控中心保卫处完善《中国疾控中心安全施工责任书》《中国疾控中心北区反恐怖防范工作应急预案》《中国疾控中心安保人员岗前培训手册》《中国疾控中心山林防火应急预案》等规章制度，通过组织培训，提高安保人员的安防、消防专业技术能力，使安保人员的值班、执勤能力符合岗位要求。

【安全保卫督导检查】通过定期检查、随机抽查、专项督查等方式，及时了解安全生产工作情况，确保各项保障措施落实到位。在重要节日、重大会议、重点时期提前下发通知，提示直属单位、机关处室做好相关安全保卫工作，督促大家开展安全自查。

【新冠肺炎疫情内部防控】中国疾控中心保卫处作为中心新冠肺炎疫情一级响应工作框架保障支持组的成员，严格按照疫情防控相关要求履行职责。审核报备人员及车辆，负责人员入区体温检测工作，妥善处理疫情相关上访事件。

【突发应急事件处置】2022 年，处理南大门治安突发事件 15 起，发现报告并协助处理跑水事件 1 起，处置中心墙外突发火险事件 1 起。顺利完成重大会议安全保卫保障工作 3 次。防汛期间，联合后勤运营管理中心进行防汛抢险演练 1 次。

【反恐怖及培训演练】2022 年，开展园区反恐怖应急处置演练 4 次，指导北区直属单位保卫处开展所内楼宇区域反恐怖应急处置演练 1 次。处置演练中产生的问题并及时总结，形成分析报告。

【人民防线建设工作】根据有关要求，中国疾控中心保卫处制定下发相关工作文件，贯彻落实《中华人民共和国国家安全法》《中华人民共和国反间谍法》及相关实施办法等法律法规，开展中心人民防线建设工作。

【安防基础设施改造】中国疾控中心保卫处牵头开展中国疾控中心生物安保建设项目工作。中国疾控中心生物安保建设项目（一期）已竣工并投入运行，中国疾控中心生物安保建设项目（二期）正在实施。此项目旨在全面提升中心的安全保卫、消防安全、生物安全实验室运行能力，实现园区人、事、物统一管理。

（王海东、祁强）

后勤管理与园区运营

【后勤行政工作】

（1）完成中心总部及各直属单位 7 辆车辆资产的处置工作；完成中心总部及各直属单位 3 批次房屋出租出借审批备案工作；完成中心总部及各直属单位 7 辆公务用车指标的申请工作。完成 25 位业主央产房（中央在京单位已购公有住房）相关审核手续，办理 8 户超标处理；发放中心总部职工住房补贴、未达标住房补贴、级差补贴 250 余万元。协助首都规划建设委员会、北京市西城区住房和城市建设委员会、国家机关事务管理局（以下简称国管局）、国家卫生健康委开展庆成宫腾退工作。

（2）审核中心总部职工医药费 1 560 人次，组织完成中心总部职工 612 人体检。承担集体户口 486 人管理，办理户口迁入 50 余人、迁出 40 余人，户口资料外借 100 人次，配合北京市公安局西城分局天桥派出所开展集体户口清理整顿工作。组织“幸福工程——救助困境母亲行动”捐款献爱心活动，共筹集善款 49 439 元。

（3）完成中心总部及相关直属单位的地下空间管理，储备防汛物资，开展防汛演练。

（4）承担国管局和国家卫生健康委组织的重要目标人防防护工作，完成重要目标防护生物领域多媒体宣传片的拍摄。

【南北办公区、研究生院学生及职工家属区的后勤保障】

（1）完成通勤、保洁、绿化、收发、公寓、会议服务、物业维修、工程管理以及北区餐厅的运营管理和安全生产工作。全年南北区各项后勤维护保障系统正常运行，无火灾事故、无刑事案件、无安全责任事故。

（2）完成研究生院学生后勤保障工作，负责潘家园、南纬路 2 号院、天坛西里 10 号院 3 处研究生宿舍及昌平教学区学生就餐的管理工作。进一步完善《学生公寓管理办法》，制定《新冠疫情常态化期间学生宿舍管理措施》及《研究生院学生公寓突发应急事件处理预案》（第二版）等，细化管理流程，倡导学生自我管理。与各属地社区积极联络，配合完成学生防疫风险情况排查工作，督促学生进行核酸检测，加强防疫宣传，有效地保障了学生公寓在疫情防控常态化的情况下正常运行。全年保障学生 423 人次住宿，截至 2022 年年底，在宿学生为 281 人。

【公共卫生事件后勤保障】

（1）作为应对新冠肺炎疫情保障支持组的组长单位，完成疫情防控期间的应急工作人员用餐、住宿、会议服务、用车，以及保障物资采购、保障物资分发、组织职工和学生接种疫苗等工作，确保各项应急响应工作顺利开展。

（2）先后向前线队员、专班、职工发放一次性外科口罩、N95 口罩等防护物资 120 余批次；组织采购并验收入库春夏季应急服装、N95 口罩等共计 80.5 万元的应急物资，以补充库存；组织对应急物资定期进行盘点，完成各类应急物资的出入库管理、入账销账等工作。

（3）2022 年，北区餐厅共保障 1.3 万余人次的加班就餐，公寓保障 1.7 万余人次的加班住宿；累计接送往返国家卫生健康委和国家疾控局交换紧急文件、运送应急物资等 40 余车次，共计 5 000 余千米。

【内部疫情防控工作】

（1）加强与属地管理部门之间的联系，积极落实属地各项防疫工作要求。完成南纬路办公区、潘家园辖区的进出管理、环境消杀、物业服务人员等重点人群健康监测等工作。加强日常督导检查，确保内部防控各项制度落实到位。

（2）定期巡查各物业服务人员的体温监测和记录情况；配合升级开通通勤班车及摆渡车门禁系统，提高园区的疫情防控能力，保证对各工作人员的健康情况及时了解、及时报备。

（3）组织培训相关服务人员，重点针对通勤班车、电梯、会议室、卫生间、走廊、餐厅、公寓、候车厅、外环境等区域，要求每天进行 3 次定时定点消毒，并组织专人每日对消毒情况进行巡查。

【大型修缮项目管理】

1. 制定《中国疾病预防控制中心修缮项目工程洽商、变更管理办法》

为规范单位内部修缮项目工程洽商、变更管理，维护国家和单位利益，制定《中国疾病预防控制中心修缮项目工程洽商、变更管理办法》，确保财政专项资金的安全、有效使用。

2. 卫生爱国与科普基地修缮改造项目

利用北区南部现有场地，以旧大门建筑为建设的核心区域，将周边绿地及硬质铺装场地作为整体科普游览范围，建成总面积约为 2.57 万平方米，且具有内外广场、防疫之路、科普小品、院士廊展示区 5 个展示单元的科普基地，提升全民防疫知识科普需求，增强了职工的集体荣誉感，提升了单位凝聚力。

3. 卫生应急后勤保障仓储场地修缮改造项目

通过对该场地的部分建筑及周边道路、水电等外线工程的修缮，提升了后勤保障物资储备力量，确保各项卫生应急工作正常有序开展。

4. 中心北区人防地下空间修缮项目

完成重要目标工程人防专业设备、通风系统、防水、地面维修改造工作。从战时物资存储能力、重要人员掩蔽防护能力、基本检测能力三个方面提升中心的重要目标防护能力，实现“战时防空、平时服务、应急支援”的核心功能。

5. 北区污水处理系统设施修缮项目

对北区现有污水处理设施进行修缮，更新老旧设备，更换水质监测设备，升级改造现有污水处理设施，强化脱氮除磷功能，大力推进再生水回用，实施节水工程。同时，改进流程显示大屏，提高污水处理全过程的信息化程度，降低人力成本，提高管理水平。

6. 南纬路办公区部分消防设备设施维修项目

为消除安全隐患，针对南纬路办公区消防水系统水压不足、阀门未联动、防火门及烟感报警器设置不规范、夹层材质不阻燃等问题进行维修改造，确保南纬路办公区消防系统的安全运行，提升消防安全防控能力。

7. 部分楼宇防水层修缮项目

北区和南区部分楼宇屋面、窗沿儿、外墙等部位的防水层均有不同程度的老化损坏，通过开展相关防水层的修缮工作，消除漏水现象，保证职工正常办公和居住。

8. 南区电梯检修维护项目

南区共有 12 部电梯，电梯自 2006 年起先后投入运行，最早的已使用近 16 年。按照《北京市电梯安全监督管理办法》的要求进行检修维护，确保电梯的安全运行。

（谷鑫、陈同年、王晓雪）

纪监工作

【开展以培训为名违规公款旅游等问题自查自纠暨警示教育工作】中心纪委按照中央纪委国家监委驻委纪检监察组、国家卫生健康委直属机关纪委的有关要求，部署成立“以培训为名违规公款旅游等问题自查自纠”专项工作领导小组和工作专班，开展联合督查，整理问题清单，制定整改措施，印发《疾控中心公款旅游案件警示录》，并将整改工作相关情况上报国家卫生健康委直属机关纪委。

【做好纪律处分执行专项检查发现问题整改工作】中心纪委按照国家卫生健康委直属机关关于纪律处分决定执行精神指示，对照《中国疾控中心纪律处分执行情况问题清单》逐项整改，深入剖析发现三方面问题原因，研究整改措施，提供相关材料，形成整改情况工作报告并上报国家卫生健康委直属机关纪委。

【坚持中心内部新冠肺炎疫情常态化防控监督工作】中心纪委协助党委进一步做好中心内部新冠肺炎疫情常态化防控工作，依照疫情防控政策，调整完善监督措施，制定《中心内部新冠疫情常态化防控工作检查表》，要求直属单位和中心处室严格遵守中心疫情防控规定，不定期对中心各单位及公共区域开展抽查。

【协助中心成立20周年活动筹备工作】中心纪委严格落实中心成立20周年相关活动监督责任，不定期列席活动筹备会，参与“20周年大事迹”评选工作。同时，修改完善“中心二十周年纪念画册”纪委办公室（监察室）部分职能介绍，增加中心纪委职能定位，进一步明确纪检工作职责方向。

【落实中心纪委干部全员培训工作】中心纪委按照国家卫生健康委直属机关纪委文件要求，部署安排纪委全委会集体学、纪检部门例会学、“以案代训”学、专题讨论学、每日出题学等多种形式，不断提升纪检干部的工作能力，打造一支忠诚干净担当的纪检铁军。

【排查权力运行廉政风险工作】中心纪委按照国家疾控局机关党委（人事司）文件要求，梳理中心各类职权廉政风险，中心总计A级权力163项、B级权力120项、C级权力85项。制定权力清单，绘制权力运行流程图，不断健全完善制度机制。

（刘海龙）

群团工作

【开展政治理论学习】2022 年，中心工会印发《中国疾病预防控制中心工会关于认真学习宣传贯彻党的二十大精神的通知》，各级工会组织报送学习情况报告 12 篇；印发《中国疾病预防控制中心工会关于转发〈中华全国总工会办公厅关于学习贯彻习近平总书记重要讲话精神　扎实做好工会系统疫情防控工作的通知〉的通知》，带领全体职工学习习近平总书记重要讲话精神；印发《中国疾控中心工会关于深入学习宣传贯彻〈中华人民共和国工会法〉的通知》，带领全体职工全面学习《中华人民共和国工会法》的立法精神和法律原意。

【推进家庭文明建设】2022 年 2 月，中心工会完成第十三届全国五好家庭暨家庭工作先进集体及先进个人评选人选推荐。2022 年 6 月，举办“喜迎二十大　童心颂党恩”职工亲子书画摄影展，427 名职工子女参加。2022 年 8 月，落实国家卫生健康委直属机关党委《关于开展弘扬清廉家风主题宣传教育活动的通知》精神，报送家风故事及文化作品 42 件。

【培养选树先进典型】2022 年，中心工会组织参评全国三八红旗集体、全国巾帼文明岗、全国巾帼建功先进集体、全国五一劳动奖章、全国三八红旗手标兵、全国三八红旗手及中央和国家机关相关奖项，其中 1 家单位获评全国三八红旗集体；完成劳模信息统计填报及慰问金发放工作。

【活跃职工文体生活】2022 年 3 月，中心工会举办“展现二十年疾控风采　喜迎二十大胜利召开”书画摄影展，220 名职工参加。2022 年 1—7 月，组织职工参加中华全国总工会举办的“中国梦・劳动美——永远跟党走　奋进新征程”全国职工线上运动会，500 余人参与。

【开展暖心帮扶活动】2022 年，中心工会慰问中心院士、首席专家、全国政协委员，援非、挂职干部，困难职工，复转军人、军烈属等 501 人次；完成干部职工残疾重病子女申报、复核及补助发放工作；办理国家卫生健康委直属机关工会困难职工、特殊困难职工组织申报及补助发放工作。

【加强工会组织建设】2022 年，中心工会印发《2022 年中国疾病预防控制中心工会工作要点》；补选中心工会主席及工会委员会委员 7 人、经费审查委员会委员 1 人；召开中心工会委员会 11 次，组织完成国家卫生健康委直属机关工会统计年报调查培训及数据报送工作；指导慢病中心工会增补工会主席等。

【规范工会经费管理和使用】2022 年，中心工会督办各级工会组织工会经费的管理和使用，办理 2022 年度工会经费收缴工作；向国家卫生健康委直属机关工会上缴 2022 年度中心工会经费；完成工会经费接收及回拨工作。

【举办中心 20 周年网络文艺展演】2022 年 1 月，中心工会举办“赓续二十年疾控情怀　唱响新时代疾控赞歌”庆祝中国疾控中心 20 周年网络文艺展演暨 2022 年网络新春联欢会，409 人参加。推选 14 个节目在中国疾控中心网站上进行展播。

【颁发工作周年纪念牌】2022 年，中心工会完成中国疾控中心工作周年纪念牌设计及制作，联合各级工会及人事部门，为在中国疾控中心工作满 5 周年、10 周年、15 周年、20 周年的在职干部职工颁发周年纪念牌，累计发放 778 套，激励干部职工岗位建功。

【举办流调溯源技能竞赛】2022 年 9 月，中心工会举办 2022 年“奋进新征程　岗位做贡献”流调溯源技能竞赛，中心京内各直属单位和总部等 24 支参赛队伍的 72 名参赛选手参加竞赛，共 13 支参赛队伍即 39 名职工获奖。

【开展“学习研讨、查摆问题、改进提高”专项工作】2022 年，中心团委制订“学习研讨、查摆问题、改进提高”专项工作学习计划，以青年理论学习小组为单位，围绕“更好按经济规律办事，疾控青年怎么办”开展学习讨论，并撰写心得体会 34 篇；邀请中央党校经济学教授做“习近平新时代中国特色社会主义经济思想”的专题辅导，900 余名青年参与。

【推进青年理论学习提升工程】2022 年，中心团委开展青年理论学习小组重新登记工作，印发《中国疾病预防控制中心党委关于命名 2022—2023 年度青年理论学习小组的决定》；为各青年理论学习小组配发学习书目，以读书会、研讨会等方式开展学习交流，600 余人参与；组织团青干部集中学习《论党的青年工作》并自选篇目领读领学；组建 8 个课题组参加中央和国家机关“关键小事”调研攻关活动，180 余名青年参与，1 个课题获三等奖。

【开展建团百年系列活动】2022 年 4 月，中心团委举办庆祝建团百年系列活动。800 余名青年收看庆祝中国共产主义青年团成立 100 周年大会并撰写心得体会 88 篇；邀请中央团校讲授录制“习近平总书记关于青年工作的重要思想”“共青团的光辉历程”团课；开展知识答题活动，700 余名青年参与；制作建团百年宣传展板及纪念书签。

【举办“读讲一本书”活动】2022 年 3 月，中心团委举办“读讲一本书”活动暨“传承 · 致敬 · 笃行——传承伟大精神谱系　激扬青春奋斗伟力”庆祝建团 100 周年青年演讲比赛，28 名青年参赛，遴选 6 名演讲者参加国家卫生健康委直属机关“读讲一本书”演讲比赛复赛、决赛并获特等奖 1 名、一等奖 1 名。

【服务青年职工】2022 年，中心团委与中国电子科技集团有限公司联合开展单身联谊会，推荐单身青年参加各兄弟单位举办的联谊会 3 场；联系订购免费观影票或演出票，累计 300 余人参与。

【开展消费帮扶】2022 年，中心工会女职工委员会（以下简称女工委）组织职工参加中央和国家机关妇女工作委员会“恒爱行动——百万家庭亲情一线牵”公益编织活动，62 名职工为新疆维吾尔自治区少数民族家庭儿童和定点帮扶地区困境少年儿童编织了毛衣等毛织品共 97 件；全年采购定点帮扶县农特产品 200.74 万元。

【关心关爱女性职工】2022 年，中心工会女工委落实《全国妇联关于开展 2022 年“三八”国际妇女节纪念活动的通知》精神，慰问中心困难女职工 27 名；组织参加中华全国总工会 2022 年“玫瑰书香”全国女职工主题阅读活动，报送学习情况报告及心得体会 200 篇。

【推进“母婴港湾”建设】2022 年 4 月，中心工会女工委完成中心南纬路办公区母婴室的改造工作，为中心各办公区的 8 个“母婴港湾”补充物资 8 套，为孕期、产期职工发放新生儿关爱礼包 42 份，关爱孕期、产期、哺乳期女职工。

【加强党外人士思想引领】2022 年 4 月，中心群团处组织新当选的北京市昌平区、西城区人大代表和政协委员等 4 名统战对象代表，参加国家卫生健康委直属机关党委、人事司举办的“学习贯彻党的十九届六中全会精神培训班”。

【健全统战对象数据库】2022 年，中心群团处联合相关部门开展 2 次党外人士信息统计，建立统战信息管理机制，并在原有党外代表人士数据库的基础上，增加归国留学人员、台胞等人员信息。

【召开党外代表人士座谈会】2022 年，中心群团处召开“中国疾控中心民主党派及党外知识分子代表新春座谈会”，集中学习党的十九届六中全会精神；围绕“回顾中心 20 年，展望疾控新征程”座谈，共 24 人参加。

【夯实统战工作基础】2022 年，中心群团处协助采访中心民主党派旗帜性人物 5 人，健全统战宣传联络机制。开展统战干部专题培训，学习党的二十大精神，落实每月定期报告制度。

【支持党外人士参政议政】2022 年，中心群团处强化新入民主党派成员的政审工作，协助考察其作为相关机构成员及代表候选人的具体情况。开展民主党派基础信息调查，支持 2 个民主党派基层组织换届，助力民主党派表彰先进 7 人。完成 6 名无党派人士的政治面貌认定工作。支持党外知识分子积极参与基层疫情防控。

【开展侨务工作】2022 年，中心群团处完成第九届“中国侨界贡献奖”人选的推荐工作，走访慰问中心侨眷 1 人，鼓励归侨、侨眷参加党的二十大征文及短视频大赛，宣传先进典型事迹，2 人参加。开展专题工作调研，实时更新中心华侨、归侨和侨眷人员名单。

（项春、陈思）

第三部分

直属单位工作概况

传染病预防控制所

【加强政治建设，坚定拥护“两个确立”、坚决做到“两个维护”】中国疾控中心传染病所党委坚持以党的政治建设为统领，引导党员干部深刻认识“两个确立”的决定性意义，坚决做到“两个维护”。坚决贯彻落实党中央、国家卫生健康委党组、国家疾控局党组及中国疾控中心党委的重大决策部署和重要指示批示精神，坚持把学习贯彻习近平新时代中国特色社会主义思想和党的二十大精神作为重要政治任务，及时跟进学习习近平总书记最新重要讲话精神，持续深化理论武装。发挥传染病所党委理论学习中心组的领学促学作用，通过党支部“三会一课”和青年理论学习小组，带领全体党员干部加强政治理论学习，坚持党员干部讲党课。不断强化青年理论武装，组织青年同志参加庆祝建团100周年“读讲一本书”青年演讲比赛，于可艺同志获得国家卫生健康委特等奖，王超同志获得中国疾控中心二等奖。

【组织力量参与新冠肺炎疫情防控】2022年，派遣专家101人次，涉及23个省（自治区、直辖市），累计工作2 101天；派出25人次参加中心流调溯源专班，累计工作1 105天，其中党的二十大防控保障55天；12人次参加中心日报专班，累计工作1 453天。

【推进国家致病菌识别网建设和监测工作】2022年，组织编写《国家致病菌识别网实验室监测技术手册（2022试用版）》，完成《2021年中国传染病监测报告》中的细菌药物敏感性监测报告；启动专项监测4项；组织开展疫情溯源协查4次，提交国家致病菌动态监测报告2份；信息库新增样本记录70 067条、菌株记录14 822条、实验室检测10 281项、菌株分型聚集性疫情事件检测167个。

【推进国家病媒生物监测网络建设与数据分析工作】2022年，国家病媒生物监测信息系统增加恙螨和蚊鼠病原学监测板块；基于我国2006—2020年恙虫病病例数据及同期气象数据，建立各气象因素与恙虫病发病暴露 – 反应关系。

【持续开展细菌性疫苗可预防疾病监测实验室网络监测工作】2022年，细菌性疫苗可预防疾病监测实验室网络在河南省永城市、浙江省义乌市两地开展百日咳主动监测，完成约1 500人份疑似百日咳病例检测和随访、2 500人份健康人百日咳抗体水平检测。

【确定新疆阿勒泰山鼠疫疫源地】近年来，阿勒泰山脉蒙古国和俄罗斯境内的鼠疫疫源地动物鼠疫持续活跃，蒙古国有人间鼠疫病例出现。传染病所在援疆项目“协助申报国家自然科学基金”获批后，2022年，协助新疆维吾尔自治区疾控中心开展该基金项目中阿勒泰山鼠疫疫源地调查，从阿勒泰地区青河县当地宿主动物长尾黄鼠（spermophilus undulatus）分离获得鼠疫菌，进而确定该地为我国一个新的鼠疫疫源地。

【开展科学研究】2022年，传染病所的国家重点研发计划、国家自然科学基金、北京市自然科学基金等项目立项21项，顺利结题4项。组织起草《人间布病防控行动方案（2022—2026）》；完成《莱姆病防治专家共识》；撰写《鼠疫防控中长期规划调研报告》；组织并讨论撰写《中国幽门螺杆菌感染防控》白皮书。

【为疫情防控和科研工作提供有力支撑】传染病所的6套BSL-3实验室全年累计正常运行322天，保障了新冠肺炎疫情防控检测及重要传染病的实验室研究；移动式高等级实验室完成冬春季维护保养，并进行多项更新维护。

【《中华流行病学杂志》的影响因子再创新高】《2022年版中国科技期刊引证报告（核心版）（自然科学卷）》显示，《中华流行病学杂志》的影响因子再创新高。其核心影响因子为3.371，扩展影响因子为4.806；核心总被引频次为6 390次，扩展总被引频次为9 550次；位列同类期刊第一。《中华流行病学杂志》荣获2022年度“百种中国杰出学术期刊”“中国国际影响力优秀学术期刊”“中国精品科技期刊”“《中华医学杂志》社有限责任公司高影响力期刊”。入选第七届中国科协优秀科技论文1篇，入选年度领跑者5000（F5000）优秀论文16篇，入选年度中国百篇最具影响国内学术论文1篇。总编辑李立明教授荣获2022年度中国科技期刊卓越行动计划优秀主编，编辑部主任王岚研究员荣获

2022 年度中国科技期刊卓越行动计划优秀编辑。

【发挥地域优势，全力配合中心二期工程建设】2022 年，根据中心二期基建专班、基建处的要求，为配合中心二期工程建设，多次协助进行现场甄别房屋，实地勘察地形，协调场地平整施工，避免损伤在用地下管线。协助完成二期工程临电施工、二期工程新建研究生院内影响施工的高压线杆移挪和高树枝杈处理等工作。配合对影响二期工程建设的传染病所 4 号器材库、4 号库、34 号东小楼共 3 处老旧房屋建筑物资产的拆除工作。

【徐建国院士合作研究发现可增强新冠病毒疫苗效果的“免疫菌”】2022 年 1 月，徐建国院士和复旦大学生物医学研究院徐建青教授合作研究发表的文章揭示，植物乳杆菌冠克株可与 SARS-CoV-2 疫苗联合应用，以增强和延长呼吸道黏膜与全身免疫的效应免疫应答和记忆免疫应答，从而提高 SARS-CoV-2 疫苗的免疫效果。研究“免疫菌”植物乳杆菌冠克株可能在维持新冠病毒疫苗效率、提升人体免疫力、减轻新冠病毒危害等方面有潜在的应用价值。

【赴天津开展新冠肺炎疫情检测】2022 年 1 月 18 日，传染病所高等级移动实验室及 11 名成员加入中心援津核酸检测队，开展我国首次奥密克戎变异株本土确诊病例应对战，不仅有效地缓解了当地检测人员短缺的压力，而且通过全方位的技术交流，从安全、质量、效率三个方面进一步提升了当地的核酸检测能力。

【卢珊研究员参与北京冬奥会火炬传递】2022 年 2 月 2 日，北京冬奥会火炬传递活动首钢园站于 18：04 启动，传染病所疾控应急处卢珊研究员作为第 9 棒火炬手参与此次冬奥会火炬传递。

【徐建国院士获科技部“全国科技系统抗击新冠肺炎疫情先进个人”称号】中国疾控中心传染病所徐建国院士被科技部授予“全国科技系统抗击新冠肺炎疫情先进个人”称号。在新冠肺炎疫情应对中，徐建国院士积极投入抗击疫情的战斗，在确定病原体等疫情相关工作中发挥了重要作用。

【组织开展“学习研讨、查摆问题、改进提高”专项工作】2022 年 3 月开始，中国疾控中心传染病所党委组织深入学习贯彻习近平新时代中国特色社会主义思想，特别是习近平新时代中国特色社会主义经济思想，召开“学习研讨、查摆问题、改进提高”专项工作会议，部署相关工作。以多种方式开展集中学习研讨，夯实思想基础。

【荣获“全国三八红旗集体”称号】2022年，中国疾控中心传染病所巾帼应急团体荣获“全国三八红旗集体”称号。巾帼应急团体由144人组成，其中包括党员83人，博士研究生70人、硕士研究生35人，具有副高及以上职称95人。团体成员长期参与鼠疫、霍乱、炭疽、布病等重大细菌性传染病突发疫情防控与处置工作；第一时间奔赴汶川和玉树地震、河南暴雨等重灾区指导救灾防疫；执行G20峰会、北京冬奥会、上海进博会等重大活动的卫生保障任务；远赴塞拉利昂指导埃博拉疫情应对，帮助其建立了重大传染病和病媒生物监测体系；先后赴安哥拉、马达加斯加、布隆迪、圭亚那等海外多地指导处置疫情。中央电视台2022年“三八国际妇女节”特别节目《花开中国》对巾帼应急团体进行了特别报道。

【线上召开全国病媒生物监测与控制工作会议】2022年3月29日，全国病媒生物监测与控制工作会议召开。此次会议认真总结了2021年全国病媒生物监测工作的主要内容与实际产出，仔细分析了当前监测工作面临的机遇与挑战，并对2022年的重点工作任务进行了研究部署。因疫情防控需要，此次会议采用线上形式，来自国家疾控局、中国疾控中心、全国各省级疾控中心的主管领导和病媒生物监测工作负责人及技术骨干，共计300余人参会。此次会议由中国疾控中心病媒生物首席专家刘起勇研究员主持。国家疾控局传染病防控司刘清副司长、中国疾控中心传染病所阚飙所长发表重要讲话。刘起勇首席专家和传染病所媒介生物控制室鲁亮副主任分别就2022年病媒生物监测工作重点和2021年工作总结做了主旨报告。中国疾控中心传染病管理处动物源性及媒介传染病室陈秋兰主任做了总结发言。

【牵头完成UN生物反恐实验室测评】2022年4—6月，在外交部的推荐下，传染病预防控制国家重点实验室（State Key Laboratory of Infectious Disease Prevention and Control，SKLID）担任“考官”，主持2022年度联合国秘书长调查机制（United Nations Secretary-General’s Mechanism，UNSGM）全球实验室能力测试项目。考核的题目是X传染病测试（Disease X Testing），主要测试未知病原体发现及其动物溯源能力。共有来自6个国家的11家实验室参加了本次测试。外交部办公厅发函国家卫生健康委，对国家重点实验室牵头参与这项工作并取得优异成绩提出表扬。

【提高单位内部管理水平，有效防范廉政风险和业务风险，扎实推进单位内部控制建设】2022年4月22日上午，中国疾控中心审计处联合纪检监察室召开传染病所内部控制管理推进工作会。此次会议由传染病所党委副书记、纪委书记杜娟主持，所长阚飙（线上）、副所长张建中和万康林及中层干部共38人参加会议。通过此次会议，参会人员进一步清晰了内部控制要求，强化了内部控制管理意识，并受到了深刻的廉政警示教育。

【疫情期间在中心昌平园区开展核酸检测服务】2022 年 5 月起，连续 6 个月开展中心昌平园区分管范围内的核酸筛查，共计 92 次，检测量为 44 736 人次，参与工作达 1 588 人次，顺利完成核酸检测任务，为昌平园区日常工作的有序开展提供了有力保障。

【召开中英国际合作项目“城市复杂系统可持续发展与健康”研讨会】2022 年 5 月 17—18 日，“城市复杂系统可持续发展与健康”研讨会由英国伦敦大学学院、伦敦卫生与热带医学院和中国疾控中心传染病所共同主办，以“高温天气规划”与“温室气体减排、空气污染与健康”为主题在线上召开。本次研讨会主要分享了中国在减缓气候变化方面所面临的挑战，以及能源部门制定的相关策略对空气污染和人群健康的影响。

【成立病原真菌联合实验室】2022 年 6 月，与北京大学第一医院成立了病原真菌联合实验室。北京大学第一医院真菌研究团队隶属国家皮肤与免疫疾病临床医学研究中心、北京大学真菌和真菌病研究中心、皮肤病分子诊断北京市重点实验室，是国内最早、最权威的医学真菌研究中心之一。病原真菌联合实验室将全面整合两家单位的优势资源，构建“医防联动，平急一体”的研究和应急平台，在实践中贯彻“医防融合”理论，全面推动全国范围内高风险性病原真菌的防控工作。

【发现新的致病沙门菌血清型】2022 年 6 月，中国疾控中心传染病所闫梅英和云南省疾控中心周永明共同在 *Gut Microbes* 上发表文章，报道发现了沙门菌新血清型及其致病性。该项研究对目前沙门菌种、亚种和血清型的分类判定及复杂的致病机制提供了新的认识。文章报道了一种沙门菌亚种Ⅱ新血清型 S.4,5,12:a:-，该新血清型具有引起人类胃肠道感染及暴发风险、跨国传播可能的特点。其中，该项研究，发现其生化反应具备亚种Ⅰ的特点，但基因组与亚种Ⅱ相似；发现新血清型含有来自跨种属传播的大肠埃希菌 O157：H7 的 LEE 毒力岛及沙门菌新 T6SS（type Ⅵ secretion system，六型分泌系统）；从细胞模型和动物模型两个方面，证明了新血清型能够侵入上皮细胞并在巨噬细胞内存活，侵入小鼠内脏组织器官并引起病理损伤，具有与伤寒沙门菌类似的引起机体系统性感染的致病能力；证实了上述两个新毒力岛与沙门菌原有致病岛一起，进一步增强了沙门菌的致病性。

【举办第九届媒介生物可持续控制国际会议】作为庆祝中国疾控中心成立 20 周年系列活动之一，2022 年 6 月 6 日，中华预防医学会与中国疾控中心联合主办，中华预防医学会媒介生物学及控制分会、传染病预防控制国家重点实验室承办，世界卫生组织媒介生物监测与管理合作中心、中国疾控中心传染病所、《中国媒介生物学及控制杂志》、中国实验动物学会媒介实验动物专业委员会协办的第九届媒介生物可持续控制国际会议（原媒介生物可持续控制国际论坛）以线上和线下相结合的方式成功举办。本次会议的主题为“应对全球变化，控制媒介生物，保护人群健康”。此外，作为世界害虫日分会场活动之一，本次会议还转播了世界害虫日现场活动、“对话院士”记者特访“病毒与健康”，线上和线下参会代表一起收看了2022年世界害虫日主题活动。

【参与联合发明幽门螺杆菌单细胞精准诊疗技术】中国科学院青岛生物能源与过程研究所和中国疾控中心传染病所、青岛市市立医院、青岛星赛生物科技有限公司等医产学研联合团队，依托原创的临床单细胞拉曼药敏快检系统（CAST-R），建立了单个细菌细胞精度、“鉴定—药敏—溯源”全流程一体化的 *H.pylori* 诊疗技术 CAST-R-HP。它具有快速病原鉴定、精确药敏表型检测、基于单细胞全基因组支撑耐药机制研究与精准溯源等优势，于2022年6月18日在 *Clinical Chemistry* 期刊上发表。该工作由中国疾控中心传染病所张建中研究员和中国科学院青岛生物能源与过程研究所单细胞中心徐健研究员共同主持完成，得到了青岛市市立医院消化科董全江主任和中国科学院青岛生物能源与过程研究所单细胞中心马波研究员等的帮助，并获得了中国科学院战略性先导科技专项、国家自然科学基金委员会国家重大科研仪器研制项目、国家科技重大专项项目、广州生物岛实验室等的资助。

【刘起勇研究员获“全国消除疟疾工作先进个人”】2022年7月，国家卫生健康委、海关总署、国家中医药管理局授予中国疾控中心病媒生物首席专家刘起勇“全国消除疟疾工作先进个人”。他带领团队开展了我国消除疟疾媒介按蚊控制关键技术研究，厘清了我国间日疟流行区疟疾媒介的生态习性，评价并优化了疫点处置媒介按蚊控制药械和流程，系统地研究、总结并提出了以爱国卫生除害防病组织为基础的、中国特色的“疟疾媒介按蚊分层、可持续控制策略”及技术体系，为我国消除疟疾提供了技术支持。他参与了世界卫生组织多项疟疾控制技术指南的编制，积极向全球宣传推广中国抗疟经验，为实现“无疟疾世界”愿景提供了媒介按蚊控制中国模式，推动了疟疾控制公共卫生杀虫产品评价的国际互认，为构建人类卫生健康共同体做出了贡献。

【卢昕研究员获“中国工程前沿杰出青年学者”荣誉称号】中国工程院与美国工程院共同主办中美工程前沿系列研讨会，旨在为两国优秀青年工程科技人才提供交叉学科互动平台。2022年7月，第七届中美工程前沿研讨会召开，主题之一是“大数据和基因组背景下的食品安全”，卢昕研究员经过三轮选拔，被选为中方两名代表之一进行专题报告，并获得中国工程院办公厅授予的“中国工程前沿杰出青年学者”荣誉称号。

【开展庆祝中国共产党成立101周年“七一”主题党日活动】2022年7月1日，中国疾控中心传染病所党委组织召开了“走好第一方阵　我为二十大做贡献”主题党日活动。传染病所领导班子成员、党委委员、纪委委员，各党支部书记、委员及全体党员通过线下和线上相结合的方式参加了本次活动。本次活动由传染病所党委副书记、纪委书记杜娟同志主持，活动开始，党员全体起立，奏唱国歌。接下来，传染病所党委书记卢金星同志在奔赴抗疫一线的路上，通过视频连线的方式，为全体党员上了一堂生动的线上专题党课，提振了党员同志勇于创新、担当实干的精气神。

【联合开展学生暑期科普教育活动】2022 年 7 月 20 日，与北京市昌平第一中学（以下简称昌平一中）联合开展学生暑期科普教育活动——“走近病原及病媒生物的世界，与专家一起做研究”。昌平一中生物研究小组走进中国疾控中心，走进实验室，走进博物馆，与专家面对面，一起进行生物学实践活动。传染病所后勤保障处罗成旺处长、李文平老师，媒介生物控制室（病媒生物博物馆）孟凤霞研究员，病原生物分析中心肖迪主任、张泽惠助理研究员、张慧芳副主任技师等参加了此次活动。

【开展弘扬清廉家风主题教育培训】2022 年 8—12 月，中国疾控中心传染病所党委依托国家卫生健康委干部培训中心（党校）远程教育培训平台，开展弘扬清廉家风主题教育培训，共计 164 名党员取得结业证书。各党支部分别开展清廉家风建设主题党日活动，组织党员观看《西花厅里的一场家庭会议》，学习周恩来总理的优良家风。

【联合举办科技成果转化项目推介会】2022 年 8 月 17 日下午，与北京市昌平区科学技术委员会及昌平区科技企业孵化联合会主办的科技成果转化项目推介会，在中咨合创（北京）科技孵化器有限公司召开。中国疾控中心传染病所副所长万康林，北京市昌平区科学技术委员会周万峰，北京市昌平区科技企业孵化联合会秘书长王春永，中国疾控中心传染病所新病原室主任叶长芸、生态医学中心研究员秦爱平、生物信息室主任张雯、转化医学室主任黄英和赵荣辉，以及 10 余家相关企业的经理参加了本次推介会。会上，万康林副所长向企业代表介绍了传染病所的发展历程，详细介绍了传染病所在中国疾控事业中所担负的责任与义务，以及在传染病预防控制研究工作中建立的国家级重点实验室、各类技术平台、各项前沿研究项目，并对与昌平科技园企业未来合作寄予希望；叶长芸教授介绍了致泻性大肠埃希菌、大肠埃希菌 O157∶H7 核酸检测试剂盒、艾伯特埃希菌（escherichia albertii）核酸检测试剂盒、致病性埃希菌血清分型及关键毒力基因预测软件研发情况及应用前景；张雯副教授介绍了基于核酸富集的全基因测序方法及其广阔的应用发展前景；秦爱平教授介绍了恒温扩增结合侧流层析（lateral flow-recombinase polymerase amplification，LF-RPA）技术用于立克次体和恙虫病 POCT（point-of-care testing，即时检测）等技术开发及应用；各企业代表介绍了企业经营、技术需求等情况，并表达了与传染病所开展相关技术产品与研发长期合作的意愿。

【举办“玫瑰书香”主题阅读分享活动】2022年8月19日，中国疾控中心传染病所工会女工委在“师生之家”举办了“玫瑰书香”主题阅读分享活动。传染病所党委副书记、纪委书记杜娟同志，以及工会委员、工会小组长和部分女职工等近30名同志参加了活动。此次活动由女工委主任秦天同志主持。在活动中，3位职工的精彩分享让大家重温红色经典，赏析国粹读物，感悟女性自尊、自主、自立、自强的人格魅力，引领女职工在本职工作中建新功、创佳绩，增强工作的责任感和使命感，以实际行动迎接党的二十大胜利召开。此次活动为做好女职工思想政治引领工作、促进女职工素质提升、激励女职工创先争优、推进家庭文明建设提供了思想交流平台。

【开展救灾防病工作】2022年8月17日，青海省西宁市大通县发生山洪。2022年8月20日，国家疾控局应急处置司和中国疾控中心选派的由5人组成的公共卫生专家组（传染病所刘小波、申小娜2位同志参加）赴大通县灾区开展卫生防疫工作。专家组现场建立了由专家组主导、县级疾控技术骨干任小组长的四级联动合署办公工作机制，开展了大通县山洪灾后公共卫生风险评估，组织编写完成7项灾后卫生防疫工作、技术方案，这些方案被大通县抗洪救灾指挥部采纳并发布实施，开展巡回技术指导，落实各项防疫措施，发现问题并督促整改，最终实现了“大灾之后无大疫”的工作目标。2022年8月26日，专家组完成任务后返回。

【开展消防安全员培训】2022年8月30日，中国疾控中心传染病所各处室消防安全员前往北京公共安全体验馆进行安全培训，副所长万康林、安全保卫处全体职工、各处室消防安全员共30余人参加了此次培训。培训内容分为“六大场景”，分别是地震安全、民事防护、交通安全、自然灾害、城市安全、应急救护，让各位消防安全员了解并掌握应急避险的相应技能，提升他们的技能运用能力，让一位安全员带动一个科室，影响一个单位，不断增强风险防范意识，提升应急避险和自救能力，尽可能减少灾害带来的损失。

【坚持规划引领，完善科技成果转化体制机制】2022年9月，整理形成《中国疾控中心传染病所促进科技成果转化管理办法汇编》。汇编内容涵盖传染病所科技成果转化、医疗器械临床试验、无形资产、对外投资等方面的内容，旨在帮助传染病所的研究人员及管理人员全面、系统地了解本所科技成果转化工作管理制度，规范进行科技成果转化活动。

【参加地震救灾防病工作】按照国家疾控局要求，中国疾控中心组织震后救灾防病工作专家组，传染病所赵红庆、鲁亮、郑霄3名同志参加，于2022年9月6日17：00到达四川省甘孜州泸定县，9月13日返回。国家专家组与省、州县卫生健康委和疾控中心的专家组成联合工作组，开展了泸定县地震灾后公共卫生状况和重点传染病及突发公共卫生事件风险评估工作，了解泸定县6.8级地震灾区受灾情况，确定灾后公共卫生状况和灾区居民的主要公共卫生需求，识别灾区重点传染病及突发公共卫生事件风险，明确灾区现阶段卫生防疫工作重点，为有针对性地制定下一阶段灾后卫生防疫措施提供依据。

【传染病所BSL-3实验室通过持续生物安全实验室认可资格评审】2022年9月22—23日，中国疾控中心传染病所6套BSL-3实验室完成CNAS现场监督评审，持续生物安全实验室认可资格。

【建立“阿尔金山地区传染病生态学研究联合实验室”】为促进我国西部地区，尤其是喜马拉雅旱獭鼠疫自然疫源地动物源性传染病的研究与防控，保障当地群众的生命健康，2022年10月，与阿克塞哈萨克族自治县疾控中心联合建立“阿尔金山地区传染病生态学研究联合实验室”，围绕当地地方性主要危害传染病，共同开展生态学和防控研究。传染病所阚飙所长任联合实验室主任，应急实验室王鑫副主任任联合实验室副主任，阿克塞哈萨克族自治县疾控中心郑效瑾主任任联合实验室常务副主任。

【推进党支部建设，完成支部换届改选工作】中国疾控中心传染病所党委根据上级要求，开展基层党组织建设质量提升三年行动计划实施情况总结评估工作，巩固深化党支部标准化规范化建设成效。2022年10—11月，8个党支部陆续完成了换届改选工作，新一届支部委员会将持续巩固深化党支部标准化规范化建设成效，结合业务工作实际，挖掘支部特色，在原有支部工作品牌的基础上不断改革创新，提高支部的党建工作水平，争创“四强”党支部。纪委组织对在职党支部“三会一课”制度执行情况进行了检查督导，各支部“三会一课”制度执行质量得到了一定程度的提升。

【深入学习宣传贯彻党的二十大精神】2022年10月16日上午，中国疾控中心传染病所党委组织全体党员通过网络和电视等途径，收听收看党的二十大开幕会直播。传染病所党委书记卢金星同志和党委副书记、纪委书记杜娟同志带头撰写心得体会，各党支部积极组织党员撰写心得体会。党的二十大胜利召开后，传染病所党委积极组织党员干部参加中国疾控中心党委于2022年11月3日举办的学习宣传贯彻党的二十大精神部署动员会，并在会后就传染病所的有关具体要求进行了部署。在传染病所网站上开设《学习二十大精神》专栏，开展宣传工作。党支部开展党的二十大精神专题学习研讨会，引导党员干部深刻感受新时代党和国家事业取得的历史性成就、发生的历史性变革。

【召开以案促改专题民主生活会和组织生活会】2022 年 10 月 21 日，中国疾控中心传染病所党委召开以案促改专题民主生活会。会前，传染病所领导班子成员认真学习了习近平总书记关于加强作风建设的重要论述、《国家卫生健康委干部培训中心（国家卫生健康委党校）以培训为名组织公款旅游案件情况通报》等文件，切实提高政治站位，把握标准要求，为做好该案件“后半篇文章”和开好专题民主生活会打牢了思想基础。传染病所领导班子成员紧扣以案促改专题民主生活会主题，结合履职情况，认真查摆问题，深入剖析问题产生的根源，进一步明确了整改措施和努力方向。各党支部分别召开以案促改专题组织生活会，党员在会上畅谈思想体会，严肃开展了批评和自我批评。

【召开理论学习中心组学习（扩大）会议，专题学习党的二十大精神】2022 年 10 月 21 日下午，中国疾控中心传染病所党委召开理论学习中心组学习（扩大）会议，专题学习党的二十大精神。党委委员、纪委委员参加了学习，并结合实际工作分享了心得体会。本次会议由传染病所党委书记卢金星同志主持。会议要求，各党支部积极组织开展集中学习研讨，深入领会党的二十大报告的精神实质和丰富内涵，引导广大党员干部心怀“国之大者”，进一步增强“四个意识”、坚定“四个自信”、做到“两个维护”，自觉用党的二十大精神统一思想、统一行动。大力开展学习宣传活动，积极向中心网站《学习二十大精神》专栏和传染病所网站投稿，党员领导干部要带头学、带头讲，在全所上下营造浓厚的学习氛围。会议指出，传染病所党委要将学习贯彻党的二十大精神作为当前的首要政治任务，以党的二十大精神为指引，深入学习贯彻习近平新时代中国特色社会主义思想，学习贯彻习近平总书记关于公共卫生工作重要讲话精神，激励全体党员干部职工干事创业、担当作为，始终牢记为人民健康服务的初心，自觉担负起守护人民健康的使命，不断推动疾控事业向前发展，推动传染病所党建工作迈上新台阶。

【举办“齐心协力，预防抗微生物药物耐药性”科普宣传活动】细菌耐药已经成为全球公共卫生健康领域的重大问题，严重威胁动物和人类的健康。2022 年 10 月 28 日，国家卫生健康委医政司发布了《遏制微生物耐药国家行动计划（2022—2025 年）》，确立了预防为主、防治结合、综合施策的原则，明确了主要目标、主要任务和保障措施，彰显了国家和政府遏制耐药、保护人民健康的决心。2022 年 11 月 18—24 日“世界提高抗微生物药物认识周”期间，中国疾控中心传染病所制作遏制耐药科普海报，在疾控园区进行海报的张贴和抗微生物药物认识的宣传，并在“中国疾控动态”和“传染病预防控制国家重点实验室”公众号上发布，助力国家遏制微生物耐药工作的顺利开展。

【举办 2022 年度干部培训班】2022 年 11 月 1—3 日，组织举办 2022 年度干部培训班。中国疾控中心传染病所中层及以上干部、党委委员、纪委委员、各党支部委员、各部门文书等共计 120 余人在现场及线上参加培训。本次培训班由传染病所党委书记卢金星主持。中心审计处袁灵华处长结合常见的审计问题，详细解读了差旅费、会议费和培训费相关管理规定；中心纪委办公室刘海龙处长结合以百年历史为鉴、以党规党纪为绳、以身边典型案例为戒等方面进行了廉政教育；时任中心办公室负责人邹斌结合自身的经历及翔实、丰富的案例，对公文写作进行了生动细致的讲解；传染病所审计处谭昕副处长就合同管理中的风险点、防范措施提出了工作建议及要求；传染病所办公室负责人陈霞就日常公文行文流程中常见的问题进行了梳理和要求。此外，北京市明诚律师事务所张智勇律师就经济合同起草与签订进行了讲解。传染病所纪委书记杜娟就学习贯彻落实党的二十大精神及具体工作进行了部署。卢金星书记指出，本次培训以“落实全面从严治党决策部署，坚定不移纵深推进党风廉政建设，认真履行一岗双责”为主题，内容丰富、充实，力求重基础、促实效，全面提高政治站位，提升干部素养和综合管理水平。

【传染病所 BSL-3 实验室获得从事高致病性病原微生物相关实验许可】2022 年 11 月 9 日，完成国家卫生健康委高等级生物安全实验室实验活动现场评审，并顺利完成评审整改工作，取得从事高致病性病原微生物相关实验活动的批复。实验活动涉及 2 种高致病性病毒、10 种高致病性细菌及 4 种高致病性真菌。

【召开第 21 届弯曲菌、螺杆菌及相关微生物国际研讨会】2022 年 11 月 14—19 日，由中国畜牧兽医学会、扬州大学、中国农业大学、中国疾控中心传染病所主办的第 21 届弯曲菌、螺杆菌及相关微生物国际研讨会通过线上方式召开。

【举办“2022 年病原菌药物敏感性检测质量控制与管理”培训班】为持续推进疾控系统病原菌耐药监测工作，2022 年 11 月 18—20 日，举办了“2022 年病原菌药物敏感性检测质量控制与管理”国家级继续医学教育培训班，对来自全国疾控系统的 150 余位基层疾控工作者进行了为期 3 天的线上培训，分别对全球耐药现状，疾控系统病原菌耐药监测存在的问题，肺炎链球菌、猪链球菌、沙门菌、脑膜炎奈瑟菌等重要病原菌的耐药监测工作，耐药监测报告的撰写等方面进行了系统的讲解。培训满意度超过 99%，通过考核，30 位学员获得了“优秀学员”荣誉称号。

【完成传染病移动监测应急演练】2022 年 11 月 30 日—12 月 3 日，由中国疾控中心卫生应急中心、实验室管理处、传染病所共同组织的鼠传、畜传、介水传播传染病病原体移动监测应急演练活动在中心昌平园区举行，共有领导、专家和演练队员 40 余人参加了此次应急演练。本次应急演练以 6 辆移动式高等级实验室为依托，针对野外采集的鼠类样本进行鼠疫等病原体感染检测，涉及动物捕捉、解剖取样、核酸检测、抗原抗体检测、移动实验室宏基因组测序、生物安全操作、移动实验室和车辆运行保障、电力供应等，内容丰富，安排紧凑，为评测移动实验室开展传染病监测和病原检测的能力，探索移动式高等级生物安全实验室开展自然疫源性传染病野外监测、病原快速筛查、现场基因测序和分析研判的工作模式，加强不同单位和部门传染病监测和应急处置中的协同提供了活动平台，通过演练，同时检验了队伍、物资、装备、技术等方面的应急准备情况，提高了队伍的实战能力，推进了不同单位和部门之间的协调配合、沟通联动。

【传染病预防控制国家重点实验室召开“2022年青年学术交流会”】2022年12月26日，由传染病预防控制国家重点实验室主办的“2022年青年学术交流会”在北京市召开，200余名国家重点实验室青年科技工作者、研究生通过线上的方式参加了此次会议。此次会议为青年科技工作者提供了学术交流和展示自我的平台，同时增进了各课题组的相互了解，增强了各课题组之间的协作能力，进一步提高了疾控工作者的科研水平。

【国家重点研发计划“病原学与防疫技术体系研究”获批立项】作为牵头单位，联合军地科研院所、医疗单位和第三方检测结构，以“重要急性传染病医防协同病原基因组学监测预警和溯源技术体系研究”为题，共同申报“病原学与防疫技术体系研究”重点专项，该项目于2022年12月26日获批立项。该项目以重要急性、烈性传染病病原体为研究对象，建立此类病原体的基因组完成图参比数据库；同时，建立现场适用的宏基因组测序技术流程和多样本共有序列分析流程，提高重要急性、烈性传染病诊断能力及暴发识别、溯源和处置能力；促进疾控、临床和第三方检测机构之间病原体检测数据的流通；通过研发病原基因组和多源异构环境大数据的深度融合技术，建立重要急性、烈性传染病病原基因变异及传播风险预警模型，完成急性传染病监测预警系统平台的搭建，为防控决策提供支持。

【研究气象因素对我国恙虫病发病风险的影响及区域差异】2022年，基于2006—2020年我国恙虫病病例数据及同期气象资料，量化评估了多种气象因素对华东、华南和西南地区恙虫病发病风险的影响，识别了影响恙虫病发病的关键气象因素和气象风险窗口，为根据气象条件的变化因地制宜地建立恙虫病监测预警系统提供了证据支持。该研究已发表在*Frontiers in Microbiology*杂志上。

【探讨我国斑疹伤寒和鼠疫防控工作面临的问题及挑战】2022年，分析了1950—2021年我国斑疹伤寒流行的时间、空间、人群分布特征和诊断现状。结果表明，尽管20世纪90年代以来斑疹伤寒的发病率大幅降低，但是仍需警惕其局部暴发的风险。病原体早期准确诊断是其防控工作面临的一大挑战，需要进一步加强斑疹伤寒病原体检测和监测能力建设。该研究已发表在《中华流行病学杂志》上。

（姜靖伟、陈霞、马远、阚飙）

病毒病预防控制所

【党建工作】认真落实党风廉政建设主体责任，调整成立新一届党风廉政和反腐败工作领导小组，全年召开党委会12次，组织党委理论学习中心组学习（扩大）会议4次；认真开展“学习研讨、查摆问题、改进提高”专项工作，组织各支部开展“学习研讨、查摆问题、改进提高”专题组织生活会，巩固党史学习教育成果。大力学习宣传贯彻党的二十大精神，组织“走好第一方阵　我为二十大做贡献”书记讲党课暨主题党日活动，开展“我向党的二十大寄语”活动，组织党史党章知识答题活动，组织“庆七一”歌咏朗诵视频展示活动，组织收看党的二十大开幕会并撰写心得体会，采取横幅、海报等多种形式，在全所范围内掀起学习宣传贯彻党的二十大精神热潮。推动落实意识形态工作责任制，成立意识形态工作领导小组，层层签订责任书，制定实施方案，明确部署要求。大力开展以案促改警示教育，组织专题学习《国家卫生健康委干部培训中心（国家卫生健康委党校）以培训为名组织公款旅游案件情况通报》，筹备落实以案促改专题民主生活会和组织生活会，认真查摆问题，深入剖析根源，深刻吸取教训，通过落实整改措施，达到转变作风、增强纪律观念的效果。认真落实内部疫情防控工作，对加强各项管控措施提出明确要求并督促落实，压实压紧“四方责任”，筑实筑牢疫情防线。继续开展支部标准化规范化建设，第二党支部和第九党支部获评中央和国家机关“四强”党支部。开展基层党组织建设质量提升三年行动计划实施情况评估并完成评估报告。在元旦、春节、“七一”、国庆节前夕，组织慰问院士、专家、老党员和生病党员。做好入党积极分子培养教育和发展党员工作，2022年，发展预备党员4名，转正1名。发挥群团组织的纽带作用，组织开展《中华人民共和国工会法》学习，组织参加中国疾控中心成立20周年文艺展演并获二等奖，参加中心工会举办的流调溯源技能竞赛并获第一名。组织团员青年学习党的二十大精神并开展讨论，激励广大青年知党、拥党、向党。关心离退休职工，及时帮扶慰问，帮助其解决实际困难。

【人员基本情况】截至2022年11月底，共有正式职工245人，其中专业技术人员为219人，管理人员为20人，工勤人员为6人。在专业技术人员中，具有高级专业技术资格的占64%，具有中级专业技术资格的占21%，具有初级专业技术资格的占15%。

【新冠肺炎疫情一线现场防控工作】相继派遣专家81人次赴我国河南省、广西壮族自治区、广东省、黑龙江省、四川省、新疆维吾尔自治区、吉林省、北京市、内蒙古自治区、福建省、江苏省、河北省、上海市、香港特别行政区、天津市、辽宁省、陕西省、青海省、山西省、湖北省、湖南省、安徽省、山东省、宁夏回族自治区，以及境外多个国家参与新冠肺炎疫情一线现场防控工作。

【新冠肺炎疫情测序分析、风险研判及 OA 报告反馈工作】完成我国新冠肺炎本土病例和输入病例的全基因组测序分析工作及 OA 报告反馈工作；累计完成 300 余起约 23 446 例本土病例或输入关联本土病例，以及约 9 143 例输入病例的全基因组测序分析工作，形成 OA 报告 2 000 余份。完成新冠肺炎疫情相关方案、风险评估报告、溯源重点文章研判日报和防控建议等数十份报告。

【国家卫生健康委及中国疾控中心新冠肺炎疫情防控专班工作】中国疾控中心病毒病所专家 25 人分别参与中心新冠流调溯源专班、冷链食品与新冠病毒传播风险评估研判及应对工作专班、国家疾控局新冠防控政策研究专班、国庆节前后防范规模性疫情督查专班等工作。

【重大疫情研判工作】面对新冠病毒不断变异、流行情况复杂多变的形势，组建专家智囊团，先后为国家疾控局提供了 30 个议题的专家研判意见。

【全国重点病毒性疾病监测工作】

（1）开展标本检测、鉴定分离和分子流行病学研究。对季节性流感、禽流感、脊灰、手足口病、麻疹 / 风疹 / 腮腺炎、出血热、发热伴血小板减少综合征、登革热、病毒性肝炎、病毒性腹泻、病毒性脑炎、狂犬病、克 – 雅病等共计 2 万余株病毒，以及相关环境标本进行了检测、鉴定；对部分毒株进行了抗原性分析及全基因组序列分析。

（2）与各省监测网络实验室加强合作与交流。对全国省级疾控中心及部分地市级疾控中心网络实验室进行新冠、猴痘、流感、手足口病、脊灰病毒、轮状病毒、诺如病毒、狂犬病毒等检测能力盲样考核，为省级疾控中心提供盲样考核用样本、多种病毒检测用试剂 / 细胞等，开展质量评估。

（3）2022 年 9 月，中国疾控中心病毒病所专家参与编写中国疾控中心《2021 年中国传染病监测报告》，完成流行性出血热、流感、手足口病、登革热、狂犬病、病毒性腹泻、发热伴血小板减少综合征、克 – 雅病监测报告，分析 2021 年中国重要病毒病的流行病学特征和病原谱分布，并总结其流行规律和动态变化。

【新发 / 突发病毒性传染病应对工作】2022 年 4 月，确诊全球首例人感染 H3N8 禽流感病例。完成人感染 H3N8 亚型禽流感病毒的风险评估，开展生物学特性研究和分析。

2022年4月和11月，成功应对重庆市送检的贵州省新发现脊髓灰质炎Ⅲ型VDPV样品，以及宁夏回族自治区疾控中心送检的Ⅰ型VDPV样品。2022年7—8月，中国疾控中心病毒病所专家赴安徽省、湖北省、山东省、江苏省等开展发热伴血小板减少综合征现场调查处置。2022年7月，快速应对北京市某幼儿园戊肝聚集性疫情。2022年9月，完成中国大陆首例输入性猴痘病例的确诊与首株猴痘病毒的分离。

【应急技术储备工作】继续建立完善重要病毒的病原分离及鉴别、检测的血清学和核酸方法体系，为病毒性传染病疫情的处置奠定了坚实的技术储备基础；建立基于华大MGISEQ-2000、Illumina Miseq、Oxford Nanopore等测序平台的宏基因组测序方法，将其应用于不明原因感染的病原体诊断和呼吸道/腹泻等样本的病原谱研究；开展单细胞测序及核酸质谱系统的技术储备，实现病毒感染后免疫机制的研究及大批量的病毒亚型的筛查。

【技术性文件制定工作】2022年3月，国家卫生健康委正式发布中国疾控中心病毒病所专家参与撰写的《污水中新型冠状病毒富集浓缩和核酸检测方法标准》（WS/T 799—2022）。2022年4月，国家卫生健康委采纳中国疾控中心病毒病所专家牵头负责修订的《流行性出血热诊断标准》，重点强调了患者的早发现、早诊断，同时考虑了易操作性，方便基层医疗机构应用。2022年5—6月，国家卫生健康委办公厅发布《猴痘防控技术指南（2022年版）》和《关于做好猴痘病例监测工作的通知》，中国疾控中心病毒病所专家负责编写猴痘病原学、限制动物贸易、实验室检测部分和《猴痘病毒实验室检测技术指南》。2022年10月，病毒病所专家参与制定的《急性病毒性感染呼吸道样本采集》（GB/T 42066—2022）发布和实施。2022年11月，病毒病所专家参与《发热伴血小板减少综合征诊疗共识》中流行病学部分和《人呼吸道合胞病毒感染诊断》的编写，参与对《克－雅病诊断》（WS/T 562—2017）和《风疹诊断标准》（WS 297—2008）的修订工作。

【科研管理制度建设】2022年3月8日，为深入贯彻落实党中央、国务院关于科研项目、经费管理改革精神，推进科研项目“包干制”改革工作，积极营造健康有序的科研氛围，充分激发科研人员的创新创造活力，印发了《病毒病预防控制所科研项目经费“包干制”管理办法（试行）》。

【科研项目管理】2022年，申请各级各类课题163项，获准课题47项，获准课题经费约21 511万元，在研课题为110项，到位科研课题经费约为8 217万元（不含国际合作项目经费）。

【科研项目主要研究进展】

1. 研发自主知识产权新产品

基于噬菌体展示技术，研发了具有我国自主知识产权的重组全人源广谱新冠病毒单克隆抗体（以下简称单抗 F61）。单抗 F61 对当前全球主要流行株 Omicron 变异株的各亚型（BA.1、BA.1.1、BA.2、BA.3 及 BA.4/5）均具有较高的中和活性，获得国家药品监督管理局临床试验许可批文。

2. 鉴定获得新病原

完成中国大陆首例输入性猴痘病例的确诊与首株猴痘病毒的分离（MPXV-B.1-China-C-Tan-CQ01），为我国猴痘病毒疫苗、抗体与药物的研发以及诊断试剂优化与评价提供了重要资源；在野生田鼠体内发现了 46 个科的病毒，其中 6 个科属于人兽共患病毒；成功在动物体内分离获得温州病毒（新沙粒病毒）并进行鉴定；从鼠类肠道组织中发现一个 C 组戊肝病毒新基因型，暂命名为 HEV-C5。

3. 建立多种新方法

建立了基于 SARS-CoV-2 的特异 CD8+T 细胞表位的免疫检测方法；建立了病毒性脑炎病原体多重 Real-time RT-PCR 检测方法；建立了 LangYa 病毒 Real-time RT-PCR 检测方法；构建 CVB3 感染小鼠模型，并以此为基础，研究 CVB3 感染诱导的全身免疫反应；建立了人呼吸道合胞病毒（human respiratory syncytial virus，HRSV）小鼠致死模型，为 HRSV 疫苗或药物的评价提供了更理想的动物模型；构建了 Tg188K 小鼠模型，证明其可以高度模拟人类 T188K gCJD 的临床病理表征；建立了 3 套类病毒颗粒的递送系统；建立了针对呼吸道病毒的 AI 识别体系，它可以准确检测多种呼吸道病毒；制备了安全、稳定的含有尼帕病毒 N 基因片段的重组假病毒颗粒阳性标准品；建立了 α-syn RT-QuIC 方法，证明其在识别和扩增帕金森病（Parkinson’s disease，PD）患者的脑和皮肤组织中错误折叠的 α-syn 方面具有可靠的特异性和良好的敏感性。

4. 数据库建设

以准种为基础进行 RSV（respiratory syncytial virus，呼吸道合胞病毒）全基因组测序，建立北京地区 RSV 全基因组数据库；建立 6 种医学病毒（流感病毒、肠道病毒、腹泻病毒、肝炎病毒、冠状病毒、鼻病毒）的参考数据库标准，建立高质量的参考网络数据库。

5. 流行病学研究

总结了 COVID-19 大流行后中国大陆的季节性流感病毒流行特点及病原学监测。在检测的 B/Victoria 系毒株中，仅有 37.8% 与 2020—2021 年和 2021—2022 年推荐的北半球流感疫苗株抗原性类似，提示应加强对流感的监测，并迫切需要为流感和 SARS-CoV-2 病毒的共同流行做好充分准备；开展了 3 215 例乙型肝炎病毒（hepatitis B virus，HBV）感染者的 HBV 基因扩增和测序研究，分析了全国 HBV 基因型的地区分布、民族分布，其中 I 基因型、C5 亚型、D3 亚型在民族分布上的特征属于国内外首次发现。

【科研项目申报】2022年1月，组织国家自然科学基金项目集中申报，以及国家自然科学基金外国学者研究基金项目、国家自然科学基金委员会与香港研究资助局联合科研资助基金合作研究重点项目申报工作。2022年2月，组织国家自然科学基金优秀青年科学基金项目（海外）、国家自然科学基金委员会与澳门科学技术发展基金联合科研资助基金合作研究项目申报工作。2022年4月，组织国家重点研发计划“绿色生物制造”等重点专项2022年度项目申报工作。2022年5月，组织中国疾控中心青年基金申报工作，完成病毒病所内部遴选、中心答辩、任务书填报等工作，组织2022年度北京市自然科学基金面上项目、青年科学基金项目及杰出青年科学基金项目，组织2022年度北京市自然科学基金重点研究专题项目申报工作，组织国家重点研发计划“新型冠状病毒药物研发应急项目”申报工作。2022年7月，组织国家重点研发计划2023年度指南编制专家、指南建议和部署“揭榜挂帅”任务项目申报工作。2022年8月，组织2022年度北京市自然科学基金－海淀原始创新联合基金项目申报工作，组织北京市科技新星计划候选人推荐工作，组织国家自然科学基金项目重大研究计划申报工作，组织科技创新2030—“新一代人工智能”重大项目2022年度项目预申报工作，组织新冠快速检测试剂研发应急项目申报工作。2022年9月，组织国家自然科学基金委员会猴痘相关重要基础科学问题研究专项项目申报工作。

【科技项目结题验收】2022年，协助国家科技重大专项、国家重点研发计划项目、H7N9疫情防控科技攻关应急专项、北京市科技计划课题等50余项项目负责人完成综合绩效评价工作，包括部分验收材料审核、验收档案整理和保存等。对于顺利通过验收的项目，及时通知财务处和项目负责人，做好结余经费的使用工作；对于结题通过验收的项目，及时通知财务处和项目负责人，做好结余经费的上缴工作。协助各类项目负责人做好审计工作、自评价报告、科技报告、数据汇交等材料的审核工作。

【国家自然科学基金项目管理相关工作】2022年1月，完成2021年度国家自然科学基金10个项目年度进展报告填报的组织工作，并全部通过了国家自然科学基金委员会的审核。2022年，组织并完成55项国家自然科学基金项目的申报工作，其中承担申报39项，参与申报16项。2022年3月，完成2021年度国家自然科学基金3个项目结题报告的填报工作，全部通过了国家自然科学基金委员会的结题审核，准予结题。2022年4月，完成2021年度国家自然科学基金管理工作报告的填报工作。2022年9月，完成2个项目的计划书填报工作，经过审查，项目均通过了国家自然科学基金委员会的审核，按照课题预定计划执行。

【北京市自然科学基金相关管理工作】2022年1月，组织完成1项北京市自然科学基金资助项目年度进展报告的填报工作。2022 年 4 月，完成北京市自然科学基金 2021 年管理工作报告的填报工作。

【中国疾控中心成立 20 周年筹备工作】2022 年 1—3 月，协助完成《中国疾病预防控制中心二十周年纪念画册》的图片素材征集工作。2022 年 1 月，协助完成“疾控 20 年”大事记评选工作；参与中心成立 20 周年学术分论坛的筹备工作；对中心组建成立 20 周年纪录类宣传片文案脚本提出修改意见；对《中国疾控中心成立 20 年工作总结》提出修改意见。2022 年 2—11 月，配合中国疾控中心开展《中国疾病预防控制中心科技成果汇览（1983—2021）》编写工作，共提交科技成果信息 194 项，其中第一完成单位成果简介为 114 项，其他类别成果列表为 80 项，并对稿件进行了 6 次校对。2022 年 4 月，中心征求“疾控 20 年”大事记意见，病毒病所提出了修改意见。2022 年 7 月，组织中国疾控中心优秀人才评选工作方案征求意见。2022 年 9 月，组织中国疾控中心优秀人才评选工作方案第二轮征求意见。

【国家重点研发计划项目审计署审计工作】2022 年 4 月，审计署驻昆明特派员办事处农业审计处领导和工作人员进驻中国疾控中心病毒病所，对 2016 年病毒病所作为牵头单位立项的国家重点研发计划项目进行审计。审计工作历时 1 个月，病毒病所积极配合审计署的工作，圆满完成了审计任务。

【人类遗传资源管理】按照《病毒病预防控制所人类遗传资源管理办法（试行）》的要求，认真审核业务科室提交的人类遗传资源的申报材料，并做好备案工作。2022 年，共办理人类遗传资源项目审批 30 项，已获批 20 项。2022 年 9 月，组织北京地区人类遗传资源调查工作。

【医学伦理审查管理】2022 年，病毒病所伦理审查委员会审理伦理项目 53 项，获批项目 51 项，其中包括会议审查 20 项、备案审查 2 项、申报项目提供审查证明 29 项。

【科研基地管理】2022 年 4 月，组织国家卫生健康委医学病毒和病毒病重点实验室、国家卫生健康委微生物学基因组中心编写 2021 年度国家卫生健康委员会重点实验室工作年度报告。2022 年 8—9 月，组织参与 1 个全国重点实验室的申报工作。2021 年 12 月，组织国家卫生健康委医学病毒和病毒病重点实验室、国家卫生健康委微生物学基因组中心开展评估前的准备工作，完成线上申请书的填报和会议答辩工作，最终 2 个实验室评估结果为“良好”。

【学术委员会管理】 充分发挥学术委员会的专业引领、审核工作，组织召开学术委员会9次，主要包括审议国家杰出青年科学基金申报材料、以邮件方式对版面费超过2万元的学术论文发表的必要性进行审核、对《中国疾病预防控制中心科技成果汇览（1983—2021）》中病毒病所部分进行审核、对各类科技人才奖申报进行审核，形成会议纪要。

【科研成果管理】 2022年，完成各类成果奖项申报15项，"新冠肺炎病原快速鉴定和疫情防控关键技术的建立及应用"获得2021年度北京市科学技术奖科学技术进步奖一等奖；发表论文348篇，其中中文论文为135篇，英文论文为213篇，SCI收录137篇；按照《中国疾病预防控制中心病毒病预防控制所发表论文管理规定》有关要求，及时与中国疾控中心协调调整发表新冠研究论文审批流程，严格按照病毒病所登记手续进行审核，对需要中心审批的35篇新冠研究论文及时上报，其中33篇已经得到中心的同意发表批示；授权专利33项；参编著作4部；授权计算机软件著作权1件。

【外事管理】 2022年，优化了外宾来访报批流程，保障了病毒病所科研人员合规、高效、快捷的报批外事手续。严格执行线下因公出国（境）审批制度，认真执行国家卫生健康委、中国疾控中心和中国疾控中心病毒病所的相关规定。截至2022年11月，审批、审查、审核和办理线下因公出国（境）共计5批18人次，办理签证手续1批次1人次。严格执行因公参加线上国际会议审批制度。截至2022年11月，办理因公参加线上国际会议审批8批次15人次；共计收缴管理护照36本，处理失效过期护照21本。

【国际交流工作】 2022年7月5日，按照国家卫生健康委国际司安排，朝鲜驻华使馆第一秘书及翻译Jon Chang Jin等一行3人访问中国疾控中心，与中国疾控中心病毒病所专家针对新冠测序设备和试剂等议题进行了交流，随后，外宾一行参观了病毒病所国家流感中心。病毒病所所长助理陈操、科技处副处长朱娜、流感室赵翔和董婕、科技处王沛文出席了交流会并陪同外宾参观。2022年11月16日，美国疾控中心驻北京办事处流感项目主任威廉·施麓德访问中国疾控中心病毒病所，参观国家流感中心，与病毒病所专家讨论EID项目的工作进展、未来工作计划安排，流感室主任王大燕全程接待了外宾。

【援塞拉利昂固定生物安全实验室第三期技术援助项目】 援塞拉利昂固定生物安全实验室第三期技术援助项目第2检测队专家殷启凯、高利萍在塞拉利昂继续执行援助任务，完成技术物资采购、技术物资运输、物资采购决算和垫付经费申请等相关保障工作；援塞拉利昂固定生物安全实验室第三期技术援助项目专家聂凯于2022年10月14日赴塞拉利昂工作，于2022年12月31日结束任务回国；启动援塞拉利昂固定生物安全实验室第三期技术援助项目第3检测队专家推荐工作。

【生物安全培训】 开展新入所人员的生物安全培训，全员培训，生物安全员、质量监督员、新冠核酸检测技能培训，实验动物从业人员、病原微生物菌（毒）种保藏中心管理与技术体系文件宣贯培训，病原微生物运输管理人员、压力容器上岗人员、高等级病原微生物实验室生物安全培训，北京市生物安全二级实验室骨干人员培训等专项培训 13 批次 490 人次；开展《新型冠状病毒实验室检测和生物安全要求》和《实验室危险废物规范化管理相关要求》等线上培训 1 次 357 人次。合计培训 847 人次。

【生物安全检查】 接受中国疾控中心、属地卫生健康委员会、属地科技教育司、属地安全生产监督管理局、属地环境保护局、北京市卫生健康委、国家卫生健康委等单位约 20 次检查。顺利完成春节、中秋节、国庆节等重要节日，北京冬奥会等重大活动，以及全国两会、党的二十大等重大会议期间的实验室生物安全保障工作，全年未出现重大安全事故。

【生物安全管理】 对检查中发现的违反生物安全的行为、实验仪器、设施设备、实验环境、化学品的储藏、危险废弃物、人员操作等不安全因素采取措施并要求予以改正，改正率为 100%。

【健康人血样整理】 完成全所 584 人（包括新入职职工、外聘返聘人员、学生、实习生、进修人员等）的健康人血样留存。

【实验室样本接收和特殊物品出入境办理】 办理高致病性样本运输接收证明 89 份，累计接收样本约 36 462 份；接收各省送至保藏中心的毒株 10 次，发放（共享）毒株 3 次；办理特殊物品进出口接收：办理高致病性样本出入境手续 24 次。

【应急演练】 组织完成 25 个 BSL-2 实验室的应急演练和 7 个 BSL-3 实验室的应急演练工作。2022 年 10 月，组织全所完成以样本被盗为主题的应急演练 1 次。

【生物安全周活动】 组织开展以“落实实验室生物安全责任，推动病毒病防控事业发展”为主题的第十八届生物安全周活动，组织全所共计 357 人参加的培训活动，并对《生物安全证书》和《BSL-3 生物安全培训证书》进行更新注册；对全所实验室应急药箱内的药品全部予以更换；完成全所实验室的危险化学品处理工作 1 次，处理废弃化学品 66 箱，其中液体为 48 箱，空瓶为 18 箱。

【保健保障工作】 完成国务院办公厅、公安部、国家卫生健康委、国家疾控局和中国疾控中心等单位的 1 186 次新冠核酸检测保障任务，检测人数为 65 159 人。

【实验动物伦理审查】共完成 116 份实验动物伦理审查。

【病毒资源保藏工作】完成毒种保藏分中心管理、运行和建设工作；收集保藏全国新冠病毒毒株和样本；完成新冠病毒毒株分离和鉴定；完成 6 家兄弟单位和 1 家公司新冠病毒毒株的共享；完成样本系统升级和送排风机组改造。

【实验室质量管理】完成质量监督员培训 3 次；出具报告 485 份；完成国家认证认可监督管理委员会及其行业评审组的任务 1 次；接受国家认证认可监督管理委员会飞行检查 1 次；完成 ABSL-3 动物项目招标、合同签订及施工准备工作等；完成新冠核酸检测科室的移液器（105 只）、PCR（polymerase chain reaction，聚合酶链反应）仪、生物安全柜和酶标仪等共 52 台仪器的校准；进行每月 1 次的盲样考核（已完成 4 次）等质量控制工作。

【研究生管理】组织开展研究生招生考试命题、阅卷、复试及录取工作。2022 年，共招收统招研究生 41 人，其中包括博士研究生 18 人、硕士研究生 23 人；接收联合培养研究生 69 人。组织开设“现代分子生物学技术”“病原生物学概论”“高级病毒学”3 门研究生课程。为 29 名统招研究生办理毕业手续，其中包括博士研究生 15 人、硕士研究生 14 人；为 7 名博士研究生办理延期毕业手续。截至 2022 年 12 月 31 日，在读研究生共 268 人，其中包括统招研究生 127 人（博士研究生 60 人、硕士研究生 67 人）、联合培养研究生 141 人。

【学位委员会工作】组织第二学位分委员会委员开展开题报告审核、中期考核、预答辩等工作，审核通过博士学位论文答辩 15 人、硕士学位论文答辩 14 人。2022 年，所有统招博士研究生共发表文章 38 篇，硕士研究生共发表文章 26 篇，总影响因子为 138.952。

【研究生生活保障】健全宿舍管理制度，加大宿舍管理与检查力度。加强新旧址宿舍管理，全面梳理住宿人员信息，建立住宿人员信息台账；开展宿舍安全卫生检查 8 次，宿舍检查结果通报 8 次，及时整改宿舍安全卫生问题 10 余类，办理入住和退宿手续 100 余人次。为统招研究生办理医药费报销 170 余人次，审核报销金额 10 万余元，并按时完成研究生医药费自费部分的收取与缴纳。

【研究生荣誉】2 名研究生获得中心优秀研究生称号；1 名研究生获得中心优秀博士学位论文三等奖；在奖学金方面，2 名研究生获得一等奖学金，6 名研究生获得二等奖学金，

19名研究生获得三等奖学金。

【研究生活动】 组织开展研究生特色活动5项，这些活动包括研究生实验记录本评比大赛；“疫”败涂地，步步为赢健步走体育锻炼活动；“艺”览芳华病毒病所研究生才艺大赛活动；“青春献礼二十大，筑梦时代谱华章”2022年中国疾控中心研究生文艺汇演活动；研究生办公室及宿舍安全卫生监督评选。

【国家级继续医学教育项目】 完成2022年国家级继续医学教育项目申报16项，组织2022年国家级继续医学教育项目5项，承办1项，督导2项。

【人事档案专项工作】 完成全所职工档案的初审、复审、资料补充、装订、信息化工作。

【预算一体化工作】 为做好财政预算一体化落地实施工作，按照《中华人民共和国预算法》《预算管理一体化规范（试行）》以及财政部和上级主管部门的要求，由财务部门牵头，人事部门、资产部门、后勤部门及相关业务部门配合，完成了人员信息、单位基础信息的梳理以及2023—2025年项目库入库工作，编制并上报了2023年“一上”预算。

【网络安全工作】 完成中国流感信息平台和预算控制管理系统2个系统的等级备案工作；完成北京市公安局昌平分局的网络安全事件限期整改工作；完成病毒病所无线网络环境改造工程；完成第三方网络安全服务采购工作。

【后勤保障服务】 为改善病毒病所南区（西城区迎新街100号）的办公环境，完成对主楼部分位置修缮加固改造工作和东配楼房顶防水工程；为保障用电安全和实验楼物资运输，完成低压配电柜和电梯更新改造工程。

【采购管理工作】 截至2022年12月31日，遵照国家法律法规和财政部、国家卫生健康委、中国疾控中心的相关规定，采用公开招标、竞争性谈判、询价等多种采购方式，共完成委托采购项目45项，完成批量采购及信息统计上报工作。

【固定资产管理工作】 截至2022年12月31日，新增通用设备、家具、软件等固定资产512件，原值为2 715万元。报废处置通用、专用设备等总计59件，原值为48万元。

【采购管理三年专项行动工作】 2022年，根据上级的通知要求，结合《病毒病所采购管理三年专项行动方案》，对委托采购项目在实施过程中存在的职责分工不够明确、招标文件技术参数部分未经需求部门签字、采购需求的科学性和合理性不够、个别询价文件中出现规格型号不明、有明显笔误等采购文件质量不高等问题进行了专项整改。

【荣获科技部“全国科技系统抗击新冠肺炎疫情先进集体、先进个人”称号】中国疾控中心病毒病所基因测序团队（高福院士团队）及BSL-3实验室（武桂珍、韩俊研究员团队）被科技部授予“全国科技系统抗击新冠肺炎疫情先进集体”称号，许文波、谭文杰、王大燕、邹小辉、黄保英5名同志被授予“全国科技系统抗击新冠肺炎疫情先进个人”称号。

【董小平研究员荣获“北京2022年冬奥会、冬残奥会北京市先进个人”称号】中国疾控中心病毒学首席专家、病毒病所董小平研究员荣获“北京2022年冬奥会、冬残奥会北京市先进个人”称号。

（苏晓婷、李旭彬、王晓芳、赵秀军、李静）

寄生虫病预防控制所（国家热带病研究中心）

【工作概况】

1. 积极参与新冠肺炎疫情防控

根据国务院联防联控机制统一部署，先后选派 24 人次专家参与 15 个省的疫情防控指导。16 人次专家赴京参加中心流调溯源专班工作，20 余名专家持续 10 个月支持中心新冠肺炎疫情周报分析，组建多批现场防控和专班轮换梯队，举办应急队员和防控梯队的新冠肺炎疫情调查分析培训，积极参与全国疫情防控工作。

每周定期召开应急响应例会，按照上海市属地防控要求，做好疫情防控。上海疫情防控期间，及时传达中央政治局常委会和上海市委常委会精神，强化防控措施，10 余名同志在寄生虫病所（国家热带病研究中心）闭环坚守值班，开展饲养保种、环境消杀、应急处置、安全巡查等工作，实现工作场所零感染，同时开展职工和学生每日健康打卡，发放“同心抗疫慰问包”，配送学生午餐，194 名职工和学生参与社区疫情防控志愿服务。

2. 推进血吸虫病、包虫病等寄生虫病防治进程，巩固全国消除疟疾成果

配合做好中转项目管理。编制项目年度计划和资金需求测算、年度执行情况报告，以及 2021 年度执行情况报告和各省整改情况报告。编制《血吸虫病消除推进试点县工作方案（2023 年版）》《土源性线虫病传播控制与阻断考核方案（试行）》《包虫病综合防治干预区工作方案》《重点寄生虫病综合防治工作实施方案（2023—2025 年）（建议稿）》，完善防治技术方案。

组织重点寄生虫病监测点监测，完成监测年度报告。推动血吸虫病、疟疾、棘球蚴病（又称包虫病）等参比实验室网络建设，新增 2 个省级土食源性寄生虫病诊断参比实验室。编制疫情周报、月报，召开季度疫情防控视频会商会，开展网络报告疫情监测分析。结合世界疟疾日、国际全健康日，开展科普和健康教育活动。全国重点寄生虫病疫情继续保持较低水平。

召开全国消除疟疾后防止输入再传播工作视频会商会，开展云南省、广东省等重点地区再传播风险评估调研，提出输入性疟疾针对性防控政策建议。组织消除疟疾后能力维持国家级继续医学教育项目在线培训，加强消除疟疾诊断实验室质控，参与解决抗疟药缺口问题。出版《国家消除疟疾报告》，全国消除疟疾成果得以巩固。获全国消除疟疾工作先进集体 1 个、全国消除疟疾工作先进个人 7 人。

3. 加快国家热带病研究中心建设

推动国家热带病研究中心海南分中心正式运转和海南分中心临床基地揭牌。继续推

进上海交通大学医学院—国家热带病研究中心全球健康学院合作共建。通过国家卫生健康委委级重点实验室“十三五”评估，评估结果为良好。推进国家级病原微生物菌（毒）种保藏分中心、国家寄生虫资源库分库、钉螺与血吸虫保藏基地建设。申请各类课题 53 项，获国家自然科学基金面上项目等课题 3 项。以第一作者或通信作者发表 SCI 论文 95 篇，总影响因子为 582.99。申报省部级科技奖项 2 项，通过上海市自然科学奖二等奖复审 1 项，授权专利 9 件，血吸虫病检测试剂盒获美国 FDA（Food and Drug Administration，食品药品管理局）注册认证和印度尼西亚注册认证，包虫病检测试剂盒获美国 FDA 注册认证。做好研究生培养工作。*Infectious Diseases of Poverty*（IDoP）期刊的 SCI 影响因子为 10.485。

4. 开展全球健康合作

举办第六届消除热带病监测响应体系研讨会、第六届海南国际健康产业博览会、第二届全球公共卫生应对与挑战论坛等国际会议和 10 余个平行分论坛，分享防控经验，促进非洲国家与“一带一路”国家的疟疾、血吸虫病和热带病防控。

实施盖茨基金中国—坦桑尼亚疟疾防控合作示范项目，开展项目总结和成本效益评估。协调推动中国支持非洲控制疟疾、血吸虫病一期项目延期，编制项目援外人员培训教材、健康教育材料。协调推进中国—澳大利亚—巴布亚新几内亚疟疾控制三方合作项目第二轮合作、盖茨基金探索南南合作援助基金申请机制项目、援缅甸疟疾防治可行性研究项目等立项工作。启动中国—联合国和平发展基金“加强非洲国家疟疾监测与响应能力项目”。建设热带病防治澜湄联合实验室，与瑞士、坦桑尼亚相关机构探讨在坦桑尼亚建立三方联合研究基地。推荐的《上海助力非洲伙伴有效抗击疟疾》国际传播案例作品荣获上海市第十六届“银鸽奖”（2021 年度）最佳活动 / 案例奖。2 名专家赴塞拉利昂执行中塞实验室合作。

5. 继续推进异地扩建工程可行性研究报告（代项目建议书）报批

与国家发展改革委、国家卫生健康委、国家疾控局沟通，推进异地扩建项目立项。2022 年 4 月，国家卫生健康委审批同意向国家发展改革委发函，拟报送异地扩建工程可行性研究报告。2022 年 5 月，取得上海市发展和改革委员会关于节能报告的审查意见。

6. 加强内部管理

学习贯彻习近平新时代中国特色社会主义思想和党的二十大精神，开展“学习研讨、查摆问题、改进提高”专项工作，加强党的建设、意识形态、思想政治和保密工作，推动党建和业务深度融合。推进 8 个 PI（principle investigator，学术带头人）团队建设，选派 10 余名骨干外派驻点或借调。

【加快国家热带病研究中心海南分中心建设】 加快国家热带病研究中心海南分中心建设，中国疾控中心寄生虫病所（国家热带病研究中心）所长兼任海南分中心主任，先后选派 3 名骨干驻点海南推动海南分中心建设工作，并提供相关项目经费支持。海南分中心积极推进机构规范化建设，建立健全分中心日常管理制度，获批开办费 213.5 万元，开展热带病防控与研究人才队伍能力提升活动。编制实施《国家热带病研究中心海南分中心建设发展规划（2021—2025）》，2022 年 7 月，完成海南分中心临床基地挂牌和中心医学检验实验室的申请。申报课题 6 项，获批 4 项，其中 1 项为国家重点研发计划（“中国热带及亚热带生态圈主要疫源生物携带病毒资源调查”）。协办第六届海南国际健康产业博览会等国际会议。此外，积极派员参与海南省新冠肺炎疫情防控。

【获全国消除疟疾先进工作表彰】2022 年 7 月，中国疾控中心寄生虫病所（国家热带病研究中心）疟疾室、中华预防医学会医学寄生虫分会被国家卫生健康委、海关总署、国家中医药管理局授予“全国消除疟疾工作先进集体”荣誉称号；汤林华、周晓农、肖宁、周水森、夏志贵、顾政诚、郑贤育 7 名同志被授予“全国消除疟疾工作先进个人”荣誉称号。作为全国疟疾控制和消除工作的业务指导中心，寄生虫病所（国家热带病研究中心）将继续秉持人类卫生健康共同体理念，坚定信心，扎实工作，进一步巩固全国消除疟疾成果，为推动健康中国建设做出更大贡献。

【获上海市第十六届“银鸽奖”最佳活动 / 案例奖】2022 年 2 月，中国疾控中心寄生虫病所（国家热带病研究中心）推荐的《上海助力非洲伙伴有效抗击疟疾》国际传播案例作品荣获上海市第十六届“银鸽奖”（2021 年度）最佳活动 / 案例奖。寄生虫病所（国家热带病研究中心）长期以来致力于与非洲合作伙伴共同抗击疟疾，组织实施的盖茨基金中国—坦桑尼亚疟疾防控合作项目在中国政府、国际组织与机构和受援国等的共同支持下，开展了多方合作，提升了当地的疟疾防控能力；推进了中国抗疟产品和抗疟经验在非洲本土化的进程；创新性地建立了适合当地特点的、基于社区快速筛查和治疗的 1,7-mRCTR 防控模式；提升了坦桑尼亚的疟疾控制效果，促进了中非疟疾防控合作的可持续发展。

【包虫病综合防治青海基地揭牌】为推动包虫病综合防治工作，2022 年 7 月，与青海省地方病预防控制所在上海市和西宁市两地，以线上形式举行包虫病综合防治青海基地揭牌仪式。双方围绕包虫病防治干预区工作和重要区域性疾病防控中心建设要求，提出了人才培养、科研合作等方面的需求和主要工作方向，就利用双方省部级重点实验室、青年文明号等平台提出了交流合作意向。双方将利用基础资源、实验室硬件、青年团队等多种优势，多渠道争取政策、项目和经费支持，加强合作，以包虫病控制消除关键策略措施为重点方向，推动科技成果转化与示范性应用，筹建国家级包虫病综合防治示范基地，更好地引领和带动青藏高原以至全国的包虫病防治工作。

【*Infectious Diseases of Poverty* 创刊十周年】 *Infectious Diseases of Poverty* 创刊于2012年。10年来，在主管单位、主办单位的支持和主编周晓农研究员的带领下，*Infectious Diseases of Poverty* 持续推动研究路径创新，更好地了解传染病与贫困之间的关系，专注于卫生系统、环境管理和创新技术等多学科融合交叉研究，通过发表高质量的学术论文，提升期刊的影响力，在时代变迁中，坚守助力全球实现可持续发展目标（sustainable development goals，SDGs）中健康相关指标的初心，填补贫困所致传染病、新发 / 再现传染病领域的研究空白，依靠编委会的世界顶级专家，参与高质量论文发表与评审，期刊的学术影响力和国际影响力稳步提升。2022年，期刊的SCI影响因子上升至10.485，CiteScore增长至10.8，在相应的学科领域均名列前茅。*Infectious Diseases of Poverty* 将以联合国可持续发展目标和世界卫生组织“三个十亿”目标为导向，成为发表高质量论文的全周期平台，助力贫困所致传染病的控制和消除进程，推动高水平的科研成果转化和在现场的应用。

【中国—联合国和平发展基金“加强非洲国家疟疾监测与响应能力项目”启动】 2022年1月，中国—联合国和平发展基金支持的“加强非洲国家疟疾监测与响应能力项目”（Strengthening the Capacity of Surveillance and Response in Selected African Coutries to Control Malaria in Different Settings by China-Africa Networking）启动实施。该项目将盖茨基金中国—坦桑尼亚疟疾防控试点项目的研究成果“1-7疟疾加强监测与治疗策略”进一步推广到赞比亚、布基纳法索和塞内加尔，是积极响应2021年中非合作论坛第八届部长级会议通过的《达喀尔行动计划（2022—2024）》的一项重要活动，将有助于继续深化与非洲国家的疟疾防控合作，分享中国的成功经验，与国际社会共同推动实现全球控制和消除疟疾目标。

【联合发起“全健康让社区更美好”倡议】 为践行习近平总书记提出的“人与自然生命共同体”理念，大力推广全健康实践，2022年11月3日第七届国际全健康日，联合上海市寄生虫学会等上海多家学会发起“全健康让社区更美好”倡议。此次倡议以全健康理念为引领，凝聚各学科力量，普及健康观念，助力美好生活进万家，建议社区居民等社会各方行动起来，坚持人民至上、生命至上，借助全健康策略，推进健康知识更新、健康问题解决、创新技术交流和合作，促进全健康相关成果惠及社区和居民，助力全社会全健康价值观的形成，为“健康中国2030”、人类卫生健康共同体的建设贡献力量。

（周晓农、王汝波、陶苾颖、罗恒锋、周丹丹、孙佳洁）

性病艾滋病预防控制中心

【工作概况】2022 年，在国家卫生健康委、国家疾控局和中国疾控中心的领导下，以习近平新时代中国特色社会主义思想为指导，深入学习党的二十大精神，凝聚全体职工的智慧和力量，坚持抗疫防艾双线作战，指导和支持全国防治专业队伍，全力推进遏制艾滋病传播“六大工程”和丙肝消除行动，艾滋病性病丙肝防治工作取得积极进展。

1. 坚持抗疫防艾双线作战

服从常态化防控大局需要，集中技术力量支持全国新冠肺炎疫情防控。先后派出专家 50 余人次赴河南省、天津市、广西壮族自治区、辽宁省、内蒙古自治区、吉林省、上海市、北京市、山东省、海南省、甘肃省、新疆维吾尔自治区、宁夏回族自治区、西藏自治区、重庆市、青海省、广东省等疫情防控现场执行应急疫情处置和防控工作。派出 40 余人次参加疫情日报专班、流调溯源专班、疫苗专班等。派出专家开展新冠肺炎疫情防控措施优化研究现场指导。开展新冠免疫学研究，推进猴痘防控和研究。组织开展新冠病毒核酸检测。

2. 深入开展宣传教育

推进艾滋病防治宣传教育“五进”（进社区、进企业、进医院、进校园、进家庭）拓展年活动，筹备“世界艾滋病日”活动，制作全国防控宣传版面 20 幅、宣传视频短片、宣传海报等精品材料，推广“五进”公益宣传视频、健康教育导则、艾检测动画片等宣传材料。利用微信公众号、网站、电视、报刊和网络直播等媒体传播防治知识，推送多种形式的科普材料，营造良好的防治社会氛围。

3. 切实提高工作质量

2022 年，全国艾滋病检测确证实验室、艾滋病检测筛查实验室数量分别增加 8.1% 和 2.0%。全国检测人数为 3.32 亿人次，较 2021 年同期增加 2.8%。新报告艾滋病感染者 10.8 万例，较 2021 年同期减少 16.7%。完成专项药品采购计划、进口药品排产和发放任务。狠抓“应治尽治”，报告存活艾滋病病毒感染者治疗比例达到 92.8%，在治病人的病毒载量检测比例达到 93.5%，病毒抑制率达到 97.0%。继续促进安全套推广使用、重点人群综合防治、戒毒药物维持治疗（以下简称维持治疗）、暴露前后药物预防等干预措施实施，维持治疗在治人数为 5.6 万人，治疗病人的年保持率为 88.2%。

4. 优先支持重点地区

强化凉山州攻坚行动技术支持，安排人员驻点凉山工作站，协调对口技术支援，召开攻坚行动专家组会议和工作站工作例会等，总结推广第一阶段行动经验，组织制定攻坚第二阶段行动核心指标收集评价方案，推进开展多病同防，助力凉山州乡村振兴。推进第四轮艾滋病综合防治示范区建设，组织开展第四轮艾滋病综合防治示范区评估。加强援疆、援藏和三区三州等地区防治技术支持与指导。

5. 不断提高防治能力

开展疫情估计和分析研判，完善艾滋病疫情传播风险分类标准。修订方案，调整全国哨点监测布局，完成6类人群监测。修订印发艾滋病自愿咨询检测、抗病毒治疗、精准随访管理等多领域手册。推进治疗前、后耐药检测，开展耐药资源库建设，耐药调查结果显示，总耐药率为8.9%。开展全国艾滋病实验室能力验证和信息管理模块搭建运行。推进分子网络技术支持精准干预工作，试点省（自治区、直辖市）达24个。开展疫情分析、综合干预、抗病毒治疗、实验室技术和质量控制能力等培训及地方高级学员培训，提升基层防治能力。

6. 推进消除丙肝危害

建设全国丙肝宣传教育资料库，印发《全国丙型肝炎哨点监测实施方案（试行）》，开展丙肝疫情估计。建成丙肝防治信息系统，实现病例报告和疾病转归信息的闭环管理，实时掌握疫情及防治工作动态。编印《丙型肝炎检测策略和技术手册》，开展促进慢性丙肝患者抗病毒治疗模式探索，推进全国“应检尽检”“应治尽治”策略落实。

7. 强化科研与国际合作

推进艾滋病疫苗临床试验、HIV-1膜蛋白脂质体疫苗等基础研究。开展青年学生、男性同性人群、老年人艾滋病感染策略研究，流动人群等重点人群防治调查研究，以及新冠肺炎背景下艾滋病防治策略研究。修改完善“十四五”行动计划建议稿，完成《2022年中国艾滋病监测报告》。举办与东南亚和非洲国家艾滋病防治南南合作线上技术交流活动。通过联合国艾滋病规划署等举办的国际会议，分享中国特色防治理念和策略措施。开展中缅跨境婚姻家庭艾滋病防控合作和调查研究，分享中国经验。

8. 开展研究生教育管理

落实教学职责，加强研究生管理和导师队伍建设。在读研究生为88人，导师为31人，2022年，招收、毕业博士研究生和硕士研究生各18人，完成全年教育培训管理任务。推进教育培训能力建设，开展调查研究，形成《研究生教育管理工作进展调研报告》。积极组织研究生活动，租赁新公寓，改善研究生的住宿条件。定期督促协调解决学生的学习、生活和住宿等问题。

【艾滋病防治工作进展】

1. 宣传教育与信息交流

举办2022年“世界艾滋病日”主题宣传活动。制作发布“老年人、流动人口、青年学生”三类人群预防艾滋病导引及宣传片、第九部检测知识动画片《早检测　益处多》，借助禁毒防艾微课堂、互动式科普展示模式，利用各种媒体平台，开展公益宣传，扩大艾滋病防治宣传的覆盖面和影响力。利用微信公众号，推送科普短文达 122 篇，微信公众号的订阅量突破 17 万人，阅读量达数百万人次。收集各地报送的宣传教育材料 480 余份，更新艾滋病防治宣传教育材料库中的相关宣传教育材料 300 余篇，促进各地宣传教育材料的设计制作和开展宣传教育活动。做好艾防中心门户网站运维及内容建设工作，网站上发布信息 283 篇，向中国疾控中心网站推荐原创稿件数量居直属单位第一名。建设 2022 年世界艾滋病日专版，及时上传发布世界艾滋病日相关宣传教育材料和主题活动开展情况。通过舆情监测平台，利用与社会组织沟通、专题监测等多种方式，加强艾滋病舆情监测，提交舆情监测报告 120 篇；形成《2022 年度艾滋病相关舆情监测工作报告》。

2. 监测、检测

（1）哨点监测。全国运行艾滋病监测哨点共 1 658 个，覆盖 6 类监测人群。其中，吸毒者（drug users，DUS）、男男性行为者（men who have sex with men，MSM）、卖淫妇女（female sex worker，FSW）、性病门诊男性就诊者［男性性传播疾病（sexually transmitted disease，STD）］和青年学生（young students，YST）共有 1 271 个哨点被纳入分析，完成问卷调查 504 100 人，其中完成 HIV、梅毒和 HCV（hepatitis C virus，丙型肝炎病毒）抗体检测的人数分别是 442 237 人、442 240 人和 442 235 人；孕产妇哨点仅收集哨点所在妇幼机构的检测信息，共 377 个哨点被纳入分析，HIV 抗体检测 1 576 222 人，梅毒抗体检测 1 545 416 人；HIV、梅毒和丙肝的粗阳性率分别为 0.3%、1.0%、4.5%。

（2）咨询检测。2022 年，全国开展 HIV 抗体检测 331 927 445 人次，较 2021 年检测人数（322 806 899 人次）增加了 2.8%；新报告 HIV/AIDS 数量为 107 786 例，较 2021 年（129 337 例）减少了 16.7%；检测发现病例比例为 0.032%。

（3）实验室网络建设。全国艾滋病检测实验室网络建设持续加强，其中确证兼筛查中心实验室、确证实验室、检测点、CD4 细胞检测实验室、HIV 病毒载量检测实验室和 HIV 基因型耐药检测实验室的增加幅度较大。截至 2022 年年底，全国共有艾滋病检测确证实验室 799 个（包括确证中心实验室 35 个、确证兼筛查中心实验室 512 个、确证实验室 252 个），覆盖了 90.6% 的地市；艾滋病检测筛查实验室 50 144 个（包括筛查中心实验室 220 个、筛查实验室 13 194 个、检测点 36 730 个），覆盖了 97.0% 的县区。已开展艾滋病相关 CD4 细胞检测、HIV 病毒载量检测、HIV 基因型耐药检测的实验室分别有 1 274 个、543 个、69 个。针对全国艾滋病检测实验室网络，开展血清学、病毒学、免疫学、耐药、丙肝等检测项目的能力验证工作。

（4）全国艾滋病疫情分析和估计。与联合国艾滋病规划署、世界卫生组织共同开展 2022 年中国艾滋病疫情估计。将联合国艾滋病规划署和世界卫生组织推荐的、目前国际上使用最为广泛的 Spectrum/EPP 方法作为疫情估计基本方法。基于我国艾滋病流行地区差异大的特点，在国家层面，根据艾滋病疫情流行特点和地域特征进行分区估计，得到全国估计结果。

截至2022年年底，存活艾滋病病毒感染者和艾滋病病人人数约为146万（130万～162万）人，全人群艾滋病感染率约为10.3/万（9.2/万～11.5/万）。2022年，新发感染人数约为7.5万（6.0万～9.0万）人，全人群新发感染率约为0.53/万（0.42/万～0.64/万）。艾滋病病毒感染者和艾滋病病人的死亡人数约为3.6万（3.0万～4.2万）人。

3. 随访管理与抗病毒治疗工作

（1）随访管理。2022年，各项随访管理考核指标继续保持在较高水平，艾滋病病毒感染者/艾滋病病人规范随访比例达到92.8%；艾滋病病毒感染者/艾滋病病人的配偶/固定性伴HIV检测比例达到93.3%；新发现艾滋病病毒感染者/艾滋病病人首次CD4检测比例达到85.4%。

（2）抗病毒治疗。2022年，各项抗病毒治疗考核指标继续保持在较高水平。报告存活艾滋病病毒感染者治疗比例达到92.8%，在治病人的病毒载量检测比例达到93.5%，病毒抑制率达到97.0%。根据疫情防控形势及进修基地的具体情况，完成2022年第二期艾滋病临床进修培训，培训覆盖22个省（自治区、直辖市）的艾滋病治疗医生143人。

（3）耐药检测。2022年，全面推动抗病毒治疗失败病人的耐药检测，指导耐药检测的临床应用。在2021年收集到的抗病毒治疗后耐药检测结果中，排除数据逻辑异常结果后，28 510例耐药检测结果被纳入分析，发生耐药的比例为51.2%。使用一线治疗方案者发生耐药的比例为52.3%。使用二线治疗方案者发生耐药的比例为48.0%，其中二线核心药物洛匹那韦/利托那韦的耐药比例为1.8%。耐药整体情况与以往年份相近。

（4）药品供应保障。对艾滋病免费抗病毒治疗药品进行调整和完善。在2022年艾滋病免费抗病毒治疗药品采购计划中纳入新增品种（利匹韦林、多替拉韦钠），用于优化一线治疗方案及二线治疗方案。

4. 高危人群干预工作

（1）经吸毒传播途径的干预。截至2022年年底，30个省（自治区、直辖市）开展维持治疗工作，共设立维持治疗门诊796家、延伸服药点369个，约5.6万人正在接受维持治疗，治疗人员的年保持率为88.2%。全国门诊平均在治人数为71人，其中1个直辖市（重庆市）的门诊平均在治人数在200人以上，占全国开诊省的3.3%。在治人数在200人及以上的门诊共有51个，占全国开诊门诊总数的6.4%；在治人数不足50人的门诊有461个，占全国开诊门诊总数的57.9%。在治人员的HIV、HCV和梅毒检测率分别为84.2%、80.3%和82.8%，与2021年同期（三项检测率分别为82.7%、78.9%和81.6%）相比稍有上升，其中19个省（自治区、直辖市）的三项检测率均在75%以上。

参加维持治疗吸毒人员艾滋病病毒新发感染率从2006年12月的0.95%下降到2022年12月的0.04%，下降幅度为95.8%。2004年至今，维持治疗工作共避免至少2万名吸毒成瘾者感染艾滋病病毒，累计减少海洛因滥用约180吨，减少毒资交易约1 000亿元。

在针具交换工作方面，截至2022年年底，全国月均有448个针具交换点开展工作，覆盖363个县（区），参加针具交换的月均人数为14 096人。参加针具交换的吸毒人员月均超过千人的省（自治区）有云南省、广西壮族自治区、四川省、贵州省和湖南省，上述5个省（自治区）月均参加针具交换人数占全国月均参加针具交换人数的94.2%。2022年，参加针具交换的吸毒人员进行HIV抗体检测16 861例，报告HIV抗体检测阳性31例，阳性检出比例为0.2%。

（2）经性传播途径的干预。2022年，全国31个省（自治区、直辖市，不含新疆生产建设兵团）共有2 892个县（区）开展了高危人群干预工作。暗娼人群干预实施以安全套推广使用及检测促进为主的综合干预措施。全国月均干预暗娼32.5万人，较2021年（34.5万人）略有下降；月均干预覆盖率为76.5%，较2021年（78.4%）略有下降；暗娼人群HIV阳性检出比例为0.05%（=419/915 955），较2021年0.06%（=534/937 127）略有下降；全年累计发放安全套约2 313万只、宣传材料约579万份。

在男男性行为人群干预方面，2022年，全国月均干预男男性行为者20.4万人，较2021年（21.1万人）略有下降；月均干预覆盖率为67.5%，较2021年（70.9%）略有下降。2022年，男男性行为人群HIV阳性检出比例为1.7%（=10 064/585 509），较2021年的2.3%（=13 293/569 249）有所下降。

5. 艾滋病综合防治示范区工作

按照原国家卫生健康委疾控局要求，根据《第四轮全国艾滋病综合防治示范区评估方案》和《国务院防治艾滋病工作委员会办公室关于启动第四轮全国艾滋病综合防治示范区工作的通知》要求，开展第四轮示范区终期评估工作，基本实现《第五轮全国艾滋病综合防治示范区工作指导方案》设定的工作目标，达到6大领域28项具体工作指标要求。组织召开4个片区会议，启动高校预防艾滋病教育线上培训，开展现场调研，起草第五轮全国艾滋病综合防治示范区启动工作方案。

6. 凉山州艾滋病防治

召开凉山州攻坚第二阶段行动专家组会议、凉山工作站工作例会，形成2022年凉山州艾滋病等重大传染病防治攻坚重点任务清单和进度安排，持续推动解决攻坚第二阶段亟须解决的艾滋病、结核病、丙肝和性病防治工作中的问题，重点推进艾滋病传播风险分类、单阳家庭推广暴露前后预防和分子流行病学溯源调查工作、耐药结核的治疗、性病规范化门诊建设与隐性梅毒传播、丙肝核酸检测与药品政策，以及多病种同筛查等工作。推进艾滋病、结核病、丙肝、梅毒等“多病同防”和第二阶段工作全面开展等。

7. 国际合作和社会组织参与

（1）举办2022年中国—东南亚和中国—非洲国家艾滋病防治南南合作线上技术交流活动，来自东南亚和非洲共计8个国家与非洲疾控中心、部分省级疾控中心，以及联合国艾滋病规划署驻华代表处的代表约250人次参加了交流活动。交流聚焦于艾滋病检测干预及实验室技术两大主题，该活动已经成为中国和周边及非洲发展中国家交流和学习艾滋病防控经验的平台。完成《2022年国际艾滋病防控进展信息报告》，为我国艾滋病防治提供国际经验参考。

完成《2022年中国艾滋病监测》并在线提交。组织收集填报数据并分析，形成《2022年中国艾滋病监测》指标结果表、经费矩阵表、国家承诺与政策问卷A和B等。这是我国作为负责任大国的应有之举，也展现了我国开放的姿态。

（2）加强与社会组织参与艾滋病防治基金管理委员会办公室沟通联络渠道，通过多种方式，与北京市、天津市、安徽省、河北省、湖南省、湖北省、云南省、黑龙江省、江苏省、陕西省、广西壮族自治区、重庆市、辽宁省等地的艾滋病相关社会组织进行沟通，了解工作情况，提供工作建议。

【性病防治工作】开展性病防治工作，参与性病中心《遏制梅毒传播行动计划（2022—2030年）》的起草、讨论与修改工作，委托湖北省开展性病门诊就诊者高危行为调查，了解性病感染高危行为和相关因素。

【丙肝防治工作】

（1）完善丙肝哨点监测布局，丙肝人群哨点由87个增加为243个，新增丙肝医院哨点351个。印发《全国丙型肝炎哨点监测实施方案（试行）》，建立流行病学动态数据采集平台并开展培训，在全国推进开展丙肝哨点监测工作。

（2）正式出版《丙型肝炎检测策略和技术手册》，推进“应检尽检”“愿检尽检”“核酸检测全覆盖”策略实施。

（3）建成具有历史数据下载、统计报表、可视化分析、丙肝定点医院编码维护系统等功能的丙肝防治信息系统并上线运行，实现病例报告和疾病转归信息的闭环管理。编印《丙肝防治信息系统使用和管理手册（2022试用版）》并开展培训。

（4）普及丙肝防治知识。征集各省市丙肝宣传教育相关资料159组，在艾防中心网站的艾滋病宣传教育资料库中增加“丙肝宣教”模块，建立丙肝宣传教育资料库。

【会议培训、基层调研、技术指南、应急事件处理情况】通过多种形式举办全国艾滋病丙肝防治技术培训班7期，共计培训约900人。为重点地区的6名高级学员提供为期半年的培训。发布青年学生宣传教育核心信息，更新修订《全国艾滋病哨点监测实施方案》《艾滋病随访工作指南》《国家免费艾滋病抗病毒药物治疗手册》《全国艾滋病检测工作管理办法》等多份工作指南。完成艾滋病及丙肝的疫情分析报告、哨点监测报告、全国艾滋病数据质量评估报告、我国HIV/AIDS死亡分析报告、全国艾滋病诊断试剂临床质量评估报告。完成印发艾滋病综合防治信息月报/季报/年报12期。印发4期《国艾委工作动态》。全面参与新冠肺炎疫情防控工作。

【科研与学术交流】

（1）新获准科研项目 / 课题 7 项（合作研究 6 项），总经费约为 241.2 万元。其中，国家自然科学基金项目为 2 项（均为合作研究），国家卫生健康委及省部级资助项目为 2 项，横向课题为 3 项。

（2）在研科研课题 17 项（合作研究 9 项），总经费达 241.57 万元。其中，国家自然科学基金项目为 8 项（合作研究 3 项），科技部重点研发项目为 1 项，其他省部级资助项目为 5 项（合作研究 3 项），横向课题为 3 项。

（3）获奖 2 项：《丙型肝炎综合防治体系建设研究——主动监测和系统评价的建立及应用》获河南医学科技奖；《创新型艾滋病传递检测关键技术研究及推广应用》获中华预防医学会科学技术奖，艾防中心为第一完成单位。

（4）发表论文 95 篇，其中中文论文为 49 篇，英文论文为 46 篇；SCI 影响因子不低于 5 的文章为 20 篇，其中 SCI 影响因子不低于 10 的文章为 7 篇，平均影响因子约为 6.95。主编书籍 2 本，分别为《丙型肝炎检测策略和技术手册》和《非洲艾滋病流行图谱》；参编书籍 1 本，即《临床研究案例 SPSS 实用教程》。

【国际交流】办理因公出国（境）1 批次 1 人次，成行 0 批次。办理外宾来华备案 0 批次。举办线上国际会议 2 批次，分别为 2022 年中国—东南亚国家艾滋病防治南南合作技术交流活动和 2022 年中国—非洲国家艾滋病防治南南合作技术交流活动。新增国际组织 / 国际性科技或合作组织专家任职 1 人，专家在澳大利亚协助英文文章审阅。完成 4 项国际合作项目，分别为联合国艾滋病规划署支持填报《2021 年中国艾滋病监测》及防治策略研究活动、支持开展中国艾滋病感染者死亡类型研究、支持填报《2022 年中国艾滋病监测》相关活动，以及世界卫生组织支持项目“深化男性同性性行为者和老年男性 HIV 防治策略研究：卫生系统结构化视角”。

【研究生工作】2022 年，导师总数为 31 人，其中博士研究生导师为 11 人，硕士研究生导师为 15 人，公共卫生硕士研究生导师为 5 人。部分导师获得多项荣誉称号。中心严格按照规定流程和“三随机”原则，通过远程面试系统，共组织 5 场硕士研究生招生和调剂复试、2 场博士研究生招生考核和 2 场博士研究生招生复试，招收博士研究生 5 人、全日制硕士研究生 13 人，共 18 人。在读研究生共 88 名。毕业博士研究生 3 人、硕士研究生 15 人，其中包括非全日制公共卫生硕士研究生 3 人。

【文秘工作】2022 年，共发上报文 48 件、平行文 31 件、便函 215 件，收文 2 477 件，处理内部请示 2 125 件。

【固定资产管理】2022 年，对日常固定资产的登记进行核对，固定资产在用设备为 4 734 台（件），资产总值为 8 562.14 元；新增资产 98 台（件），价值为 488.32 万元；处置资产 55 台（件），价值为 498.98 万元。

【实验室管理】2022 年，组织安全生产自查 21 次（其中实验室自查 16 次），反恐、应急演练培训 3 次，协调外部检查 12 次（其中实验室 8 次）；完善实验室质量和生物安全管理制度，组织修订生物安全和质量管理体系文件 17 份，新增新冠病毒核酸检测风险评估及风险控制报告的新冠检测工作程序和记录表格共 22 份；按期完成实验室质量和生物安全体系内审、管理评审及报告；开展 BSL-3 实验室定期监督评审，并完成不符合项整改；根据中心现有生物安全管理框架及运行情况，成立病原微生物菌（毒）种保藏工作领导小组；组织实验室生物安全培训 200 余人次。成功申请国家高等级病原微生物实验室生物安全培训基地，并完成第一期培训教学工作。协助实验室完成样品、菌（毒）种的进一步梳理，完成国家病原微生物资源库年度自评报告；完成包括二级实验室、三级实验室设备强检 62 件；完成 BSL-3 实验室各项设施设备维护记录单 45 份，保障实验室设施、设备安全运行；全年无安全生产事故发生。

【采购工作】2022 年，完成“艾滋病防治技术指导与能力建设”项目试剂耗材等及“实验室设备购置”项目设备采购，金额共计 436 万元；组织实施 18 项采购项目，采购金额合计 360 万元；组织完成 18 个品目的中转经费抗病毒治疗药品及美沙酮原料药采购，节约预算 4 760 多万元。

【纪检监察审计】制定工作要点，严格执纪审查，持之以恒正风肃纪，对查办的问题线索按程序进行查办。开展新冠肺炎疫情防控常态化工作的监督检查和巡查；开展多种形式的党风廉政和警示教育，落实中央八项规定精神，纠正“四风”，在重要节点传达、转发违反规定的通报及典型案例，每逢节假日对党员干部进行廉政提醒，在党风廉政建设平台上发布主流媒体文章；与科室负责人签订“年度党风廉政建设目标责任书”；加强对餐饮浪费行为的监督；关口前移，严把中心对外签署合同、委托 / 合作协议类审核关；有计划、有重点地开展内审工作，积极配合协助外部审计及督促完成不符合项整改。

【人事管理】截至 2022 年年底，在职工作人员为 129 人，其中编制内职工为 102 人，聘用员工为 27 人。编制内人员新入职 1 人，调出 1 人，退休 2 人。编制外人员进出 10

人。开展编制内外职工公开招聘、岗位聘任、职称晋升、年度绩效考核等人事年度重点工作；完成薪酬待遇发放、职工养老保险和社会保险缴纳、人才奖项申报、博士后管理、人员流动程序办理等各项人事日常工作；协助开展新冠肺炎疫情津补贴申请和发放、人事档案核查、工资标准调整等专项工作。

【党、团、群、工会工作】2022 年，完成党委会会议 15 次，召开党员领导干部民主生活会、专题民主生活会，组织“七一”主题党日活动。组织召开三届二次职工代表大会暨工会会员代表大会。开展“六一”儿童节亲子活动、午间论坛、职工健步走活动等。

（王俊杰、齐妍）

慢性非传染性疾病预防控制中心

【工作概况】

1. 继续推进慢性病相关监测工作

积极开展2023年中国居民慢性病及危险因素监测准备工作，梳理、修订监测方案，构建、完善管理平台。开展中国儿童青少年脊柱侧弯流行病学调查。全年收集分析死因数据854万条，完成死因监测2021年数据清洗、分析，完成2021年漏报调查，完成2021年中国死因监测数据集。进行中国居民慢性阻塞性肺疾病（以下简称慢阻肺）监测数据分析，推动慢性病综合监测与管理系统建设。开展重点人群口腔健康状况监测数据审核，完成《中国居民急性心脑血管事件发病监测报告（2014—2020）》。为《中国卫生健康统计提要》《2021中国卫生健康统计年鉴》和健康中国指标评估等提供基础数据。

2. 促进慢性病综合防控工作

继续推进国家慢性病综合防控示范区建设工作。组织国家级示范区完成年度动态系统数据上报，完成示范区技术推广平台第二批项目遴选，利用在线直播方式，开展“慢病防控　云端沙龙”第三批示范区优秀经验交流培训，开展示范区数字化建设方案研究与论证。

继续开展减盐防控高血压经验推广工作，实施人群减盐干预，开展慢性病高风险人群健康管理试点工作，与世界卫生组织合作探索中国社区慢性病综合服务模式。开展糖尿病前期预防、高危人群生活方式干预、患者管理与评估，开发慢性病防控工具包。继续开展淮河流域重点地区癌症综合防控与推广应用工作，开展叶酸干预人群长期健康效应调查，开展职业人群癌症预防综合干预。开展慢阻肺综合干预试点工作，开展全国慢阻肺综合监测与防控能力培训，推动全国慢阻肺健康管理。

3. 开展重点人群健康促进，加强科普宣传

开发全国儿童口腔疾病综合干预信息系统，完成“健康口腔助成长”效果评估的终末调查及评估报告。开展老年人心理关爱项目、老年期重点疾病预防和干预项目，开展首次中国老年人健康素养调查，完成中国老年人健康状况报告。完成中国居民慢性病与营养监测肌肉骨骼调查工作。开展阿尔茨海默病、帕金森病、肌肉骨骼疾病、世界慢阻肺日等宣传活动，组织开展第七届“万步有约”健走激励大赛。

4. 扎实推进伤害防控

继续组织开展全国伤害监测工作，2022年，共收集门急诊伤害病例信息约55万条。继续开展2021年全国伤害监测数据汇总、清理、反馈，完成2022年全国伤害监测信息管

理平台开发、运维。完成《全国伤害监测数据集（2020）》出版。启动全国伤害监测系统儿童监测医院监测工作。继续开展产品伤害监测、全国老年人跌倒流行病学调查。

开展农村地区老年人跌倒干预试点项目、全国老年人健康素养促进项目，开展老年人道路安全指标体系研究和酒后驾驶流行特征及影响因素研究相关工作。开展儿童溺水预防、儿童安全座椅使用、儿童烧烫伤预防、联合国儿童基金会儿童伤害预防等项目。编写、修订《预防老年人跌倒健康教育教程》《托育机构婴幼儿伤害预防控制指导》《中国儿童乘车安全状况报告》《伤害致残预防与控制》《儿童溺水预防控制指南》等。为中国红十字会、全球儿童安全组织等机构提供技术支持。

5. 科研合作交流

成功申请世界卫生组织慢性病社区综合防控合作中心。与中华医学会健康管理学分会、中国健康促进基金会联合开展全国防控重大慢病创新融合试点项目，与首都医科大学附属北京天坛医院共同成立中国神经系统疾病人群防治合作中心，启动慢病中心乡村振兴健康联合体第二阶段工作。

【疫情保障工作】贯彻落实上级单位要求。采购应对新冠肺炎疫情应急物资，帮助职工度过疫情时期。派员 32 人次参加中国疾控中心新冠肺炎疫情流调溯源专班、日报专班和现场工作人员备勤队。

【政策支持】为《中国卫生健康统计提要》《2021 中国卫生健康统计年鉴》提供基础数据；受国家卫生健康委老龄健康司委托，起草完成《中国老年人健康状况报告（2021）》；中国儿童伤害流行状况回顾报告（2016—2018 年）》等。

【死因监测】继续开展死因监测工作。2021 年，收集分析死因数据 854 万条。完成死因监测 2021 年数据清洗、分析工作，完成 2021 年漏报调查数据收集、清洗和分析工作。开展线上和线下相结合的全国死因监测培训班，共培训约 2 万人。出版《死因监测数据集（2021）》，完成漏报调查方案制定及培训。

【慢性病及危险因素监测】积极开展 2023 年中国居民慢性病及危险因素监测准备工作，梳理、修订监测方案，构建、完善管理平台。出版《中国慢性病及危险因素监测数据分析手册》。

【专病监测】进行中国居民慢阻肺监测数据分析，推动慢性病综合监测与管理系统建设。完成《中国居民急性心脑血管事件发病监测报告（2014—2020）》，完成中国居民肌肉骨骼疾病调查的前期准备工作；基本完成重点人群口腔健康状况监测数据收集工作，全国儿童口腔疾病综合干预信息系统建设进入调试阶段。

【中国儿童青少年脊柱侧弯流行病学调查】在山西省、黑龙江省、安徽省、江西省、湖北省、广西壮族自治区、贵州省、云南省和新疆维吾尔自治区9个省（自治区），开展中国儿童青少年脊柱侧弯流行病学调查。先后在山西省太原市、贵州省贵阳市各举办1期国家级培训班，支持黑龙江省、安徽省和广西壮族自治区举办省级培训班，累计培训省级和县区级技术人员400余人。

【中国居民心脑血管事件报告】完成2021年度全国100个监测点心脑血管事件数据的初步汇总和整理，上报心脑血管事件35万余例。出版《中国居民急性心脑血管事件发病监测报告（2014—2020）》。完善心脑血管事件报告发病质量评估技术。加强心脑血管疾病综合防控能力建设，开展人员培训150人次。

【国家慢性病综合防控示范区建设工作】开展第六批国家慢性病综合防控示范区建设的各项准备工作，完成示范区技术推广平台二期项目遴选与实施，在线举办30场全国范围内的示范区经验交流会、10场慢性病防治技术培训，超过3万人次参与。持续推进示范区的数字化建设，各示范区通过动态管理系统上报年度情况，示范区网站持续升级，增加慢性病自我管理、慢性病政策查询等功能。截至2022年年底，全国共建成国家慢性病综合防控示范区488个，覆盖全国17.1%的区县。与中国信息通信研究院联合开展慢性病防治典型数字产品与服务征集和遴选工作，在全国范围内征集超过300件技术产品。

【慢阻肺干预】组织举办全国继续医学教育培训班——慢阻肺监测及综合防控能力培训班。继续推动各省加强包括慢阻肺等慢性呼吸系统疾病监测在内的慢性病综合监测与管理系统建设。继续在湖北省、浙江省、安徽省和重庆市开展慢阻肺综合干预试点工作，选取重庆市、河南省安阳市安阳县、湖南省益阳市安化县的国家级慢阻肺监测点，开展监测人群随访干预工作。

【减盐防控高血压项目】在总结省部减盐防控高血压项目经验的基础上，继续在山东省、河北省、浙江省、广东省深圳市和重庆市开展减盐防控高血压经验推广工作，实施人群减盐干预工作，探索以减盐为主的多种危险因素干预技术在不同人群中应用的管理机制与模式。在浙江省、湖南省项目县区开展职业人群减盐干预项目，进行技术培训和职业人群减盐干预实施。

【糖尿病管理】继续开展糖尿病患者管理与评估项目，依托已有的慢性病管理平台，开发更具有针对性的糖尿病患者管理服务包，在试点地区，应用糖尿病患者管理服务包开展患者管理。在2个试点地区开展糖尿病前期人群综合干预管理，完成慢性病管理软件的升级，完成针对试点地区专业医务人员的慢性病管理技能培训，开展糖尿病前期人群的管理。

【重点地区癌症综合防控与应用技术推广】推进重点地区癌症综合防控与应用技术推广，加强环境与健康综合监测及数据利用；重点在河南、安徽、江苏、山东4个省项目地区开展癌症防控调查研究及现场指导；加强基层专业人员癌症防控能力建设，促进居民癌症预防和早发现，落实健康中国癌症防治行动。继续在项目地区推进生命早期干预的长期健康效应家庭队列追踪、结局随访等，开展现场督导与技术指导、质量控制。

【全国防控重大慢病创新融合试点项目】经健康中国行动推进委员会办公室批复并作为指导单位，中华医学会健康管理学分会、中国疾控中心慢病中心、中国健康促进基金会联合开展全国防控重大慢病创新融合试点项目。102家医院积极申报，经过资料审核及专家评审，最终从符合条件的88家申报医院中评出35家入围医院。

【糖尿病高危人群早期干预国家策略研究】继续开展糖尿病高危人群早期干预国家策略研究，完成6 000余名糖尿病高危人群的干预工作，完成贵州、湘潭试点的干预效果总结。

【结直肠癌筛查民生工程项目】作为技术指导单位，继续参与江苏省扬州市邗江区结直肠癌筛查民生工程，2022年，筛查人数约为8万人。完成2021年度首批筛查39 880人的数据分析和总结，协助邗江区人民政府完成《扬州市邗江区结直肠癌筛查民生工程白皮书》并在新华网、人民网等媒体上发布和宣传报道，联合起草《中国社区居民结直肠癌筛查专家共识》。

【口腔卫生工作】开展重点人群口腔健康状况监测数据收集及审核工作，完成全国267个监测点全部数据的审核验收，基本完成数据清理。组织开展全国儿童口腔疾病综合干预信息系统开发。完成“健康口腔助成长”北京市、珠海市、贵州省3个地区效果评估的终末调查，进行数据整理分析，撰写完成年度效果评估报告。承担中华口腔医学会儿童口腔健康教育项目评估工作，制定和完善工作方案及系列调查问卷，完成对北京市等6个评估省市学龄儿童、学龄前儿童的基线调查工作。

【老年健康工作】继续推进老年期重点疾病预防和干预项目，完成基线调查方案制定；推进老年人心理关爱项目，制定“十四五”老年心理关爱行动方案，完成“十三五”《老年人心理关爱项目典型经验汇编》；开展中国居民肌肉骨骼疾病调查，完善调查方案及初步抽样；继续开展老年人健康素养调查项目，完成总体方案及工作手册等技术资料。

【健康促进工作】开展阿尔茨海默病、帕金森病、肌肉骨骼疾病、世界慢阻肺日、全国爱牙日等宣传活动。组织开展第七届“万步有约”健走激励大赛，覆盖全国31个省（自治区、直辖市）1 400个县区，200万余人参加。

【伤害监测】组织全国100个监测点300家医疗卫生机构开展全国伤害监测工作，完成2021年全年伤害监测170余万条病例数据汇总、清理、反馈和分析。完成2022年全国伤害监测信息管理平台开发、运维。组织全国23个监测点58家医疗机构开展产品伤害监测工作。开展老年人跌倒流行病学调查，推进儿童溺水监测试点工作。

【伤害干预】开展社区老年人跌倒预防健康教育干预项目、全国老年人健康素养促进项目、防跌倒辅助工具包发放项目，开展儿童伤害预防项目、儿童溺水干预试点项目、儿童安全座椅使用促进项目等。通过中华全国妇女联合会、中国妇女杂志社、2022年健康骨骼大会、首届“预防儿童烧烫伤宣传周”、“首都之窗”平台的《E・健康》栏目等多个平台和媒体，开展预防儿童溺水、儿童道路交通伤害、老年人跌倒、儿童烧烫伤、儿童犬抓咬伤和暑期儿童安全等科普宣传工作。

【科研合作交流】组织申请国家自然科学基金项目8项、北京市自然科学基金项目1项、科技部重点研发计划项目和课题10项、首都卫生发展科研专项1项、中国科协科技智库青年人才计划1项、中国疾控中心青年基金项目2项，共计23项项目。2022年，中心课题 / 项目共立项72项，在研科研项目为145项。组织和转发相关学术交流10余次。

【教育工作】2022年，组织招收博士研究生5人、硕士研究生17人；新增2名公共卫生硕士研究生导师，2名升为科研型硕士研究生导师。完成中国疾控中心2门课程的集中授课任务、慢病中心承担的3门专业课程授课任务。接收进修人员2人、实习生3人。招收4名联合培养学生，其中内蒙古包头医学院硕士研究生1名、山东大学硕士研究生3名。获批国家级继续医学教育项目6项9期。

【对外宣传】出版老年期重点疾病预防和干预系列丛书《老年期重点疾病预防和干预项目报告》。制作《全生命周期骨骼健康手册》，在慢病中心官网和公众号上投放。完成

《中国老年人健康状况报告（2021）》，完成出版《中国糖尿病地图》。完成门户网站和新媒体平台账号的运维工作。

【慢病中心成立 20 周年纪念系列活动】开展慢病中心成立 20 周年纪念系列活动，拟订活动方案，完成慢病中心成立 20 周年纪念画册编辑整理，完成慢病中心成立 20 周年来工作总结，制作成立 20 周年健康礼包，邀请业界领导、专家、科研院所、高校为慢病中心成立 20 周年录制、拟制祝福视频、祝词，在中心网站、微信公众号上专题宣传展示慢病中心成立 20 周年来的工作成就。

【慢病中心成立 20 周年活动暨 2022 年全国疾控系统慢性病防控工作会】2022 年 12 月 28 日，中国疾控中心成立 20 周年系列活动——“中国疾控中心慢病中心成立 20 周年活动暨 2022 年全国疾控系统慢性病防控工作会”在北京市成功举办。国家疾控局副局长、中国疾控中心主任沈洪兵现场出席会议并做专题报告。国家卫生健康委、国家疾控局、中国疾控中心领导，以及长期从事慢性病与伤害防控研究和实践工作的多领域领导、院士、专家、代表现场或“云端”参加会议。本次会议总结了 20 年来我国慢性病防控工作的整体历程、发展和重大慢性病流行病学研究进展，与会人员围绕慢性病综合监测、慢性病与伤害干预、示范区建设 3 个主题进行分享与交流。

【信息化建设、网络安全】开展慢性病与伤害防控信息管理系统建设工作，整合现有自建信息系统，实现中心资源统一管理。完成财务服务平台开发。加强网络安全，开展网络安全自查 3 次，完成网络安全整改 4 次，开展网络专题培训 1 次。

【资产管理】完成新增资产录入 312 件，做好资产计提折旧 / 摊销，完成资产月度报表的统计上报，共计 12 个月；完成上报《2021 年度中央行政事业单位国有资产决算报告编报》《2022 年度行政事业单位国有资产情况的报告》并通过资产汇审；完成并上报《2022 年通用资产配置计划报表》；完成年度资产盘点 5 802 件，做到账账相符、账实相符；积极推进脑卒中资产调拨事宜；配合做好中央预算管理一体化系统资产数据迁移上报工作；配合做好中国疾控中心调拨慢病中心视频会议系统资产工作；组织开展 2022 年度资产报废处置工作。

【财务工作】贯彻落实中央财政预算管理一体化实施要求，成立预算管理一体化领导小组，接入系统管理专线网络，做好预算管理和资金支付工作。开展防范非法集资宣传月活动。开展 2014—2020 年养老保险清算核对和资金缴回计划工作。落实疫情防控要求，逐步推进预算管理和财务报账工作；1 人获得“中央国家机关会计领军人才”证书，并被评为中央国家机关会计领军人才优秀毕业生。

【人事工作】 派出借调上级单位32人次；完成全员干部人事档案专审工作；完成2014—2020年职业年金清算。完成专业技术岗位聘任量化考核指标体系建设。

【党群团工作】 2022年，慢病中心党总支在中国疾控中心党委的领导下，积极迎接和学习宣传贯彻党的二十大精神，定期召开党总支委员会集中学习，研讨决策中心党建重大事项；组织全体党员参观中国共产党历史展览馆，总支书记和三个支部书记讲授“走好第一方阵　我为二十大做贡献”专题党课。持续夯实支部建设，中心第二党支部积极申报并荣获中央和国家机关“四强”党支部荣誉称号。组织开展职工春游活动，抓好中心青年团员、在读研究生的思想政治工作，指导团支部开展党的二十大精神专题学习会、“喜迎二十大　青春在行动”主题团日活动。

【综合管理】 进一步规范招标采购流程，更新采购管理办法。按照上级单位统一部署，继续组织开展政府采购三年专项行动，每月上报行动进展报告；承担《中国疾病预防控制中心周报（英文）》组稿工作；加强档案管理，完成2021年及以前文书档案收集并实现全文电子化；加强保密安全教育，组织参加保密知识竞赛、在线培训；开展多次消防安全检查，进行消防培训，完成灭火器年检。

（吴静、周脉耕、蒋炜、刘芳）

营养与健康所

【工作概况】2022 年，营养所领导班子带领全所职工凝心聚力，在中国疾控中心的统一领导下，认真贯彻落实《国民营养计划（2017—2030 年）》和《健康中国行动（2019—2030 年）》之合理膳食行动各项措施，开展政策研究和人群营养改善行动，组织营养与食品标准体系建设。按计划组织实施营养与健康监测、食物成分监测、全国碘缺乏病实验室外部质量控制考核、农村义务教育学生营养改善计划及儿童营养改善项目监测评估等工作任务。完成“十三五”国家重点研发计划重点专项“基于我国母乳组分的特需乳制品创制及共性关键技术研究”和科技基础资源调查专项“中国 0–18 岁儿童营养与健康系统调查与应用”结题，继续开展“膳食营养评估和干预技术研究”“肠道微生态影响炎性反应及血脂异常的机理研究”等项目。新获准课题 30 项，其中包括国家重点研发计划课题承担 3 项、任务承担 3 项，国家自然科学基金项目 1 项，国家卫生健康委及其他省部级课题 5 项，国际合作项目 5 项，横向课题 13 项；新获科研经费 2 300 余万元。科研产出包括发表科研论文 233 篇，其中中文论文为 126 篇，英文论文为 107 篇（SCI 收录论文为 99 篇），平均影响因子为 7.06（作为第一作者或通信作者发表的 SCI 论文的平均影响因子为 6.26）；主编、参编及编译的论著共 28 部；新获准专利 1 项，申请专利 6 项；新获批软件著作权 4 项。

【营养政策标准体系建设】作为第八届国家卫生健康标准委员会营养标准专业委员会秘书处和国民营养健康专家委员会秘书处挂靠单位，参与完成国家卫生健康委《中国卫生健康标准化发展报告》的编写工作，由国家卫生健康委发布。完成《公共卫生领域标准化范例荟萃　营养分册》的编写工作。组织完善国民营养健康专家委员会工作机制和营养健康指南评审流程，开发国民营养健康专家委员会工作管理平台，加强委员管理。组织完成《老年人营养不良风险评估》（WS/T 552—2017）等 12 项营养标准复审，以及 39 项营养健康指南（规范）文件的进展督办和编写指导、成果总结，并组织和协助各专业委员会开展技术性审查工作。

【营养健康标准、指南制修订】制定《成人高血压食养指南（2023 年版）》和《儿童青少年生长迟缓食养指南（2023 年版）》健康标准 2 项；制定《妊娠期妇女体重增长推荐值标准》（WS/T 801—2022）、《研究用人乳样本的采集与储存规范》（T/CNSS 017—2022）。

【营养与健康监测工作】2022年3月，在北京市召开2022年中国居民营养与健康监测启动会，700余人参加。2022年3月底到4月初，组织开展线上与线下相结合的2022年中国居民营养与健康监测工作技能培训班，全国31个省（自治区、直辖市）200个监测点共计2 000余人参加。2022年6月，在北京市召开中国居民营养与健康监测国家级指导员线下培训会。2022年8月，在北京市召开中国居民营养与健康监测进展研讨会。2022年6—12月，国家工作组分别前往贵州省遵义市、山西省、青海省、陕西省安康市汉阴县进行线下督导，同时开展了多次线上督导工作。在国家工作组的督导下，2022年，各地疾控中心克服了疫情等重重困难，全国1/2的监测点开展了监测任务，1/3的监测点完成了监测任务。

【中国食物成分监测】组织印发《中国食物成分监测2022年度工作方案》，以线上会议形式举办全国监测网络培训，配合地方完成监测工作理论宣贯，通过组织质控样考核提高监测能力，并按计划组织开展各省与居民密切相关的本地食物资源调查，完成以餐食、应急/反季节蔬菜为重点的监测工作，基本完成水产资源食物数据、加工食品糖含量数据整理。2022年，共完成1 346个食物样品采集工作，获得25 889条食物信息，年数据量达52 465条。

【全国碘缺乏病实验室外部质量控制网络运行工作和技术培训工作】制备考核盲样和标准物质15 000多套；组织全国31个省（自治区、直辖市）和新疆生产建设兵团的省、地、县三级共3 000多个实验室参加尿碘、盐碘和水碘检测考核工作；尿碘合格率分别是100%、99.7%和98.6%，盐碘合格率分别是100%、99.4%和98.0%，水碘合格率分别是100%、100%和99.7%；发放考核结果通报和考核合格证书。组织召开全国碘缺乏病检测技术线上培训班，全国31个省级疾控机构的70多位专业人员参加了此次培训。在河北省、内蒙古自治区、江苏省、山东省、甘肃省和新疆维吾尔自治区6个省（自治区）开展餐饮服务单位合格碘盐覆盖率调查，共调查了3 605家餐饮服务单位，碘盐覆盖率为91.6%，合格碘盐覆盖率为86.2%。

【"农村义务教育学生营养改善计划"监测】与全国农村义务教育学生营养改善计划领导小组办公室联合发布《农村义务教育学生营养改善计划膳食指导与营养教育工作方案》和《农村义务教育学生营养改善计划营养干预试点方案》。组织疾控机构和教育部门人员98万人次参与的网络视频培训和2期300人参加的现场培训班。形成膳食指导与营养教育工作手册，完善信息采集平台，组织各省开展膳食指导和营养宣传教育。协调铁强化酱油的捐赠，组织20个试点县开展营养干预试点。组织安徽省六安市金寨县等7个深入监测县开展城乡中小学生心理智力发育调查，了解膳食营养和生活方式及社会因素对儿童心理智力的综合影响。分析 2021 年的数据，并与前期数据进行比较，形成《十年健康监测 见证营养改善——农村义务教育学生营养改善计划营养健康状况变迁（2012—2022）》报告，提交国家卫生健康委、国家疾控局和全国农村义务教育学生营养改善计划领导小组办公室。

【脱贫地区儿童营养改善项目实施效果监测评估】编制项目实施效果监测评估工作方案。组织 21 个省（自治区、直辖市）145 个监测县完成 4.1 万名 6 ～ 23 月龄婴幼儿的问卷调查、体格测量、血红蛋白检测和数据录入分析工作，完成儿童营养改善项目实施效果监测评估年度报告。

【早期儿童营养包干预长期健康作用评估】在已建立的营养包队列的基础上，继续在河南、贵州等 8 个省的 12 个调查点开展 3 500 余名儿童的营养包干预长期效果监测评估工作，完成体格测量、食物消费、发育筛查测验等方面的问卷调查及血液、粪便等生物样本现场采集工作，完成 1 100 份血液中维生素 A、维生素 D、钙铁锌、铁蛋白、转铁蛋白受体等营养学指标及 IgA、IgM 等免疫学指标的实验室检测，完成约 180 份儿童粪便样本中肠道菌群 16SrRNA 高通量测序鉴定工作，为农村地区营养包干预提供重要的基础数据，深入探究营养包干预对儿童营养及发育的远期效果，为政府实施的营养改善工作提供政策支持。

【全人群营养与健康监测与干预】2022 年，中国居民营养与健康随访项目研究工作组在 2021 年 5 个省 10 个调查点完成现场调查和数据提交的基础上，组织数据汇总、清理与分析工作，基本完成随访报告初稿。委托北京市疾控中心、慈溪市疾控中心、福建省疾控中心、江苏省疾控中心、深圳市疾控中心、重庆市疾控中心继续开展食物生熟比工作，工作组对上报数据进行了清理和整理，初步形成了包含 540 余种食物、2 000 种左右烹饪方式的食物生熟比图谱。

【中国发展与营养健康影响队列调查】确定开展 2022—2024 年新一轮 16 个省中国发展与营养健康影响队列调查。2022 年为新一轮队列追访的启动年，项目组完成了新一轮队列追访的研究设计、问卷和工作手册的修订，在此基础上，更新了访问程序，完成了调查设备和生物样耗材的采购。河南、湖南和贵州 3 个省的全部调查人员进行了线下培训，在此基础上，河南和湖南 2 个省的部分调查点已经完成约 1 000 人的追访工作，包括问卷调查、膳食调查、体格测量、生物样本采集、检测及反馈。

【中国母婴营养与健康队列】在河北省衡水市武强县继续随访调查对象，完成 4 000

人次母婴随访、300 人份粪便样本中微生物 DNA 的扩增建库和测序。完成江苏省太仓市 300 名幼儿园儿童的问卷调查和体格检查、400 份生物样本营养指标检测，深入分析生命早期营养对母婴营养与健康的影响。

【国民营养计划实施与推广】为营养健康工作决策部署提供科学支撑，发挥专家咨询、技术支撑和工作推进作用，组织专家对国民营养计划和合理膳食行动相关工作中的重大问题开展调查研究、分析论证，提出咨询意见，为相关政策和标准法规的制定提供技术支持，指导地方开展试点，组织开展营养健康科普宣教等工作。筹备国民营养计划和合理膳食行动经验交流推进会，以国家政策总体推进落实情况、营养健康食堂和餐厅创建、营养知晓率调查、区域性创新平台建设和营养健康村建设等为主要内容，开展经验交流和研讨。

【营养指导员任务落实】推动《健康中国行动（2019—2030 年）》之合理膳食行动，落实每万人配备 1 名营养指导员的指标相关任务。开展各省营养指导员培训调研，撰写营养指导员培训质量控制方案，参与营养指导员教材出版审定修改和考核大纲评审等工作，完成培训视频会录制与审定。

【平台建设与交流合作】为促进食品安全与营养健康创新创造、人才培养以及国际交流合作，在国家卫生健康委食品安全标准与监测评估司（以下简称国家卫生健康委食品司）的推动下，中国疾控中心营养所和国家食品安全风险评估中心分别与南昌大学、江南大学签署食品安全与营养健康四方合作协议，提出优势互补、资源共享、协同创新和发展共赢等战略合作建议。

【营养工作人员能力建设】参与编写全国疾控中心食品安全与营养工作能力评价方案。协助申报中央转移支付项目——营养服务与保障能力提升项目。组织编写公共卫生系统营养工作能力调查问卷，并完成基础信息收集，开展内部工作人员培训。

【中国居民营养健康知识知晓率调查】为了解中国居民营养健康知识水平，国家卫生健康委食品司组织开展全国 18 ~ 64 岁成年居民营养健康知识知晓率调查。作为技术支持单位，负责制定问卷及全国调查方案，汇总分析 2021 年调查结果，完成《2021 年中国 18 ~ 64 岁成年居民营养健康知识知晓率调查报告》；启动 200 个监测点 2022—2023 年中国 18 ~ 64 岁成年居民营养健康知识知晓率调查，开展国家级线上培训，培训观看 9 000 余人次。

【营养服务能力提升】以点带面，在各地开展试点工作。在四川省成都市、湖北省和浙江省开展营养服务能力提升试点工作，提升营养健康服务水平，包括营养健康城市 / 乡村创建、学校和养老服务中心人员营养能力提升，以及西部地区营养工作试点。为各省营养服务能力提升提供师资。参加各地组织的公共卫生医师规培师资培训、营养指导员培训和卫生健康委相关人员培训等。加强营养健康知识普及、营养膳食指导服务能力及基层人员培养等，有效提升基层营养工作人员开展营养工作的能力。

【儿童超重和肥胖防控的综合干预及营养校园建设】在北京市顺义区等 3 个区县开展儿童营养改善策略研究试点，组织基层疾控机构和学校人员网络培训，组织试点学校开设营养健康课程；组织终末评估，撰写评估报告，提交国务院妇女儿童工作委员会。

【营养健康知识的新媒体传播】运维“中国营养与健康”和“营养进万家”等新媒体号，创新营养健康科普知识的表达形式，全年发布文章 / 视频 200 余篇 / 个，阅读总量达 170 万余人次。不断创新科普形式，多形式开展线上营养健康科普宣传教育，开展“合理膳食享健康　攀登营养高峰”等线上活动，借助新媒体的传播优势和传播力度，以知识竞答的形式帮助大众合理选择食物，更便捷地参与互动活动，学习相关健康知识，逐步提高公众营养健康素养。本次活动的答题人数达 47 万余人次。

【“国民营养科普丛书”出版发行】为贯彻落实《国民营养计划（2017—2030 年）》中“普及营养健康知识”和健康中国合理膳食行动要求，组织相关省市疾控中心，历时 2 年，编写完成“国民营养科普丛书”，该丛书于 2022 年由人民卫生出版社出版。该丛书采用一问一答形式，回答了近 2 000 个营养食品相关问题，形成《母婴营养膳食指导》《2 ~ 5 岁儿童营养膳食指导》《6 ~ 17 岁儿童青少年营养膳食指导》《职业人群营养膳食指导》《老年人营养膳食指导》《常见食物营养误区》《常见食品安全问题》《身体活动健康指导》《健康体重管理指导》《常见营养不良膳食指导》《糖尿病膳食指导》《心血管疾病膳食指导》12 个分册，是一套适合不同人群需要，兼具科学性、实用性和指导性的营养科普丛书。

【营养健康知识普及】撰写出版营养健康宣传月历《每月营养　一生健康》以及科普书籍《营养每周记　健康我做主》《营养天天学　健康全方位》，助力普及营养健康知识实施策略。

【全国公共卫生与预防医学营养学科科技名词编写工作】参与中国疾控中心牵头的全国公共卫生与预防医学科技名词编写工作，负责营养学科。秘书处及编审委的 2 名秘书

（兼编委）均设在本科室，负责协调相关专家，推进编撰工作。2022 年，召开营养学名词释义启动会以及定名第二次审定会，完成名词中英文异名补充、释义初稿、21 个学科定名互审等，并将终稿上报全国科学技术名词审定委员会。

【科技基础资源调查专项工作】“中国 0–18 岁儿童营养与健康系统调查与应用”，通过项目绩效评价。“中国孕产妇营养与健康科学调查”课题，完成陕西省、新疆维吾尔自治区调查点孕产妇营养与健康的现场调查约 3 000 人次。

【国家重点研发计划重点专项工作】

（1）“基于我国母乳组分的特需乳制品创制及共性关键技术研究”项目，通过科技部农村中心组织的结题验收。

（2）“膳食营养评估和干预技术研究”项目，通过中期评估，建立不同型别、地域特色食物图像和成分库、ENMB-SNPs 高通量检测方法；提出 0 ～ 6 月龄婴儿硒和胆碱适宜摄入量建议值；完成差异化地域膳食模式的特征及其与慢性病风险关联性分析；开发铁剂营养包干预产品、饱腹感食品和低能量食品；实现营养不良问题的可视化呈现。

（3）“肠道微生态影响炎性反应及血脂异常的机理研究”项目，开展人群调查和生物样采集，研究肠道微生态与血脂异常的关系，开展动物实验并探讨其致病机制。

（4）“人体中农兽药化学污染物与慢性疾病的相关性研究”课题，明确对我国人群慢性病有显著性影响的高风险农兽药品种，并完成 5 项机器学习模型算法的开发工作。

（5）“儿童肥胖代谢性疾病的膳食营养与运动干预研究及评价”课题，形成项目实施方案和评估方案。针对普通儿童和肥胖儿童，以膳食指导和身体活动为主要内容，形成预防和控制儿童肥胖方案初稿。

【国家自然科学基金青年科学基金项目工作】国家自然科学基金青年科学基金项目“身体活动在中国老年人肌肉衰减综合征发生中的作用及干预研究”项目组完成预定计划中的数据处理和追访对象筛选工作。因为疫情，部分完成现场追访工作。调查后台管理系统，共收到上传数据 480 条，其中 60 ～ 80 岁老年人共 165 条数据，肌肉衰减综合征病例约 68 例。原计划纳入肌肉衰减综合征病例 250 例。

【揭榜攻关任务】揭榜攻关任务“分类分级实现中国食物与健康数据的开发共享”，完成开题报告和任务工作梳理。依托承担的国家任务，利用 1982—2017 年的 5 次全国营养与健康调查等数据，初步建立中国食物、人群膳食营养与健康数据字典及信息资源目录，探讨数据分类分级管理和共享使用制度，设计数据管理和共享使用平台。

【国家卫生健康委微量元素与营养重点实验室秘书处工作】完成国家卫生健康委微量元素与营养重点实验室（以下简称重点实验室）“十三五”评估报告（2016—2020）和重点实验室 2021 年度工作报告。完成 8 项开放课题的招标、评审工作；完成重点实验室学术委员会换届工作；公开招聘相应研究方向的青年学术带头人，经重点实验室第五届学术委员会评审，共推选出 6 名青年学术带头人；组织筹办 2022 年重点实验室学术研讨会。

【生物样本库建设】为规范保存和集中管理营养所历年营养监测生物样本，租用大兴区生物医药基地库房，建设营养所生物样本库，面积达 520 平方米，按样本库规范要求完成库区装修。制定《营养与健康所生物样本库管理办法》，初步完成样本库质量管理体系建设，健全规范和制定样本库管理制度及标准化和程序化技术文件，购置生物样本库信息管理系统、冰箱温度实时监控系统及环境监控系统等管理平台，进一步提升了样本库运行和管理水平。购置 15 台专用超低温冰箱，提高了样本库的保藏能力。通过中国人类遗传资源保藏审批，获得软件著作权 1 项。

【CNAS 复评审工作】组织开展 CNAS 复评审 + 扩项工作，通过 CNAS 现场考核，扩项项目得到认可，使营养所实验室认可资质得以维持，标志着营养所质量管理体系的常态化和持续有效运行。

【实验室能力建设】组织全国 50 家省、市级疾控中心参加疾控系统营养成分（维生素 B_1、维生素 B_2、蛋白质、水分、灰分）专项质量控制考核。组织实验室参加 14 次 64 项检验指标的 CNAS 能力验证考核工作，满足 CNAS 能力验证频次要求。组织完成全自动生化分析仪、离子色谱仪、原子吸收仪、原子荧光仪、气相质谱联用仪、血细胞分析仪等与资质认定和实验室认可相关的仪器设备共 284 台 / 套的量值溯源与归档工作。组织营养所“第十六届实验室安全周”培训及“实验室质量与安全及危险废物规范化管理”答题，组织和参加实验动物从业人员、特种设备上岗培训等相关培训，共计 160 余人次，提高了实验室人员的技术能力和水平。

【实验室安全管理工作】坚持“一日两查”的实验室日常管理制度；坚持新冠肺炎疫情期间每周实验室安全巡查；组织实验室骨干参加中心实验室管理处的监督检查员培训。迎接北京市生态环境局、北京市西城区生态环境局、北京市西城区市场监督管理局安全检查 3 次；迎接中心组织的实验室安全检查 3 次，组织整改落实工作。结合疫情防控需要，为实验室增配泡腾片、烧烫伤膏等应急药品；为做好生物安全防护，为实验室配置护目镜、防护面罩等应急防护用品。为实验室转移处置医疗废弃物 770 千克、废化学试剂 680 千克、剧毒实验废液 30 千克，确保实验室安全运行，全年零事故。

【科研项目持续增加】新获准课题 30 项，其中包括国家重点研发计划课题承担 3 项、任务承担 3 项，国家自然科学基金项目 1 项，国家卫生健康委及其他省部级课题 5 项，国际合作项目 5 项，横向课题 13 项；新获科研经费 2 300 余万元。

【科研论文及相关成果产出】发表科研论文 233 篇，其中中文论文为 126 篇，英文论文为 107 篇（SCI 收录论文为 99 篇），平均影响因子为 7.06（作为第一作者或通信作者发表的 SCI 论文的平均影响因子为 6.26）；主编、参编及编译的论著共 28 部；新获准专利 1 项，申请专利 6 项；新获批软件著作权 4 项。

【获奖情况】以第一完成单位获得中国食品工业协会“科学技术奖”特等奖 1 项，中国营养学会“科学技术奖”一等奖 1 项，中国医疗保健国际交流促进会“华夏医学科技奖”二等奖 1 项、三等奖 1 项。

【人才培养】2022 年，在读研究生为 101 人（其中博士研究生为 29 人）。录取各类研究生 36 人（其中博士研究生为 10 人）。13 名硕士研究生通过论文答辩并取得硕士学位；5 名博士研究生通过论文答辩，其中 4 人取得博士学位。

【财务管理】推行中央预算管理一体化系统运行，既严格了预算编制管理，又强化了财经纪律约束，对单位经济活动进行全生命周期动态监控，同时，构筑全方位、全过程、全覆盖的预算绩效管理体系。修订单位财务管理制度，制定相关支出标准，推行项目支出标准化，完善预算编制，加强预算执行监督管理，保证财务数据真实、准确。

【学习宣传贯彻党的二十大精神系列活动】召开“走好第一方阵　我为二十大做贡献”主题党日，93 名党员参加。营养所党委书记、所长丁钢强以“走好第一方阵，做新时代合格党员，以优异成绩迎接党的二十大胜利召开”为题讲党课；组织 159 名党员干部收听收看党的二十大开幕会直播并提交学习心得；与中国营养学会理事会党委共同开展学习党的二十大报告联学活动，营养所党委、支部委员及部分中层干部参加；面向营养所中层干部，开展学习党的二十大报告讲党课活动；开展学习党的二十大报告线上答题活动，全所 178 人参加。

【“学习研讨、查摆问题、改进提高”专项工作】“学习研讨、查摆问题、改进提高”专项工作自 2022 年 3 月底开始，及时印发“学习研讨、查摆问题、改进提高”工作方案。组织开展学习研讨，联合慢病中心、职业卫生所、环境所，邀请中央党校教授共同开展专题培训，全所 116 人参加；以支部为单位，查摆问题，深刻剖析，向中心上报整改台账；

在改进提高阶段，按时完成整改情况报告。

【弘扬清廉家风主题宣传教育活动】自 2022 年 9 月开始，在全所范围内选树一批清廉家风典型，征集家风故事案例 9 件；征集一批清廉家风文化作品。收集视频、歌曲和宣传作品 5 件；开展清廉家风建设活动。各党支部利用红色资源，到李大钊故居、林则徐故居等地，积极开展“新时代共产党人的良好家风”主题党日活动。

【新冠肺炎疫情防控支援】支援内蒙古自治区呼和浩特市、甘肃省兰州市、吉林省长春市、黑龙江省哈尔滨市、江苏省南京市、西藏自治区、新疆维吾尔自治区等地疫情防控工作 47 人次，支援疫情防控借调工作 54 人次；协调沟通国家卫生健康委、国家疾控局相关司局有关单位，派出借调人员 10 人次。

【政治引领和廉政提醒】在节日和重要时间节点做好廉政提醒工作，开展 45 期“纪法小课堂”，提高干部职工的廉洁从业意识。对营养所的权力运行明晰表重新进行更新，梳理廉政风险点，对 A 级、B 级权力的流程图重新进行绘制，让权力运行更加公开透明，强化内部控制。灵活运用“四种形态”，尤其是第一种形态开展工作，与干部职工谈心谈话，共进行谈话 32 人次，其中包括线索处置和批评教育谈话 22 人次、新职工入职谈话 5 人次、中层干部谈心谈话 5 人次。

【离退休职工的服务与管理工作】在做好新冠肺炎疫情常态化防控工作的同时，积极做好离退休职工的服务与管理工作。在中心成立 20 周年之际，积极组织离退休职工参与庆祝活动。在党的二十大隆重召开之时，组织开展相关活动，积极引导离退休党员、干部和职工把思想和行动统一到党的二十大精神上来。认真贯彻执行上级部门有关离退休工作的方针政策，落实好离退休职工的政治待遇和生活待遇。

【《卫生研究》】《卫生研究》入选 2021 年度《预防医学与卫生学高质量科技期刊分级目录》第一梯队（T1，共 6 种期刊）。开设《一切为了人民健康——我们这十年》主题专栏：推进营养改善工作，全面控制重点人群营养不良。刊出涉及老年人、妇幼及中小学生 3 个重点人群营养改善的文章，呈现了 10 年来我国营养改善和消除营养不良工作成就以及科学研究成果。

（李天童、孙静、刘宇赫、贺梦璐）

环境与健康相关产品安全所

【工作概况】2022年，深入学习贯彻党的二十大精神、党的十九届六中全会精神和习近平新时代中国特色社会主义思想，巩固拓展党史学习教育成果，落实全面从严治党主体责任，加强基层党组织建设和党风廉政建设，严格履行全面从严治党主体责任，为环境健康事业高质量发展提供坚强的政治保障。在国家卫生健康委、国家疾控局和中国疾控中心的领导下，坚持稳中求进，积极应对新冠肺炎疫情，充分发挥环境卫生和消毒技术支撑作用，全力推动《环境所发展规划（2021—2025年）》实施，稳步推进重点工作任务、重大科研项目，较好地完成了各项目标任务。

2022年，按照中国疾控中心的总体工作部署，在积极应对新冠肺炎疫情的同时，根据国家“十四五”规划和疾控体系改革要求，修改完善《环境所发展规划（2021—2025年）》，编制印发《环境所发展规划（2021—2025年）实施方案》，制订重点项目实施计划，推进落实各项重点工作任务。空气污染（雾霾）对人群健康影响监测与防护项目，在完成年度工作方案和工作手册修订、技术培训、数据质量评价和技术报告编制的基础上，重点升级电子问卷调查系统，开展$PM_{2.5}$上新污染物试点监测和健康防护效果评价试点调查；国家人体生物监测项目二期工作完成31个省（自治区、直辖市）451个调查单元的现场调查和样本采集，编制《人体生物监测技术规范》，完成《我国居民血铅水平及20年变迁研究报告》《我国居民体内邻苯二甲酸酯代谢物暴露水平分析》等技术报告；公共场所健康危害因素监测项目和全国城市饮用水水质监测项目完成年度工作方案修订、技术报告编制、数据分析等工作；医院消毒与感染控制监测项目的哨点医院增至104家，监测数据分析系统基本完成并投入使用；饮用水中新污染物调查与监测项目完成500余份水源水和饮用水样品中农药及消毒副产物指标检测；典型地区农用地土壤质量健康影响专项调查、典型城市室内环境健康影响评估、不吸烟女性肺癌危险因素调查、环境健康风险评估、环境健康综合监测等重点工作进展顺利；制定并发布《生活饮用水卫生标准》（GB 5749—2022）、《室内空气质量标准》（GB/T 18883—2022）、《污水中新型冠状病毒富集浓缩和核酸检测方法标准》（WS/T 799—2022）3项环境健康卫生标准和国家职业技能标准《消毒员（试行）》（2022年版）（职业编码：4-14-04-02），继续推进《生活饮用水标准检验方法》（GB/T 5750—2006）修订；环境健康宣传和健康促进工作持续深入，组织“世界水日”宣传等环境健康宣教系列活动；积极拓展科研项目申报渠道，成果产出进一步增加，2022年，获批8项国家自然科学基金项目（其中包括重点项目、优秀青年科学基金项目、专项项目）、1项国家重点研发计划项目、2项国家重点研发计划课题、4项国家重点研发计划子课题，同时，获批5项能源基金会（The Energy Foundation，EF）和联合国儿童基金会（United Nations International Children's Emergency Fund，UNICEF）国际合作项目。全所职工以第一作者和/或通信作者发表学术论文149篇，其中在*Nature Aging*、*Science Bulletin*、*Science Advances*、*Environmental Health Perspectives*、*Environmental Science & Technology*、*Environment International* 等国际权威期刊上发表原创性研究论文69篇。环境与人群健康重点实验室基本建成超高分辨质谱的化学分析平台、组学技术平台等，实验室条件达到国内领先、国际先进水平，国家人体生物监测项目重点实验室推进顺利；稳步推进深圳市、无锡市、石家庄市、济南市4个环境与健康研究基地建设，加强与基地共建单位交流合作，促进基地研究成果产出与转化。开展学术交流，邀请所外专家开展3次国家自然科学基金标书指导、2次国家自然科学基金授课交流、1次专利申请与管理培训交流、3次环境与健康学术会议；促进人才队伍建设，组织开展环境所青年基金申报，开展2021年度环境所拔尖人才选拔，获批科技部“中国气候变化与健康研究引进国外高级顾问项目”，旨在提高我国气候变化与健康研究的国际化水平，加快人才培养速度；完善科教管理制度，加强科研管理，规范经费使用和论文发表，制修订《中国疾病预防控制中心环境所科技论文发表管理办法》《中国疾病预防控制中心环境所大型科研仪器开放共享管理办法（试行）》等规章制度。

【开展新冠肺炎疫情防控、环境卫生应急与保障工作】在科学消毒和精准防护方面，积极发挥国家级环境健康科研机构的技术支撑作用，按照国家卫生健康委和中国疾控中心的统一部署安排，调派专家95人次赴北京市、黑龙江省、新疆维吾尔自治区、西藏自治区等抗疫一线，承担综合协调、流调溯源、消毒与社区防控等工作。派出9人参加疫情防控督导。调派专家12人次前往深圳市、长春市等地开展新冠病毒气溶胶传播模拟实验，参与北京市大型集中隔离设施防疫评估，完成隔离房间内病毒模拟传播实验，为疫情溯源提供了科学证据。派出39人次参加国家卫生健康委流调溯源和日报信息专班，10人借调国家卫生健康委和国家疾控局、中国疾控中心参与疫情防控相关工作。组织修订《重点场所重点单位重点人群新冠肺炎疫情常态化防控相关防护指南》《新型冠状病毒肺炎防控方案（第九版）》《高等学校新冠肺炎疫情防控技术方案（第五版）》等5项技术方案和指南。大力开展新冠病毒在大气环境中传播与主要影响因素研究、环境因素对新冠病毒传播影响研究、污水中新冠病毒富集浓缩与核酸检测方法研究、低温消毒剂和低温消毒设备技术研究、新冠病毒消毒防护关键技术与环境传播研究等。参与编写《病毒气溶胶传播与控制》《气象因素和大气污染物对新冠肺炎影响》等技术报告，完成40余期“新冠热点研究专报”。派出5人参加广西壮族自治区梧州市坠机事故、青海省西宁市大通回族土族自治县泥石流、四川省甘孜州泸定县地震等灾后环境卫生应急处置工作。派出21人次执行全国两会、党的二十大、北京冬奥会和残奥会、第19届亚运会、G20峰会、APEC峰会等的卫生保障任务。

【编制印发《环境所发展规划（2021—2025年）实施方案》】根据国家“十四五”规划和疾控体系改革要求，修改完善《环境所发展规划（2021—2025年）》。编制印发《环境所发展规划（2021—2025年）实施方案》，分解目标任务，制订重点项目实施计划，推进落实年度工作指标，努力将环境所建设成机构职能完善、部门设置科学、人才结构合理的国家级环境健康专业机构和业务指导中心，提升环境健康整体业务水平，更好地发挥全国引领作用。

【推进空气污染（雾霾）对人群健康影响监测与防护项目工作】根据国家对监测工作的要求和各地具体实施情况，修订2022年监测工作方案及工作手册，对31个省（自治区、直辖市）87个监测城市的167个监测点进行监测技术培训和日常技术指导。完成2021年度2 427万条监测数据审核、清理工作，统计分析2013—2021年数据，编制《2021年度监测城市空气污染对人群健康影响及健康风险评估报告》，并上报中国疾控中心和国家卫生健康委。在完成以上常规技术支撑工作的基础上，重点加强问卷调查质量控制，升级“空气污染健康影响问卷调查系统”，提高小学生健康调查工作的便捷性、安全性和高效性。此外，在北京、湖南、广东、四川等省市开展$PM_{2.5}$上多氯联苯类有机物试点监测，在河北、山东、湖北、重庆4个省市启动小学生空气污染健康防护效果试点调查，为项目的进一步发展做好技术储备。

【推进全国城市饮用水水质监测项目工作】编制《全国城乡饮用水水质监测工作方案（2022年版）》，为全国城市饮用水常规监测和基线调查试点工作提供技术支持。汇总、整理、清洗和分析全国上报的220万余条监测数据，编制《全国城市饮用水卫生监测工作技术报告（2021年）》。2021年，全国城市饮用水卫生监测范围覆盖31个省（自治区、直辖市）333个地级及以上城市的2 886个县（区、市）和新疆生产建设兵团10个师的53个团场。

【开展公共场所健康危害因素监测项目工作】完成2022年公共场所项目工作方案和调查表的修订工作，编制2022年公共场所项目工作手册并下发至各省级疾控中心。组织召开2022年度公共场所项目全国技术培训班（线上），共计140个点位的专业技术人员参加培训。撰写完成2021年度公共场所健康危害因素监测技术报告。

【完成国家人体生物监测项目第二轮基线调查工作】国家人体生物监测项目二期工作完成31个省（自治区、直辖市）451个调查单元22 895人的现场调查和样本采集，接收样本 22 353 人份，完成一期生物样本中 155 种化学物质检测，在全国 152 个监测点开展 6 ~ 36 月龄婴幼儿生物监测，编制《人体生物监测技术规范》，完成《我国居民血铅水平及 20 年变迁研究报告》《我国居民体内邻苯二甲酸酯代谢物暴露水平分析》等技术报告，填补了我国居民人体内环境化学物质暴露量缺乏的空白，为开展环境污染健康研究、评估环境污染健康损失和健康风险、制定环境健康影响标准和管理政策、评价防护效果提供了基础数据。

【开展医院消毒与感染控制监测项目工作】在全国区县级层面，开展重点场所消毒工作情况调查、监测与评价。该项目覆盖全国 31 个省级监测点、104 家哨点医院（较 2021 年增加 8 家）。对 30 个省级监测点（除西藏外）开展监测工作，已完成 1 万余条数据的汇总审核，完成 2021 年度全国各省监测数据汇总审核分析，完成 2021 年度医院消毒监测总结报告。消毒与感染控制监测数据分析系统基本完成并正式投入使用。

【开展环境健康综合监测工作】环境健康综合监测项目新增内蒙古、广东两个省级点位，修订综合监测工作方案，推动综合监测数据与技术的应用与转化。启动 2021 年数据采集工作，对已有死因监测、饮用水数据等制定自动审核入库操作，形成标准数据集。开发和完善环境健康风险评估技术工具并促进其应用。开展 3 次“环境健康风险评估：从综合监测到技术应用系列课程”线上培训，参与培训人数超过 500 人次。

【推进环境健康风险评估工作】编制《环境健康风险评估试点工作方案（2022 年）》。推进环境健康风险评估制度和体系建设，完善环境健康风险评估试点工作管理办法，推进各试点制定和完善环境健康风险评估管理办法及年度工作方案，促进其环境健康风险评估工作规范化、常规化。开展试点考核评估和技术培训，推进环境健康风险评估与预警技术在试点的应用。

【开展典型地区农用地土壤质量健康影响专项调查工作】完成年度工作报告、经费结算报告、数据审核及技术报告编制等工作。完成项目 4 个分报告《典型地区 40-89 岁居民体内镉负荷水平报告》《典型地区农用地土壤镉污染与居民体内镉水平关系分析报告》《典型地区农用地土壤镉污染健康影响及健康风险评估报告》《生物样本采集和分析质量控制报告》初稿撰写工作，完成项目总报告《典型地区农用地土壤质量对人群健康影响调查项目报告》初稿撰写工作。

【开展生活饮用水中新污染物风险专项调查工作】饮用水中新污染物调查与监测项目在长江、黄河等重点流域和三峡库区等水源地及沿线典型城市开展，制定并发布《重点流域饮用水中新污染物风险监测技术要求和工作方案（2022年丰水期）》，完成500余份水源水和饮用水样品中农药及消毒副产物指标检测。

【推进淮河流域重点地区癌症综合防治项目工作】完成《安徽省颍东区胃癌危险因素病例对照研究》相关调查数据的汇总、整理和分析，对研究对象的461份尿液进行硝酸盐氮的检测，撰写研究报告。完成《江苏省射阳县结直肠癌危险因素病例对照研究》的技术方案论证和现场调查培训工作。

【推进典型城市室内环境健康影响评估项目工作】项目点位增加至19个，组织青岛、鄂尔多斯、合肥、长沙、保山5个新增点位启动现场工作并开展技术培训，推进各点位开展现场工作。编制2022年项目实施方案与现场工作指导手册。2022年，室内项目环境监测指标新增总挥发性有机物，新增儿童生物样本（尿液、头发、指甲）采集，对调查问卷进行调整。对城市居室积尘中的多溴联苯醚等污染进行评估，撰写2021年度项目调查评估技术报告。

【启动气候变化人群健康风险评估与适应项目】启动项目实施，纳入19家受托单位，开展气候与健康数据收集、极端天气事件人群健康风险评估和公民气候变化健康素养基线调查。完成项目实施方案的编制论证、伦理审查申请、调查表设计和电子化、实施方案培训等准备工作。围绕数据清洗处理、报告撰写、成果凝练等内容对各点位进行技能培训。

【推进不吸烟女性肺癌危险因素调查工作】对收集的样品开展相关研究、实验和数据分析，基于调查问卷，利用机器学习算法，筛选不吸烟女性肺癌危险因素并构建环境暴露风险评分（environmental risk score，ERS），利用生信数据分析遗传易感性（多基因风险评分，polygenic risk score，PRS）与ERS交互作用，进行组学关联分析（基因组、微生物组）。

【推进中国老年健康标志物队列研究工作】完成2021年数据审核清理，完成横断面中英文数据库的变量名核对、数据类型和宽度的核查、变量标签和赋值标签的整理，以及父母问卷和血尿常规数据的补录入、合库等工作，完成2021年横断面数据库、18个调查点血尿常规数据匹配工作和7 326人份血尿常规纸质数据存档，制定代谢组学、宏基因组学、转录组学和神经因子组学等组学方案。

【制修订环境卫生和消毒标准】牵头起草的《生活饮用水卫生标准》（GB 5749—2022）于2022年3月15日发布，《室内空气质量标准》（GB/T 18883—2022）于2022年

7月11日发布。《生活饮用水卫生标准》（GB 5749—2022）保留了反映水质基本特征的指标，纳入了可能带来健康危害的指标，同时研发了配套标准检验方法。《室内空气质量标准》（GB/T 18883—2022）增加了$PM_{2.5}$等3个指标和要求，提高了二氧化氮等7项指标要求，优化了指标测定方法。新标准的实施将有力地提升我国生活饮用水安全保障水平，有效地降低室内空气污染健康风险。中国疾控中心环境所牵头、中国科学院生态环境研究中心和清华大学共同参与编制的《污水中新型冠状病毒富集浓缩和核酸检测方法标准》（WS/T 799—2022）于2022年3月24日发布实施。2022年6月27日，发布国家职业技能标准《消毒员（试行）》（2022年版）（职业编码：4-14-04-02）。开展了23项标准的制修订和预审、6项标准的复审、8项标准的规范性审核工作。

【推进大型科研仪器开放共享平台建设】制定《中国疾病预防控制中心环境所大型科研仪器开放共享管理办法（试行）》和《环境所大型科研仪器购置论证管理办法（试行）》，启动大型科研仪器开放共享平台建设工作，50余台大型科研仪器被纳入共享。结合现有仪器型号、功能、运行状态、维护成本及人员服务等综合因素，拟定了“环境所大型科研仪器共享收费标准”，大型科研仪器开放共享平台整体搭建工作已完成。

【推进环境污染物多组学平台建设】环境污染物多组学平台成功建立人体生物样本中卤代烷烃类物质非靶向筛查及124种抗生素类物质靶向筛查的标准检测流程与分析方法。其中，卤代烷烃类非靶向分析可一次性筛查氯化石蜡等4大类700余种物质，为新污染物暴露对人群健康的影响研究提供高通量、低成本的解析技术。同时，着力开发空间代谢组学标准化检测方法，已初步建立氯化石蜡、有机磷阻燃剂暴露在斑马鱼体内的分布定位及相关技术方法，完成效应标志物的鉴定和关键代谢通路的识别，为新污染物的毒性效应和机制研究提供了新思路、新方法。

【推进环境健康信息平台建设】完成环境健康信息平台的开发、部署工作，使用数字证书或短信认证的双因子认证方式，通过“一网、一门”，实现业务系统的集中管理和用户的单点登录。完成国家人体生物监测、公共场所健康危害因素监测、消毒与感染控制监测、环境健康综合监测、老年健康生物标志物队列、空气污染健康影响问卷调查、佳木斯肺癌健康影响调查、中国非吸烟女性肺癌危险因素调查8个业务系统的集成与接入。

【推进环境健康宣传和健康环境促进工作】持续推进环境健康宣传行动，开展第五届全国中小学生作文绘画作品评选、2021年环境健康宣教科普作品评审、“世界水日”和第六届环境健康系列宣传活动，编写《气候变化与人体健康》《居家生活环境卫生与健康防护》等科普著作。持续推进健康环境促进行动，协助国家卫生健康委开展2021年度健康中国行动考核，开展“健康饮水”“美好呼吸”主题宣讲科普知识活动，指导公众树立健康环境理念。《重点场所、重点单位和重点人群卫生防护技术指南》和《公民防疫行为准则（科普版）》被中华预防医学会环境卫生分会推荐参评“典赞·2022科普中国”活动年度科普作品和中国科普作家协会优秀科普作品奖；组织申报的《持续推进环境健康宣教，助力新冠肺炎社会防控》获得了人民网·人民健康颁发的“2022健康中国行动创新实践（健康责任）案例”。在“环境与健康”公众号上推送科普文章114篇，累计阅读量达13余万人次。

【继续开展援疆援藏和巩固拓展健康扶贫成果工作】积极对接新疆维吾尔自治区、西藏自治区疾控机构，根据其发展需求和工作难点，提供环境健康和消毒业务指导。根据上级部门要求，选派专业技术人员前往新疆、西藏地区开展疫情防控现场工作。组织、协助环境所内相关处室落实消费扶贫任务，2022年，工会、食堂采购扶贫产品共计约17.94万元。

【促进科研立项和成果产出】2022年，获批8项国家自然科学基金项目（其中包括重点项目、优秀青年科学基金项目、专项项目）、1项国家重点研发计划项目、2项国家重点研发计划课题、4项国家重点研发计划子课题，获批纵向科研经费超过3 700万元。同时，获批5项能源基金会和联合国儿童基金会国际合作项目。科技基础资源调查专项“我国区域人群气象敏感性疾病科学调查”、国家自然科学基金项目“淡化海水对雄性大鼠生殖系统影响的研究”、北京市自然科学基金项目“北京$PM_{2.5}$去甲基化综合毒性表征及其参与肺癌典型癌基因表达调控的分子机制研究”顺利完成。全所职工以第一作者和/或通信作者发表学术论文149篇，其中在*Nature Aging*、*Science Bulletin*、*Science Advances*、*Environmental Health Perspectives*、*Environmental Science & Technology*、*Environment International*等国际权威期刊上发表原创性研究论文69篇，平均影响因子达到11.2。主编《公共场所卫生系列标准实施指南》等学术专著。

【加强环境与人群健康重点实验室建设】环境与人群健康重点实验室基本建成超高分辨质谱的化学分析平台、组学技术平台等，实验室条件达到国内领先、国际先进水平。2020—2022年，获批国家自然科学基金杰出青年科学基金项目、优秀青年科学基金项目、重点项目、专项项目等18项，科技部国家重点研发计划、科技基础资源调查专项等项目（课题、任务）10项，国际合作项目和首发专项等省部级课题（任务）14项。以第一作者或通信作者单位在国际权威期刊上发表原创性研究论文150余篇，其中中国科学院JCR（Journal Citation Report，期刊引证报告）一区论文为80余篇。邀请国内外专家院士顺利举办4期“环境与人群健康前沿论坛”，组织召开“环境与人群健康重点实验室2022年度学术会议”，取得较好的学术影响。

【开展学术交流，促进人才队伍建设】邀请所外专家开展各类学术交流，共开展3次国家自然科学基金标书指导、2次国家自然科学基金授课交流、1次专利申请与管理培训交流、3次环境与健康学术会议。组织开展环境所青年基金申报，开展2021年度环境所拔尖人才选拔。

【开展国际交流合作】受新冠肺炎疫情影响，国际交流合作主要以在线参加国际会议为主，组织专家参加世界卫生组织西太区第73届区域委员会会议和TEPHINET空气质量、气候和健康全球网络研讨会。组织申报科技部高端外国专家引进计划项目“中国气候变化与健康研究引进国外高级顾问项目”并获批，旨在提高我国气候变化与健康研究的国际化水平，加强能力建设，加快人才培养速度。

【加强研究生教学和研究生导师队伍建设】2022年，招录博士研究生4人、硕士研究生22人，14人完成毕业答辩并取得学位。接收联合培养研究生5人，在读联合培养研究生为18人。2022年，新增博士研究生导师1人、硕士研究生导师3人、公共卫生硕士研究生导师9人，新任硕士研究生副导师21人、博士研究生副导师2人。组织召开研究生和新任研究生副导师培训会，加强研究生培养管理。

【“同学百年党史　共促环境健康”专题活动研究分析报告获得全国党建研究会科研院所党建研究专业委员会2021年度优秀课题成果二等奖】“同学百年党史　共促环境健康”专题活动是环境所党委开展的全体党员参与的党史学习教育活动，将学习百年党史重大事件与卫生事业、环境健康发展相结合，促进党员干部在学史知史悟史中发扬和传承精神力量，根植理想信念，践行事业发展过程，在环境健康新征程上凝心聚力，强化使命担当，有效地激发了学习教育的辐射效应。全体在职党员137名、入党积极分子等参加了专题活动。“同学百年党史　共促环境健康”专题活动研究分析报告获得全国党建研究会科研院所党建研究专业委员会2021年度优秀课题成果二等奖。

（施小明、张伟、朱文玲、孙玥）

职业卫生与中毒控制所

【工作概况】2022 年，围绕疾控工作，以职业病防治与中毒控制技术支撑工作为依托，适应新形势，迎接新挑战，协助国家卫生健康委、国家疾控局和中国疾控中心，做好重点职业病监测和职业健康风险评估、职业病防治法及配套规章和标准制修订、职业健康与中毒控制科普宣传、中毒应急处置与能力建设等技术支持工作，开展科技部重点研发计划、国家自然科学基金等多类重大专项科研工作，加强国内外合作，推动职业卫生与中毒控制工作稳步有序开展。

【推进职业健康重点技术支撑工作】推进《中华人民共和国职业病防治法》《职业病分类和目录》修订研究；组织起草《重点职业病监测报告编写指南（2022 年版）》《工作场所职业病危害因素监测报告编写指南（2022 年版）》《职业健康风险评估指南（2022 年版》《职业卫生技术服务机构管理办法》；组织职业卫生学、职业医学科技名词编写工作。

【强化职业病监测与风险评估，不断提升监测能力与水平】组织开展职业病危害项目申报、工作场所职业病危害因素监测、重点职业病监测和重点人群职业健康素养监测与干预；组织编写《2021 年重点职业病监测与职业健康风险评估报告》《2021 年工作场所职业病危害因素监测报告》《2021 年全国职业病危害因素定期检测报告质量监测》；组织编写《重点职业病监测技术方案（2022 年版）》《工作场所职业病危害因素监测技术方案（2022 年版）》和《中国劳动者职业健康素养——基本知识和技能（2022 年版）》。

【依托“健康城市”开展工作场所健康促进工作】承办《中华人民共和国职业病防治法》宣传周系列活动和第二届、第三届职业健康传播作品征集活动；修订《健康企业建设规范（试行）》；升级、优化“中国职业健康科普宣传资源库”；组织开展职业健康保护行动、职业健康达人优秀案例遴选等。

【加强职业卫生标准制修订和宣贯培训】组织开展职业健康标准预审（1 项）、终审（5 项）、审查（14 项），标准复审（153 项）、发布（4 项）和标准宣贯（500 余人）；组织职业健康标准前期研究项目（13 项）。

【开展职业健康风险评估与专项调查】开展噪声、铅、镍及其化合物、长工时作业、重点作业人群下背痛和石棉暴露等流行病学调查与职业健康风险评估；开展尘肺病人治疗康复跟踪调查、柴油机尾气健康危害分子流行病学调查、劳动密集型行业有机溶剂暴露女职工生殖健康调查及干预、特殊行业职业人群健康状况调查等。

【加强实验室质量控制与技术指导】

（1）组织开展全国职业卫生技术服务机构质量监测（425 家）、职业卫生实验室比对（96 家，比对项目为苯、铅、二氧化氮定量）和全国中毒卫生应急检测实验室比对（59 家，比对项目为抗凝血杀鼠剂、鹅膏肽类毒素）。

（2）组织编写《2021 年全国职业卫生检测能力比对总结报告》《职业卫生检测能力比对技术方案》《职业卫生技术服务机构监测技术方案》，开展宣贯培训。

（3）组织完成全国化学品毒性鉴定实验室周期复审和考核程序；完成全国区域性公共卫生中心实验室遴选及评价指标体系构建，提出职业卫生与中毒实验室评价指标。

【持续开展健康扶贫工作】1 人援疆挂职喀什地区疾控中心副主任，兼任中心南疆工作站站长；持续开展消费扶贫（16.5 万余元）。

【开展中毒应急救治技术指导、监测与风险评估工作】参与处置 21 个地区 500 余起有毒生物中毒事件；开展网络舆情监测（417 条）、24 小时中毒咨询热线和网络服务（2 593 余条）、中毒处置培训、科普宣传。

【开展中毒卫生应急队伍和国家中毒救治基地建设】开展中毒监测与风险评估、中毒卫生应急队伍建设；维护更新国家中毒救治基地系统平台、远程会诊系统，填报突发中毒事件卫生应急信息（11 300 余条）；发布有毒动植物数据库毒物信息（近 6 000 条），导入有毒生物标本数据库信息（近 1 000 条），更新有毒生物标本库近 1 000 份。

【开展科学研究，加强国际合作】

（1）在研课题为 17 项；发表学术论文 99 篇（第一作者 / 通信作者），其中中文论文为 65 篇，英文论文为 34 篇。

（2）组织实施“高海拔超长深埋隧道施工作业人员职业病综合防控技术”“纤维间质性肺疾病的早期识别与治疗策略”等重点研发项目；获科技部国家重点研发计划资助 2 项、国家自然科学基金面上项目资助 1 项。

（3）与世界卫生组织、国际劳工组织（International Labour Organization，ILO）保持长效沟通机制；签署由欧盟资助的中德“职业健康危害早期症状监测及风险评估方法研究”项目合作协议，提交世界卫生组织职业卫生合作中心年度报告。

【强化卫生应急保障，全力开展疫情防控】严格落实新冠肺炎疫情防控要求和部署，建立专班人员轮换机制，40余人次参加国家卫生健康委、国家疾控局和中国疾控中心疫情专班；编写《医务人员接触冠状病毒的职业防护指南》，开展“预防新冠肺炎等传染病公众使用口罩的卫生学指标评估研究”。

【强化所内管理，推进持续发展】继续深入开展经济活动管理、公款旅游自查自纠、政府采购管理、科研自查、生物安全管理等专项工作；加强监督执纪，制止餐饮浪费；推进科技成果转化管理办法落地实施。

（张文翠、聂武、孙新）

辐射防护与核安全医学所

【工作概况】2022年度，在国家卫生健康委、国家疾控局和中国疾控中心的领导下，以习近平新时代中国特色社会主义思想为指导，辐射安全所领导班子带领全体职工共同努力，各地放射卫生技术机构积极配合。在积极做好新冠肺炎疫情防控工作、确保各项防控措施有效落实的基础上，紧紧围绕重点任务，较好地完成了年度各项工作。作为国家卫生健康委放射卫生技术支撑机构，以全国职业性放射性疾病监测、全国医疗卫生机构医用辐射防护监测、全国非医疗机构放射性危害因素监测、全国食品和饮用水放射性监测与风险评估5项监测任务为抓手，带动全国放射卫生队伍和能力建设；继续开展放射卫生实验室检测能力考核和技术人员继续教育培训，不断提高能力考核的针对性和科学性，提高全国放射卫生队伍能力建设水平；持续深入开展核辐射卫生应急工作，并取得新成效；全面开展放射卫生政策研究和法规标准的修制订及培训工作；精心组织援疆援藏和放射卫生乡村振兴工作，为全面建设社会主义现代化国家做出了积极贡献；以重大科学工程评价检测和量值传递工作为龙头，对接国家核辐射技术应用中的重要需求，体现了国家所的担当和作为；注重放射卫生科学研究和青年人才培养，推进“十四五”发展规划实施，凝练科学问题和关键技术，支持成果转化；放射卫生信息交流与专业期刊保持优异成绩；积极组织全国放射卫生科普竞赛，科普宣传成绩斐然；克服疫情不利影响，顺利开展国际合作。同时，不断提高内部管理水平，梳理并明确各部门职能和责任分工，持续加强制度建设，确保实验室安全和辐射源安全，信息网络平稳运行，顺利完成中国疾控中心二期工程科室布局和环境影响评价，后勤和安保为放射卫生各项业务工作的有序开展提供了有力的保障。

【机构设置】2022年，共设有7个行政管理部门，分别是办公室、党群工作处、人事处、财务处、纪检监察审计室、后勤管理处和安全保卫处；6个专业技术管理部门，分别是科技处、放射卫生检测质控办公室、核事故与放射事故应急办公室、信息中心、政策标准研究室和学术期刊编辑部；8个业务部门，分别是放射诊疗安全与防护研究室、辐射防护研究室、辐射检测与评价研究室、放射化学研究室、辐射流行病学研究室、放射毒理学研究室、放射生物学研究室和放射生态学研究室。

【人事管理】截至2022年年末，共有在职职工154人，其中所领导为4人，中层干部为27人；离退休职工为184人。接收新进“三生”7人。有专业技术人员134人，其中正高级职称人员为37人，副高级职称人员为44人，中级职称人员为32人，初级职称人员为21人。有17人申报专业技术职称资格，其中10人晋升高一级专业技术资格。在2022年度绩效考核中，经各处室绩效考核评议、所联合评议会绩效考核评议和所务会审议，1名所领导、4个处室、6名中层干部和25名职工获得绩效考核“优秀”等次。

【财务预算管理与政府采购】2022年，为保障项目任务顺利开展，做到资金支付无延迟，为辐射安全所项目支出绩效指标如期完成提供了基础条件。受新冠肺炎疫情影响，2021年财政专项经费形成结转。2022年财政预算总体执行进度达到80.71%。2022年度，严格依法依规开展采购工作，继续规范设备、小型仪器、耗材以及服务的采购管理工作，完成采购金额1 328.16万元。积极执行2022年中国疾控中心重大疾病防控能力与生物安全保障项目采购工作。

【内部管理和制度建设】根据国家和上级单位要求，结合辐射安全所的实际情况，2022年度，重点加强科研项目经费管理和预算执行，完善科技成果转化的有关规定。完成《中国疾控中心辐射安全所科研项目经费“包干制”管理规定》《中国疾控中心辐射安全所科技成果转化管理办法（试行）》《中国疾控中心辐射安全所财政科研项目预算执行管理暂行办法》3项规章制度的修订和制定工作。截至2022年12月31日，共有行政管理、应急中心管理、党群管理和部门管理4大部分，其中行政管理分为6个子项，党群管理分为2个子项，共有86项规章制度。对于“三重一大”事项，充分发扬民主，充分讨论，集体决策，主要领导末位发言，纪检监察审计室负责人全程参加。全年共召开22次所务会，下达369项会议决定。

【事项审批和公文管理】2022年度，进一步规范事项审批和公文管理工作，充分做到公开、公正，按规定程序办事，加大权力运行的监控力度。全年收文运转、处理866件，审查、校对、封发公文共计183件；审批、校对、封发各类请示报告233件；通过合同管理系统，对284份合同草本进行了审查，财务处、科技处、放射卫生检测质控办公室、后勤管理处、办公室的负责人和审计人员严格把关，依据工作职能，加强送审合同的相关内容与程序审查，从根本上杜绝了各类违纪违法行为的发生。

【新冠肺炎疫情防控工作】2022年，积极应对新冠肺炎疫情，始终保持高度警惕，确保集体宿舍、家属区、租房单位和办公区的疫情防控工作的落实。辐射安全所领导班子成员高度重视，互相支持和配合，所疫情防控领导小组的中层干部执行力强，履职尽责，确保辐射安全所各项防控措施的有效落实和零疫情，防控效果良好。参与组织召开与新冠肺炎疫情有关的会议共8次，撰写会议纪要2份。参与协调派出12名同志，其作为国务院联防联控机制综合组专家，35次深入17个省（自治区、直辖市）执行新冠肺炎疫情处置和防控工作督导等任务；协助派出36人次分别参与国家卫生健康委和中国疾控中心的疫情分析工作。

【辐射危害监测与风险评估】2022年度，继续组织完成全国职业性放射性疾病监测、全国医疗卫生机构医用辐射防护监测、全国非医疗机构放射性危害因素监测、全国食品和饮用水放射性监测与风险评估5项监测任务。在全国各监测机构的努力下，克服新冠肺炎疫情影响等困难，顺利完成监测方案要求的工作任务。

（1）全国医用辐射防护监测范围覆盖全国31个省（自治区、直辖市）和新疆生产建设兵团，监测医院数量完成率达到218.5%，监测项目总体完成情况较好，完成了工作方案部署的各项任务。2022年，共抽取3 256家各级各类开展放射诊疗的医疗机构，全国地市级覆盖率为95.2%，26个省（自治区、直辖市）达到了地市级全覆盖。2022年，完成三年一轮的放射诊疗机构基本情况调查，使国家能够掌握我国医用辐射防护现状，奠定了进一步科学实施医疗卫生机构放射诊疗辐射防护监督管理工作的基础，通过医疗照射频度调查和患者剂量调查，为制修订新时期我国诊断参考水平、评估国民剂量负担提供了重要的基础性数据。

（2）全国监测非医疗机构放射工作单位14 810家、放射工作人员185 972人。放射性危害因素现场检测2 129家，完成计划监测的139.2%。监测工作的开展增强了用人单位的防护意识。用人单位个人防护用品、个人剂量报警仪和辐射防护仪表配置率较2021年分别上升了14.4个百分点、16.2个百分点和7个百分点。

（3）全国职业性放射性疾病监测与职业健康风险评估覆盖486 037名放射工作人员，543家个人剂量监测机构，个人剂量监测率为98.8%，642家放射工作人员职业健康检查机构，职业健康检查率为82.7%，2022年，地市级覆盖率为97.0%，县级覆盖率为84.1%。共对19 819名介入放射学工作人员开展了双剂量计监测；对2 464名介入放射学工作人员进行了眼晶状体剂量监测；对965家开展核医学的医院和9 308名核医学工作人员进行了调查，对20个省（自治区、直辖市）的2 351名核医学工作人员进行了内照射监测；对817例过量受照人员进行了信息调查和医学随访工作；95家诊断机构报告职业性放射性疾病15例；24个省（自治区、直辖市）和新疆生产建设兵团新增调查矿山202座，2021—2022年，共完成1 049座地下非铀非煤矿山的调查工作；11个省（自治区、直辖市）完成615名高氡暴露矿工健康效应监测。

（4）在全国食品放射性监测与风险评估工作中，2022年，增加了沿海和重点地区海产品的放射性专项监测，全国共计监测1 356份样品，完成监测数据汇总和分析。同时，承担国家卫生健康委对食品中放射性物质限值标准的修订工作。长期坚持开展食品中放射性物质监测，能力和水平得到国家卫生健康委和全国同行的高度认可。

（5）组织全国有关技术机构开展国家饮用水中放射性污染监测工作，共监测饮用水水样1 144份。同时，加强饮用水与健康风险关系研究，积极参与饮用水标准修订工作。

（6）编制完成《全国医用辐射防护监测报告（2021年）》等5份放射卫生年度报告，正式上报国家卫生健康委有关司局，并由其上报国务院。

（7）通过多年连续开展的监测工作，掌握了我国放射卫生工作的基本情况和基础数据，为国家决策、法律法规与标准的制修订提供了坚实的数据基础和科学依据；提高了全国放射卫生队伍的技术水平和实操能力；增强了用人单位依法依规开展辐射防护、性能防护和职业性放射性疾病防治的意识。同时，监测工作得到国家卫生健康委领导的充分肯定和高度评价，国家卫生健康委将主要监测结果向省级卫生健康行政部门进行通报，发挥了监测工作在监督执法中的应有作用。

【放射卫生实验室检测能力考核】

（1）继续组织实施全国个人剂量监测、放射性核素γ能谱分析、总α总β放射性测量和生物剂量估算4项放射卫生技术机构检测能力考核工作。在生物剂量能力考核项目中，不断提高能力考核的针对性和科学性。为了区分放射体检机构和核辐射损伤救治机构的不同能力需求，对考核项目进行了调整，将其分为以生物剂量估算为主的A类和以染色体畸变识别为主的B类。2022年，参加全国放射卫生检测能力比对的机构共748家，其中，参加中国疾控中心辐射安全所组织的国家级比对的机构有267家。通过汇总分析国家级和各省上报的能力比对信息，编写了2022年全国分级组织能力比对的总结报告。经过多年的持续努力，能力比对工作已经成为全国放射卫生技术机构质量控制和管理的重要平台，是行政部门做好“事中事后”监管的重要抓手，是评价机构检测能力及管理水平的重要手段，成为全国放射卫生技术质量保证的公认品牌。

（2）2022年，为了继续推进能力比对工作信息化建设，结合多年的比对工作经验，完成放射卫生技术机构检测能力在线信息管理系统的详细内容设计、在线测试和验收工作，将其并入全国放射卫生信息平台，助力“健康中国”建设。2022年，被纳入全国质量监测的放射卫生技术服务机构共260家，共涉及278份放射卫生技术报告的规范性审核工作。

【核辐射卫生应急工作】

（1）组织开展全国核辐射紧急医学救援基地能力调查，编制《核辐射紧急医学救援基地能力调查》报告；继续指导开展核辐射紧急医学救援基地建设工作，完成吉林省核辐射紧急医学救援基地建设项目预验收工作；为进一步加强国家卫生健康委核事故医学应急中心各临床部工作，为中心4个临床部及技术后援部授牌。

（2）组织编写核爆公众防护、核辐射事件人员心理评估2个技术方案；开展《核事故场内医学应急准备与响应标准》修订工作；出版《核与辐射事故医学救援与应急管理》教材；编译《世卫组织心理健康和心理社会支持框架》。

（3）根据工业和信息化部及国家卫生健康委指示，作为国家核辐射损伤救治药品承储单位，完成2022年度核辐射防治药品储备药品的购置和2021年度过期药品核销等药品轮储工作。完成北京市2022年大型活动的核辐射事件风险评估工作。

（4）参与完成国家重点研发计划“科技冬奥”专项“跨区域一体化核生化应急医学救援体系研究”项目“核生化应急医疗资源配置、调度体系及医疗救治技术”课题，建立用于突发事故情况下快速、高通量的剂量估算模型和核辐射常见的放射性核素检测流程。

（5）组织辽宁、福建、海南等省的疾控中心或职业病防治院，开展卫生应急能力调查、健康基础数据收集，以及核辐射突发事件卫生应急人员心理健康评估与卫生应急能力培训，为评估基层机构的卫生应急能力提供依据。组织开展国家核辐射突发事件卫生应急队员心理健康状况评估与心理培训，为提高应急队员的心理健康水平以及在应急状况下开展心理干预工作提供基线数据和参考依据。

【放射卫生政策研究和法规标准的修制订工作】

（1）2022年，按照全国公共卫生与预防医学名词编审工作安排，完成放射卫生学名词的查重报告、二审稿、学科间交叉互审和名词释义初稿。完成《国家核事故应急法规标准体系（2022版）》（征求意见稿）等文件修改意见反馈和《医疗照射放射防护名词术语》（GBZ/T 146—2002）、《食品中放射性物质限制浓度标准》（GB 14882—1994）等标准的修订工作，并提交国家卫生健康委。参与完成《放射工作人员职业健康管理办法》修订工作。

（2）在不断完善我国放射卫生标准体系建设的同时，实时跟踪国际原子能机构（International Atomic Energy Agency，IAEA）、国际放射防护委员会（International Commission on Radiological Protection，ICRP）、联合国原子辐射效应科学委员会（United Nations Scientific Committee on the Effects of Atomic Radiation，UNSCEAR）、国际标准化组织（International Organization for Standardization，ISO）、世界卫生组织等国际组织和发达国家有关放射卫生防护、放射性疾病诊断和食品中放射性物质相关的法律法规和标准动态。收集整理和研究相关文件，完成放射卫生标准动态追踪报告。2022年度，完成对IAEA安全标准丛书《医用电离辐射的防护与安全》（*Radiation Protection and Safety in Medical Uses of Ionizing Radiation*）（No.SSG-46）的翻译、审校及统稿。编印放射工作人员职业健康、放射诊疗和技术服务管理等法规文件汇编。编制加拿大、英国及澳大利亚放射卫生相关法规汇编。为我国放射卫生法律法规和标准体系建设提供技术支持和科学依据。

（3）2022年，组织召开全国性放射卫生标准宣贯培训会1次，宣贯培训标准2项，约100人参加。宣贯培训会的召开有助于促进放射卫生标准的宣传普及，确保了放射卫生标准的正确理解和应用，推动了放射卫生标准的有效实施。

【援疆援藏和乡村振兴工作】

（1）组织辐射安全所和江苏、福建、广东、青海4个省的33名专家，援助新疆维吾尔自治区喀什地区和克孜勒苏柯尔克孜自治州18个市、县、乡镇的31家单位，开展医疗机构医用辐射防护监测、非医疗机构放射性危害因素监测、培训带教和调研指导工作，共完成61台放射诊疗设备的性能检测和81个工作场所的放射防护检测。

（2）继续援助西藏自治区开展放射卫生监测工作，组织专家援助举办放射卫生技术培训，承担西藏地区介入治疗学放射工作人员双剂量监测工作，与西藏自治区疾控中心建立放射卫生联合实验室，指导西藏自治区开展放射卫生技术服务资质申请工作。

（3）在乡村振兴方面，在青海省、云南省、陕西省开展项目援助，在当地基层医院建设符合国家标准的放射科。

【全国放射卫生技术培训】2022年，结合疫情防控需要，为更好地满足广大放射卫生与核应急专业技术人员对优质培训资源的需求，依托中华医学会数字化知识服务平台推进线上培训项目，完成25个课件录制，搭建全国放射卫生专业人才线上培训平台，举办了“放射诊疗设备质量控制检测技术培训班”等3个线上培训项目，培训人员669人次；组织编制全国职业病危害监测评估专业骨干人才培训大纲，其中含8章352学时的理论及176学时的实践内容。组织新申报和备案2023年度国家级继续医学教育项目共7项。

【放射卫生重点专项和科学研究与学科进展】

（1）2022年是我国“十四五”发展规划的第二年，是夯实基础、攻坚克难的关键时期。广大科研人员克服疫情影响，稳扎稳打，在探索局部放射损伤的生物剂量估算、多组学研究、电离辐射对造血和免疫系统的影响及其药物干预评价、典型核辐射区域主要放射性核素生态迁移现状调查等研究领域都有所收获。力争在“十四五”期间，使生物学、流行病学和剂量学等有关学科统筹融合发展，在某些领域达到国际先进水平；在医疗照射和公众照射水平监测、辐射剂量学、放射毒理学、放射生态学等领域取得明显进步。继续保持在医疗照射防护与性能检测、放射诊疗量值传递、核辐射突发事件卫生应急与医学救援、生物剂量估算、放射生物学、辐射流行病学、辐射检测与评价等学科和研究方向的全国领先地位。

（2）2022年，继续开展科研条件能力建设工作，通过国家财政项目，组织完成辐射防护与核应急能力提升项目，进一步完善了科学实验条件，保障了核事故医学应急决策支持系统的正常运行。在此基础之上，2022年度，在研课题为23项（包括重点研发计划项目2项、国家自然科学基金项目4项、北京市自然科学基金项目1项、国际合作项目2项、国内合作项目4项、中国疾控中心青年基金项目1项、中国疾控中心辐射安全所青年基金项目9项），标准研制项目为9项。单独或牵头申报科研项目9项（包括国家自然科学基金项目 4 项、北京市自然科学基金项目 3 项、中国疾控中心青年基金项目 2 项）；作为合作单位，申报科研项目 5 项（包括国家自然科学基金项目 3 项、重点研发计划项目 1 项、中央军委装备发展部项目 1 项）。批准立项 2 项（包括国家自然科学基金合作项目 1 项、中国疾控中心青年基金项目 1 项）。以第一作者共发表论文 66 篇，其中 SCI 论文为 16 篇，并且在 *Health Physics*、*International Journal of Radiation Biology* 等辐射防护专业一流杂志以及《中国疾病预防控制中心周报（英文）》上发表了论文。获得专利授权 5 项（包括发明专利 3 项、实用新型专利 2 项）。

【重大科学工程评价检测和量值传递】放射诊疗新技术不断涌现，国家在重大科学工程上的投资巨大。为推进我国放射诊疗新技术的应用推广与辐射防护技术的发展，联合福建省职业病与化学中毒预防控制中心，与南京中硼联康医疗科技有限公司、厦门弘爱医院，共同开展硼中子俘获治疗技术（boron neutron capture therapy，BNCT）的临床应用、质量控制检测和放射卫生防护研究项目的战略合作。与远大医药（中国）有限公司联合开展钇［90Y］树脂微球用于临床治疗中的辐射防护规范制定工作。这体现了国家所的担当和作为，并致力凝练其中的科学问题，将成熟的检测技术上升为国家放射卫生标准。

【质量体系管理】质量管理体系的维护和完善，有效地保障了科学研究和技术服务的规范性开展，继续做好放射诊疗量值传递工作，为保护放射诊疗患者和工作人员的健康做出了贡献。2022 年，共出具检测报告 377 份、校准报告 6 份、建设项目职业病危害放射防护评价报告和放射诊疗建设项目职业病危害放射防护评价报告共计 6 份。

【实验室安全管理】组织所内的实验室安全监督检查，共 8 个实验室，共计 12 次。接受中国疾控中心实验室安全与质量监督检查 3 次，并按时完成整改任务，及时上交整改报告。接受公安、卫生、环境保护、应急管理、地区街道等行政部门的监督检查 18 次。在辐射安全所领导的带领下，协同后勤管理处等部门联合开展安全检查共计 3 次。每次均做好检查记录，督促各科室进行整改，提交报告。全年实验室没有发生安全责任事故。

【放射卫生宣传和科普竞赛】

（1）为推进放射卫生科普宣传，展示我国放射卫生工作成绩，进一步推动放射卫生工作的深入开展，2022 年 11 月 8 日，以“伦琴发现 X 射线 127 周年纪念日”为契机，国家卫生健康委官方网站上的《互动》栏目推出了主题为“走近放射卫生，助力健康中国”的在线访谈活动。本次活动由国家卫生健康委职业健康司、宣传司指导，中国疾控中心辐射安全所具体承办。此次活动邀请中国疾控中心辐射安全所所长孙全富研究员、中国疾控中心辐射防护首席专家苏旭研究员、中国疾控中心辐射安全所放射诊疗安全与防护研究室主任程金生研究员，向公众介绍近年来我国放射卫生工作取得的成效与下一步工作打算、放射卫生科普知识和放射卫生相关热点问题。

（2）作为承办单位之一，积极参加由中国疾控中心与中国健康教育中心、中华预防医学会及清华大学共同举办的中国科普大赛，组织动员和督促各省积极参与科普大赛中放射卫生作品开发，承担并组织放射卫生专题作品的评选活动。组织完成“2021 中国健康科普大赛”放射卫生领域 7 部作品的复审工作，并上报中国疾控中心健康传播中心（12320 卫生热线管理中心办公室）。同时，为加强放射卫生科学普及工作，组织落实放射卫生知识宣传核心信息的征集、开发工作，组织修订了“辐射与健康”系列科普展板。

【放射卫生信息交流】

（1）为了充分发挥放射卫生监测数据的作用，为全国提供放射卫生权威基础数据，2022 年 12 月，再次整理、更新并印制了《放射卫生基础信息（2022）》，梳理 10 余年来全国各项放射卫生基础数据。

（2）作为全国放射卫生与核应急信息中枢，2022 年，通过辐射安全所网站、中国疾控中心网站和《中华放射医学与防护杂志》《辐射与健康通讯》《辐射与健康通讯——放射卫生与核应急特刊》《辐射安全所工作通报》《放射医学与防护（英文）》（*Radiation Medicine and Protection*）等多种信息媒体，及时收集、分析和发布国内外放射医学、放射卫生与核应急发展动态和最新学术成果。共在辐射安全所网站上发布新闻 53 篇、公告 17 篇，向中国疾控中心网站投稿 53 篇。

【放射卫生专业期刊】

（1）2022 年，《中华放射医学与防护杂志》再次入选“百种中国杰出学术期刊”，连续 9 年蝉联军事医学与特种医学学科第一。其影响因子上升至 1.12；核心总被引频次为 1 259 次，学科排名第一。1 篇论文入选第七届中国科协优秀科技论文，6 篇论文入选“领跑者 5000——中国精品科技期刊顶尖学术论文（F5000）”。全年共收稿 504 篇，刊发 199 篇，退稿率为 60.5%。

（2）《放射医学与防护（英文）》于 2021 年 9 月获得国内统一连续出版物号（CN 号），2022 年获得首个 CiteScore 1.4 分，在应急医学（Emergency Medical Services）分类中排名第二，位于 Q1 区。入选《科技期刊世界影响力指数（WJCI）报告（2022）》，影响因子为 2.240。全年收稿 61 篇，退稿 23 篇，退稿率为 37.7%，刊发 35 篇，其中国际稿源为 21 篇。1 篇论文入选 2022 年度“百篇中华医学优秀论文”。

（3）《辐射与健康通讯》全年刊发 12 期，主要介绍国内外放射卫生相关学科领域发展的最新科技动态、研究成果、法律法规标准及舆情信息等。发挥在全国放射卫生领域的技术支撑和指导作用。在新冠肺炎疫情防控工作中，及时报道新冠肺炎放射诊断检查中感染控制与放射卫生防护工作科研成果等，第355期刊发的《辐照消毒考试卷，切断“新冠”传播链》受到了国家卫生健康委的高度关注。

【国际合作与学术交流】

（1）2022年度，继续深化与国际原子能机构、世界卫生组织等国际组织以及日本等国家的学术交流与合作，多项国际合作项目进展顺利；受疫情影响，组织申报外宾参加辐射安全所举办的线上学术交流会议共1批3人次；组织申报辐射安全所专家参加国际辐射研究协会、联合国原子辐射效应科学委员会、国际原子能机构等线上国际会议等共6批16人次。组织签署1项与日本国立量子科学技术研究院的合作备忘录。加强国际学术交流和人才培养，不断提高科研水平，是做好放射卫生工作的重要平台。

（2）根据世界卫生组织辐射与健康合作中心的工作职责，组织召开世界卫生组织辐射与健康合作中心线上研讨会，讨论合作中心的工作进展情况及下一步的工作计划。邀请世界卫生组织环境气候变化和健康部的3位项目官员出席研讨会。撰写完成2022年度合作中心进展报告，并上报世界卫生组织。

【研究生培养】2022年度，组织新增7名研究生导师，在职研究生导师为28名，聘任研究生副导师28名，组织研究生招生复试工作，组织考核、复试考生23名，录取15名；组织8名研究生完成毕业答辩，7名研究生获得学位；组织2023年招收的1名推免直博考生复试；组织6门专业课程教学工作；组织完成研究生奖学金申请工作，其中2名学生获得一等奖学金，并获得“优秀研究生”称号。1名博士后出站并办理出站手续；在站博士后1名，并完成中期考核。

【保密和档案管理】

（1）逐年逐级签订保密协议和计算机安全保密责任书，定期组织专人对所内涉密计算机和涉密载体进行安全检查。在辐射安全所保密委员会和全体职工的共同努力下，2022年度，未发生保密安全责任事故，并按要求完成国家卫生健康委和中国疾控中心布置的保密自查等工作。

（2）为充分利用档案资源，保证档案安全，2022年度，共归档文书档案240件、基建档案2卷、科研档案6卷、声像档案照片320张、报纸杂志等10件。全年接待查询借阅68人次，利用文书档案72卷、科研档案31卷。

【职工在职教育】积极为在职职工提供多渠道的学习教育机会，每年都有职工考取硕士研究生、博士研究生和获得各类专业技术证书。2022年，组织庆祝党的二十大胜利召开，围绕迎接和宣传党的二十大，组织开展主题宣传活动。引导广大党员干部鼓起奋进新征程、建功新时代的精气神，学习宣传贯彻党的二十大精神。组织对全体中层干部进行干部选拔任用知识培训、廉政风险培训和管理知识培训，提高其管理素养；组织全所放射工作人员进行辐射安全和放射卫生管理岗中复训，加强放射防护能力建设。

【后勤保障与安全保卫管理】作为中国疾控中心独立的办公区域，在后勤保障和安全保卫工作中，除负责辐射安全所业务保障管理职责以外，还承担办公区和家属区管理工作，任务重、责任大。2022年度，后勤和保卫人员克服重重困难，保障了辐射安全所的工作正常运转。按计划完成了国有资产管理、公费医疗服务管理、物资供应、供暖、供电、供水、车辆运行、综合治理及安全保卫等工作。

（曹建彪、冒煦、孙全富）

农村改水技术指导中心

【工作概况】2022 年，继续围绕农村饮用水卫生、农村环境卫生、农村改厕以及相关的健康影响和疾病预防控制，组织开展相关检测、监测、科研、技术指导和技术支撑工作。积极学习宣传贯彻党的二十大精神，宣传贯彻党的二十大精神部署。积极参与疫情防控相关工作，共派出 14 人次参与疫情防控工作，其中 2 人次参与国家卫生健康委流调溯源专班工作，1 人次参与中国疾控中心日报专班工作；派出 11 人次参与北京市、天津市、江苏省、黑龙江省、吉林省、辽宁省、内蒙古自治区、青海省等地的疫情处置工作。派出 1 人次参与四川省甘孜州泸定县地震灾后卫生防疫工作。做好教育培训工作，完成硕士研究生的招生录取、中期考核、学位授予等管理工作。继续加强和完善科研管理工作，完成科研资源和数据自查、伦理审查等工作。

【党的二十大精神学习宣贯】按照中国疾控中心党委统一部署，2022 年 10 月 16 日，组织党员干部职工收听收看党的二十大开幕会，积极撰写心得体会。2022 年 11 月 3 日，通过视频，参加中心党委学习宣传贯彻党的二十大精神部署动员会。2022 年 11 月 17 日，召开学习宣传贯彻党的二十大精神工作部署会，进一步布置改水中心的相关工作。

【全国农村饮用水水质监测工作】全国农村饮用水水质监测是改水中心承担的常规监测任务。2022 年度，组织全国 31 个省（自治区、直辖市）和新疆生产建设兵团的各级疾控中心完成了农村饮用水枯水期和丰水期的水质监测工作。共检测分析水样 188 910 份，完成监测任务量的 112.46%；监测覆盖全国 31 个省（自治区、直辖市）和新疆生产建设兵团的 2 762 个县（市、区、旗）31 275 个乡镇，达到监测乡镇全覆盖。

【农村饮水安全工程卫生学评价项目】2022 年，在 25 个省（自治区、直辖市）的 88 个县（区）对 148 座农村饮水安全工程开展了卫生学评价，主要是通过对供水工程的设计、建设以及运行管理和监督、水质检测等各个环节存在的影响水质安全的因素及其危害进行评价，提出建议与对策，从而优化农村饮水安全工程的设计、建设和运行管理，在更大程度上保障农村饮水安全。组织召开线上培训启动会 1 次，培训省、市、县级卫生学评价技术人员 300 余人。

【全国农村环境卫生监测项目总结】根据原国家卫生健康委疾控局的工作要求，制定

《中国农村环境卫生监测数据集》工作方案，完成“2011—2021年全国农村环境卫生监测数据库”和《2011—2021年监测技术报告》《全国农村环境卫生监测执行手册》《全国农村环境卫生监测科研论文集》的整理工作；基本完成《2011—2021年全国农村环境卫生监测总结报告》和《2011—2021年全国农村环境卫生监测数据集》的编撰工作；完成2011—2021年全国农村环境卫生监测数据表单整理610份，共计892 311字。

【农村户厕卫生学调查与评估】通过开展农村户厕卫生学调查与评估，了解农村户厕的建设和使用情况，为科学开展改厕宣传及技术指导提供依据。2022年，在山东、湖北、广西、甘肃4个省（自治区）开展农村户厕卫生学调查与评估，完成调查的32个村、503户家庭及503座户厕的数据整理、清洗和统计分析工作，撰写农村户厕卫生学调查与评估报告1份。

【农村改厕相关腹泻病疾病负担调查】对改厕相关腹泻病的疾病负担开展调查，有助于衡量腹泻病对健康、生活、社会经济造成的影响，从而对其危害程度做出正确的评价和判断，确定改厕在卫生防病中的地位。在山东、湖北、广西3个省（自治区）开展农村改厕相关腹泻病疾病负担调查，2022年，完成调查的24个村、665户家庭、2 232人及306例腹泻病例的数据整理、清洗和统计分析工作，并撰写农村改厕相关腹泻病疾病负担调查报告1份。

【教育培训】2022年，完成2名硕士研究生招生录取，3名硕士研究生毕业，其中2名取得硕士学位。按计划有序推进在读研究生的课题开题及中期考核工作；按要求组织开展导师遴选、副导师聘任，完成研究生的日常管理等工作。

【科研管理】制定单位科研和业务工作档案管理办法、科研项目伦理审查工作要求。完成财政项目预算评审和申报，完成业务工作的伦理审查。完成改水中心自主研究基金项目的申报和审批。

【疫情防控工作】2022年，积极参与疫情防控相关工作，共派出14人次参与疫情防控工作，其中2人次参与国家卫生健康委流调溯源专班工作，1人次参与中国疾控中心日报专班工作；派出11人次参与北京市、天津市、江苏省、黑龙江省、吉林省、辽宁省、内蒙古自治区、青海省等地的疫情处置工作。派出1人次参与四川省甘孜州泸定县地震灾后卫生防疫工作。

（王蕤）

妇幼保健中心

【工作概况】2022 年，围绕年度妇幼健康工作重点，充分发挥国家级妇幼保健中心的业务指导和带头作用，推动重点工作，制定行业规范，开展科学研究，协调全国妇幼保健系统稳步落实妇幼健康工作任务。

1. 助力行业规范

一是助力政策制定。协助国家卫生健康委制定《加速消除宫颈癌行动计划（2023—2030 年）》《消除艾滋病、梅毒和乙肝母婴传播行动计划（2022—2025 年）》等政策文件，完成母婴保健证件改版招标等工作。二是加强行业规范。起草儿童早期发展、“两癌”（宫颈癌和乳腺癌）筛查、健康教育、母婴安全、机构建设、辅助生殖等 10 余项工作指南和规范。

2. 提升行业服务能力

一是加强妇幼保健机构建设。受国家卫生健康委妇幼健康司（以下简称国家卫生健康委妇幼司）委托，组织实施 2021 年度全国妇幼保健机构监测与绩效考核工作，完成全国 3 083 个妇幼保健机构的数据采集、清理和分析报告。制定《妇幼保健机构全面质量检查手册》。开展妇幼公共卫生服务项目实施与县级妇幼保健机构服务能力提升现状研究。二是促进妇幼健康专科建设。继续推进婚前保健、孕前保健、妇幼中医药特色专科建设，制定相关技术文件。开展国家更年期、孕产期保健和新生儿保健特色专科建设评选。三是加强基层人员培训。组织全国基层产科医师培训和西部地区新生儿科医生培训项目，提升基层人员特别是中西部地区基层人员的能力。组织健康教育、“两癌”筛查、儿童保健、孕产保健、辅助生殖等技术培训 20 余场次，培训基层人员 6 000 余人次。四是抓好重点地区支持。派驻援疆干部 1 名。继续开展四川省凉山州对口支援工作。完成青海省玉树藏族自治州加强基层康复能力培训 11 期，培训 408 人次。

3. 抓好重点领域

一是强化母婴安全保障。印发《消除艾滋病、梅毒和乙肝母婴传播评估指导手册（2022 年版）》，继续开展对各地预防母婴传播技术支持工作。编写《新冠疫情下保障母婴安全实用手册》（中英文版），完成危重孕产妇救治体系评估方案与指标制定。二是推进儿童健康发展。启动新周期新生儿安全项目，继续推广新生儿早期基本保健技术，开发线上培训视频。继续做好营养包项目，对近 29 万名村级儿童保健人员开展婴幼儿营养喂养咨询能力提升培训，惠及近 500 万名 0 ~ 2 岁婴幼儿及家庭。制定儿童孤独症筛查干预试点方案，完成国际儿童发育监测指南（the International Guide for Monitoring Child

Development，GMCD）培训，促进儿童早期发展。三是促进妇女健康管理。继续推进全国“两癌”筛查，制作“两癌”筛查技术慕课，开展覆盖12个省的“两癌”筛查质控工作；建设“两癌”监测信息系统。开展宫颈癌筛查、妇女心身健康干预技术评估、中国女性绝经状况的流行病学调查等科学研究。出版《妇幼全生命周期健康教育基本信息（女性篇）》。编写孕产妇心理健康教育核心信息。四是推动生殖健康服务。完成《2020年全国辅助生殖技术服务监测和分析报告》和《2009—2020年全国辅助生殖技术服务发展报告》。制定青春期多囊卵巢综合征健康教育核心信息。推进生殖健康新周期项目开展，开发新版紧急情况下生殖健康服务包。

4. 促进多边交流

一是组织中国疾控中心妇幼保健中心成立20周年系列妇幼健康学术论坛活动，回顾妇幼保健中心成立20年来在妇幼健康领域取得的重大工作成就；邀请妇幼健康行业领域的领导和专家、部分省妇幼保健机构的领导和专家代表，就新时代妇幼健康发展、妇幼体系建设等话题进行讨论，展望妇幼健康事业未来发展的方向。二是强化信息化建设和妇幼健康监测。实施妇幼健康服务信息系统整合，开展妇幼健康信息平台建设终验评估；继续深入推动孕新项目提质扩面；持续加强淮河流域出生、出生缺陷及妊娠结局监测工作。完成31个省（自治区、直辖市）“云上妇幼”远程医疗平台建设项目绩效评价。三是促进国内行业交流。开展全国三级妇幼保健院新媒体健康教育科普影响力监测工作，以排行榜形式每月发布。继续办好《中国妇幼卫生杂志》。优化“母子健康”App，推动与省级对接工作。四是加强国际合作交流。与联合国儿童基金会、联合国人口基金、世界卫生组织、香港嘉道理慈善基金会等多个组织，以及雀巢（中国）有限公司和贝亲管理（上海）有限公司广泛开展合作研究达19项；梳理国内妇幼领域的国际合作经验，为建立全球妇幼卫生网络做准备，推进全球妇幼卫生能力建设；促进中国与东盟妇幼健康领域紧密合作，开展母婴安全经验交流活动。

【印发“两癌”筛查技术文件】2022年，制定并印发《宫颈癌筛查质量评估手册（2022年版）》《乳腺癌筛查质量评估手册（2022年版）》和《“两癌”筛查信息管理手册（2022年版）》，将其作为国家《宫颈癌筛查工作方案》和《乳腺癌筛查工作方案》的配套文件，并协助国家卫生健康委妇幼司回复“两癌”防治领域全国人大代表提案、政协委员建议7份。

【启动新周期“两癌”监测试点工作】2022年，在14个省的15个地区启动新周期“两癌”监测试点工作，并为继续扩大监测范围做准备。组织举办在线管理培训班，100余名“两癌”筛查管理和专业技术人员参加培训；赴3个省的6个县进行调研。

【签署中西部宫颈癌筛查公益项目合作协议】2022年，与中国人口福利基金会签署中西部宫颈癌筛查公益项目合作协议，计划在中西部的4个省开展宫颈癌筛查公益项目，并筹备项目启动实施。

【推进青少年心理健康发展项目】 为落实《健康中国行动——儿童青少年心理健康行动方案（2019—2022年）》《中国儿童发展纲要（2021—2030年）》《中长期青年发展规划（2016—2025年）》，更好地促进各级多部门合作机制建立，进一步加强青少年心理健康促进与服务工作，作为主要执行单位，组织多部门商讨，最终推动国家卫生健康委妇幼司与共青团中央维护青少年权益部联合发文，共同推进青少年心理健康。

【启动开发新版青少年心理健康服务包，完成预试验及评估】 基于新版青少年心理健康服务包框架，并结合积极心理学、认知行为治疗和社会情感学习等多个理论框架，完成认识自我、识别和管理情绪等10个模块的标准化服务包开发及修订。2022年9月17日，在北京市延庆区第一中学，以团体心理辅导的形式对服务包中的4个章节进行了预试验，并完成了对70余名学生的问卷调查和对教师的深入访谈，对服务包进行了全面评价，为后续服务包的修订、实施和推广提供了依据。

【完成青少年心理健康发展项目选点工作】 结合上周期青少年心理健康发展项目的工作情况和调研结果，并征求国家卫生健康委及共青团中央的意见，制定选点调研方案和发文，通过省级推荐，在线面试了10个省26个地市43个区县的项目单位，最终确定10个省26个地市33个区县作为本周期第一批项目试点地区。

【完成妇女保健工作专项调查】 为了解各地的妇女保健工作水平和能力，加强相关专科建设，组织开展了更年期保健、青少年保健、针对妇女暴力医疗干预工作情况专项调查，组织31个省（自治区、直辖市）完成在线调查，共计回收问卷2 000余份，同时，对来自各省（自治区、直辖市）的80余名医院管理人员和医务人员进行了在线定性访谈。

【完成新版紧急情况下生殖健康服务包的初稿撰写工作】 2022年，成立多专业的国家级专家小组，包括孕产妇保健、新生儿保健、妇女保健、性传播疾病、艾滋病、基于性别的暴力、青少年保健等领域，在旧版紧急情况下生殖健康服务包的基础上，结合国内外专家意见，完成新版服务包的初稿撰写工作。

【召开全国妇幼保健机构妇女保健部主任学术交流会】 为全面推进我国全生命周期全方位妇女保健工作，进一步提升妇幼保健机构的业务技术及管理水平，2022年12月9日，举办了全国妇幼保健机构妇女保健部主任学术交流会。来自全国各省（自治区、直辖市）的各级妇幼保健机构妇女保健工作分管领导、保健部主任、妇女保健部主任、相关专业技术人员共计2万余人参会。此次会议对促进新时期妇女保健服务的创新转型能力提升、有效推动各地妇女保健工作的顺利开展具有非常重要的意义。

【郑睿敏研究员团队的研究项目获“APEC健康妇女·健康经济体研究奖”最高奖】 2022年9月7日，在泰国曼谷召开的亚太经济合作组织妇女与经济论坛会议上，中国疾控中心妇幼保健中心郑睿敏研究员团队的“孕产期抑郁筛查策略的构建与卫生经济学评价”（A Screening Strategy for Maternal Depression：Construction and Health Economics Evaluation）研究项目获2022年“APEC健康妇女·健康经济体研究奖”最高奖。此次获奖体现了国际社会对我国妇幼健康领域研究的高度认可，发挥了中国女性健康领域研究成果对国际多边事务的积极参与和贡献。

【申报2022年国家重点研发计划】 2022年12月，由山东大学牵头申报的国家重点研发计划“中国女性早绝经的风险预测及临床应用研究”项目申报成功，中国疾控中心妇幼保健中心为该项目课题“中国女性绝经状况的流行病学调查研究”承担单位，郑睿敏研究员为课题负责人。项目研究周期为2022年12月至2025年12月，将建立首个中国女性绝经状况的多维生态系统理论体系框架，并建立早绝经不同风险人群队列，全面掌握我国女性绝经状况的流行病学特征，初步揭示不同风险人群的卵巢功能衰退规律和绝经进程特点。

【加强国家妇女保健特色专科建设工作】 2022年，为推进婚前保健、孕前保健工作，加强出生缺陷综合防治，进一步提高婚育质量和优生优育服务水平，组织开展国家婚前保健特色专科、孕前保健特色专科建设工作，完成资料申报及形式审查工作；为进一步加强对国家级妇女保健特色专科建设单位的管理，促进国家级妇女保健特色专科建设单位的持续发展，并不断提升其示范和标杆作用，组织制定妇女保健特色专科建设成果监测评估方案、孕产期保健特色专科建设成果监测评估指标体系及更年期保健特色专科建设成果监测评估指标体系；为进一步推进中医药在妇幼健康领域的应用与发展，制定妇幼中医药特色单位评审标准及申报书；为总结既往国家孕产期、更年期保健特色专科单位的经验做法，切实发挥专科建设单位的示范和引领作用，组织修订国家孕产期、更年期保健特色专科典型经验案例，并进行交流推广。

【掌握全国妇幼健康领域中医药工作进展情况】 为及时掌握各地《推进妇幼健康领域中医药工作实施方案（2021—2025年）》的工作进展情况、深入挖掘典型经验做法，2022年，组织开展覆盖全国31个省（自治区、直辖市）的妇幼健康领域中医药工作进展情况专项调查工作，完成调查工具设计、调查数据整理及分析，并撰写完成妇幼健康领域中医药工作进展情况调查汇总报告。

【推动更年期保健健康教育工作规范开展】为进一步提升更年期女性的健康意识和水平，促进更年期女性健康教育工作的开展，2022 年，组织起草了更年期女性健康教育核心信息及其释义。

【《消除艾滋病、梅毒和乙肝母婴传播行动计划（2022—2025 年）》及相关配套文件正式发布】为进一步加强预防艾滋病、梅毒和乙肝母婴传播工作，推动在全国范围内实现消除母婴传播目标，组织国内外相关专家起草编制的《消除艾滋病、梅毒和乙肝母婴传播行动计划（2022—2025 年）》于 2022 年 12 月由国家卫生健康委正式印发。同时，颁布了《消除艾滋病、梅毒和乙肝母婴传播评估指导手册（2022 年版）》。相关文件的发布将推动 2023 年全国各省申请消除母婴传播评估工作的开展。

【起草《开展助产技术医疗机构基本标准》及《助产技术服务人员资格考核标准》】2022 年，起草《开展助产技术医疗机构基本标准》及《助产技术服务人员资格考核标准》，并完成 2 个省的现场调研和 31 个省（自治区、直辖市）的征求意见工作。

【2022 年度基层产科医师培训子项目继续完成 2 300 名基层产科医师培训】按照国家卫生健康委妇幼司部署，实施紧缺人才培训项目基层产科医师培训子项目，负责组建国家级培训专家团队，编订并下发基层产科医师培训大纲和考核方案。2022 年，完成中西部 22 个省（自治区、直辖市）和新疆生产建设兵团 2 300 名基层产科医师培训工作。

【婴幼儿过敏性疾病纵向研究结题】与雀巢营养科学院合作，于 2017 年 7 月启动婴幼儿过敏性疾病纵向研究，周期为 5 年，在 14 个省（直辖市）的 20 家医疗机构进行了 4 600 例孕期至婴儿期完整问卷调查及纵向研究终末数据收集，进行数据清洗后，保留了 2 826 例有效数据，完成了数据分析及报告撰写。

【举办淮河流域出生及出生缺陷诊断技术培训班】2022 年 11 月 30 日，在北京市举办淮河流域出生及出生缺陷诊断技术线上培训班，总结了该项目过去一年的工作经验，加强了不同项目省、市和区县之间在项目实施、质量控制和技术技能方面的相互学习交流，促进了淮河流域出生及出生缺陷监测工作的顺利开展。

【召开母乳喂养咨询项目交流会】为促进各地母乳喂养工作的深入开展，2022 年 8 月

25日，举办婴幼儿喂养咨询项目暨第四周期母乳喂养咨询项目交流会，国家卫生健康委妇幼司领导、国内相关专家，以及31个省（自治区、直辖市）67家项目单位的代表近200人参加了此次交流会。本次会议交流了母乳喂养政策、策略和前期项目经验，加深了项目单位对母乳喂养及婴幼儿喂养工作的认识，为各项目单位母乳喂养促进工作的顺利开展和推进提供了保证。

【启动第二周期新生儿安全项目】为推进新生儿安全提升行动实施，2022年11月11日，第二周期新生儿安全项目在北京市召开启动会，国家卫生健康委妇幼司领导、联合国儿童基金会驻华办事处代表、中国疾控中心妇幼保健中心领导出席会议，各省（自治区、直辖市）卫生健康委和项目市、县负责人共1 000余人线上参会。本次会议交流了第一周期项目经验并部署了第二周期工作。在新的周期，将扩大项目实施区域，持续推广新生儿早期基本保健技术，对提高新生儿生存质量起到积极促进作用。

【启动国家辅助生殖技术服务监测工作】作为中国疾控中心妇幼保健中心成立20周年系列活动之一，2022年11月10日，线上举办国家辅助生殖技术服务信息管理培训班，共有来自全国的2 368名辅助生殖领域的管理者和从业人员参加。此次培训聚焦于国家辅助生殖技术年度服务监测的有关内容，包括行政管理、产科合作、出生缺陷监测、并发症管理、实验室质控、男科和人类精子库质控、监测指标及统计口径、信息系统操作方法等。此次培训规范了辅助生殖技术信息管理，有利于提高辅助生殖技术服务质量与安全，标志着年度国家辅助生殖技术服务监测工作的顺利开启。

【开展孕期空气污染物暴露与早产和低出生体重关联研究】2022年，与中国疾控中心慢性中心合作开展孕期空气污染物暴露与早产和低出生体重关联研究，完成大气主要污染物与早产、低出生体重关系队列研究的Meta分析，同时，利用302个中国成人慢性病与营养监测点2018—2020年出生、慢性病及危险因素和气象数据，进行孕期空气污染物暴露与早产和低出生体重的关联分析，并完成相应报告和论文。

【开发《妇幼保健机构全面质量检查手册》】2022年，组织10位省级妇幼保健机构专家参与编写《妇幼保健机构全面质量检查手册》，内容包括院内医疗保健服务、辖区业务管理和后勤管理的质量检查工具。该手册将用于培训各级妇幼机构质量管理人员。

【开展县级妇幼保健机构服务能力调研】为了解基层妇幼公共卫生服务项目实施情况，以及县域医共体政策对县级妇幼保健机构服务能力提升的影响，2022年，对重庆市、湖南省、广东省的8个县级妇幼保健机构和基层医疗卫生机构进行现场或线上调研，并完成调研报告。

【修订妇幼保健基本数据集】2022 年，完成妇女保健、儿童保健 12 个业务领域的基本数据集修订工作，产出标准文本、编制说明及征求意见汇总表，完成标准预审工作。

【开展妇幼健康服务信息系统整合项目】2022 年，开展妇幼健康服务信息系统整合，协调妇女“两癌”信息系统开发建设和部署，编制妇幼健康服务信息系统整合项目技术需求书，为项目招标做准备。

【继续开展国家出生医学证明管理信息系统安全运维优化升级工作】2022 年，开展关键信息基础设施运营者网络安全工作，完成系统数据库服务器及前置服务器资源扩容；按照 2021 年版全国妇幼健康统计调查制度，制定出生医学信息接口规范，完成 2022 年度网络安全等级保护测评，并与国家卫生健康委全员人口信息系统对接，撰写全国出生医学证明流转管理子系统建设方案的技术需求内容。

【继续开展全民健康保障信息化工程——妇幼健康信息子系统联通工作】2022 年，修订完善全民健康保障信息化工程——妇幼健康信息子系统共享试点工作方案，按照 2021 年版全国妇幼健康统计调查制度，完善数据收集相关标准规范。

【组织开展 2022 年网络安全保障工作】2022 年，开展重大活动和节日网络安全每日零报告、网络系统安全自查和数据安全专项检查、杀毒软件和终端安全软件及核心交换机摸底调查工作，配合完成安可替代项目调查确认工作，组织 2022 年度网络安全应急演练，及时修补信息系统风险排查中发现的系统漏洞并进行安全加固。

【继续开展妇幼健康信息化建设项目】2022 年，完成妇幼健康信息化建设项目（2017—2021 年）周期终末评估工作，产出该项目评估报告和执行摘要，并通过总结项目成果经验，产出《优秀案例集》和《妇幼健康大数据分析建设方案》，为下一周期项目开展奠定了技术基础。

【继续开展淮河流域出生及出生缺陷监测项目】2022 年，继续开展淮河流域出生及出生缺陷监测项目，淮河流域的 14 个项目区县共上报出生数据 70 000 多例、出生缺陷数据 2 000 多例、流产数据 10 000 多例。2022 年 8—9 月，组织开展针对 5 个项目区县的国家级现场督导和质量控制，11 月召开线上项目年度工作会议和举办出生缺陷专题技术培训，并于 11 月撰写完成监测数据年度分析报告。

【升级全国产前诊断机构信息管理系统】2022年，完善全国产前诊断机构信息管理系统功能，完成截至2022年6月30日全国开展产前诊断技术医疗机构名单的上报统计，为国家卫生健康委公布全国经批准开展产前诊断技术的医疗机构名单提供了信息支持服务。

【举办中国—东盟促进母婴安全经验交流活动】2022年12月7—9日，受国家卫生健康委国际司委托，在北京市以现场和线上相结合的形式，举办2022年中国—东盟促进母婴安全经验交流活动。来自中国、东盟、世界卫生组织西太区、联合国儿童基金会的卫生官员、妇幼健康领域专家和学者代表及国内各省（自治区、直辖市）妇幼保健机构的相关负责同志共100余人参加了活动。各国围绕母婴安全等方面的最佳实践做专题报告、主旨演讲，交流内容既有宏观策略、具体措施，又有实用技术和经典案例，使与会者对各国妇幼保健情况有了更深入的了解，增进了相互之间的友谊，为未来深度合作奠定了基础。

【举办全球妇幼卫生能力建设活动】为持续推进妇幼健康工作的国际交流与共享，2022年6—11月，组织召开全球妇幼卫生能力建设专家讨论会和国际合作能力提升高级研修班。与会专家结合自身的工作经验，为项目的战略定位、专家智库建设、国际合作能力提升等方面提供了宝贵建议。本次研修班旨在培养具备专业技术能力、跨文化沟通与协调能力、广阔的国际视野和深厚的人文底蕴的妇幼卫生领域人才，内容主要涉及政策分析、能力建设、国际合作项目管理等方面。本次培训以教师分享案例和学员交流讨论相结合的形式开展，使学员了解了国际合作的乐趣与挑战以及所需的能力和素养，为下一步开展妇幼健康国际交流与合作提供了借鉴。本次培训共计培养31名学员，培训内容及培训形式得到了学员的认可。

【协助完成出生医学证明改版，推出出生医学证明（第七版）】2022年2月，受国家卫生健康委妇幼司委托，协助其启动出生医学证明的改版工作。2022年4月，组织开展多轮改版需求论证，组织企业设计、制作初样、组织专家评议，于7月由国家卫生健康委审核选定新版的版式式样，10月完成技术指标和服务要求文本，11月完成新版相关印制项目的招标采购。妥善规划部署出生医学证明（第七版）和样证的印制、发运及改版后相关废证管理等工作，切实保障出生医学证明（第七版）自2023年4月1日起在全国正式启用。

【启动三级妇幼保健院新媒体科普作品影响力指数监测工作】为落实《妇幼保健机构绩效考核办法》，持续推进妇幼保健机构健康教育工作，组织开展全国273家三级妇幼保健院新媒体科普作品影响力指数监测工作。2022年2月，构建微信公众号监测平台，收集监测信息，组织监测工作启动及培训会，6月完成内部测试，自7月起，通过微信公众号正式发布影响力排行榜单，共发布月榜单 7 期。2022 年 12 月，在充分调研的基础上，筹备以抖音和微信视频号为平台的视频类科普作品影响力监测工作，收集监测信息，并搭建监测平台，开展预监测。

【持续开展“母子健康”App 升级改版及推广应用工作】为促进妇幼健康信息化建设，围绕母子生育及保健服务，开发了“母子健康”App（以下简称 App）。2022 年，进行 App 的升级优化，包括开发医生端，设置“婴幼儿营养喂养”模块，增加学习及婴幼儿喂养咨询卡推送功能，辅助“婴幼儿营养喂养咨询项目”人员培训及应用；优化用户端，增加健康教育信息查询、与医生端互动及针对性推送等功能；与 4 个省级平台对接，完善 H5 和微信小程序开发，拍摄 App 推广视频，促进 App 的推广及应用。截至 2022 年 12 月 31 日，App 注册用户共 92 万人。

【编写完成《妇幼全生命周期健康教育基本信息（女性篇）》电子书】2022 年，组织专家编写图书《妇幼全生命周期健康教育基本信息（女性篇）》。该书含 110 条基本信息及相关释义，包括从青春期、婚前、孕前、孕产期、育龄期到更老年期女性生命各个阶段所需的基本健康知识，内容涵盖各阶段生理变化、生殖健康与避孕、疾病防治与保健服务、营养与饮食、生活方式、自我监测与管理、心理健康等各方面信息。全书共约 5.3 万字，已提交人口出版社，拟以电子书形式免费发行。

【开展横向课题自查工作】2022 年 2 月，开展 2021 年度执行横向课题自查工作，完成课题自查 15 项，并撰写自查总结。

【组织开展全国知识产权宣传周培训活动】2022 年 4 月 20—26 日是全国知识产权宣传周，邀请法律顾问袁笑莉律师以线上和线下相结合的方式开展知识产权专题培训，共计 27 人参加培训。

【2022 年度母婴营养与健康研究项目立项】2022 年 6 月，2022 年度母婴营养与健康研究项目课题申报 111 项，经形式审查、专家评审、线上答辩，最终确认立项 24 项。

【4 名研究生毕业】2022 年 7 月，吴嘉敏等 4 名硕士研究生通过毕业论文答辩，顺利毕业。

【新增硕士研究生导师】2022 年 7 月，新增公共卫生硕士研究生导师 2 名，分别为白符主任医师和杨丽副研究员；新增儿少卫生与妇幼保健学硕士研究生导师 1 名，为王前研究员。

【组织研究生专业课程教学培训】 2022年8月31日，组织研究生专业课程教学培训，共计28名教学老师和管理人员参加了培训。此次培训加深了教研组老师对备课、听课的重视和理解，明确了抓好教学质量的重要性，有助于推进研究生教学和培养的规范化发展。

【举办2022年全国省级妇幼保健机构管理工作会】 2022年12月16日，线上举办2022年全国省级妇幼保健机构管理工作会，来自全国各地妇幼保健机构的书记、院长等行政和业务管理人员共计2 000余人参加了会议。本次会议讨论了我国妇幼健康工作取得的进展与成就，分析了我国妇幼健康事业面临的新形势和新挑战，并提出了未来的发展策略，明确了做好新征程上妇幼健康工作的目标，进一步推动了妇幼健康高质量发展。

【第二次开展妇幼中心女干部援疆工作】 2022年12月26日，白符同志作为中国疾控中心第十二批援疆干部第二次赴新疆维吾尔自治区妇幼保健院开展援疆工作。白符曾在2015年9月作为中国疾控中心第一批援疆干部中唯一的女同志、妇幼中心派出的首位援疆干部，执行了为期1年的援疆任务。2022年，面对新疆维吾尔自治区的新冠肺炎疫情，白符主动迎难出发，再次踏上援疆路，充分发挥专业技术人才优势，为新疆维吾尔自治区的妇幼健康工作贡献力量。

【举办2022年干部职工培训班】 2022年9月16日，在中国疾控中心昌平园区举办2022年度中层干部职工培训班及全体职工培训会，妇幼中心副主任李志新（主持工作）、党委书记张学清到会发言，全体中层干部职工、进修人员及学生90余人参加培训。这次培训进一步提升了干部职工的政治素质和履职能力，使其不断加强学习、练就本领、发挥作用、履职尽责，实现与中心共同发展的目标。

（聂妍、马媛、佘英英）

第四部分 挂靠单位工作概况

地方病控制中心

【工作概况】

（1）根据健康中国战略和2035年远景目标，按照国家疾控局部署，组织全国31个省（自治区、直辖市）和新疆生产建设兵团完成2021年度地方病防治项目病情监测、患者治疗、随访管理等工作，开展中央对地方卫生健康转移支付疾控类项目地方病绩效评价；完成2021年度地方病防治项目技术报告并召开汇总分析会。编制2022年地方病防治项目资金预算；组织各省开展2022年地方病防治项目工作。编制2023—2025年基本公卫项目、重大公卫项目资金预算和地方病防治区域中心建设方案及预算；组织专家开展地方病防治专项三年攻坚行动社会学、卫生经济学评价和病区现场调研；不断完善全民健康保障信息化工程地方病信息系统建设，开展全国地方病防治信息统计；完成2022年度全国氟砷检测实验室质量控制考核工作，保证地方病防治项目数据质量；开展地方病标准制修订和宣贯工作，继续推进标准国际化工作；完成2022年“5·15防治碘缺乏病日”系列宣传工作，制作了多种地方病宣传品，采用多种形式开展宣传活动；线上召开全国大骨节病、地方性氟砷中毒、克山病等多期地方病防治技术培训班；作为国家级地方病防治专业机构，为国家地方病防治工作提供技术支持和技术咨询。

（2）围绕我国地方病防治的主要科学问题，积极开展科学研究和人才培养，不断推动防治工作质量的提高。2022年，中标各级各类课题13项，其中包括国家重点研发计划项目1项、国家重点研发计划课题1项和国家自然科学基金4项。共发表SCI论文40篇，发表国家核心期刊论文19篇。主编出版专著2部。获批国家专利2项、美国发明专利1项、澳大利亚发明专利1项。在黑龙江省再次建立10 000人以上的农村居民慢性病自然人群队列。毕业硕士研究生22人、博士研究生8人，进站博士后1人、出站博士后4人。招收2022级硕士研究生28人、博士研究生17人。召开2022年度国家卫生健康委病因流行病学重点实验室、黑龙江省微量元素与人类健康重点实验室和黑龙江省普通高校病因流行病学重点实验室学术委员会会议。《中华地方病学杂志》在2021年期刊引证报告中的影响因子为1.118，在2021年度中华医学会系列杂志审读中获"中文摘要""英文摘要""科研设计与统计学""法定计量单位""表"和"版权目次"6个板块的审读优胜奖。

（3）作为中国疾控中心的一分子，自新冠肺炎疫情暴发以来，为充分发挥公共卫生与预防医学专业队伍的优势，在黑龙江省（尤其是哈尔滨市）新冠肺炎疫情暴发期间，参与疫情流调、风险排查、溯源、技术指导和督导检查等工作，同时，根据疫情防控形势，从专业角度提供防控意见和建议。2022年，共计派出30余人次参与黑龙江省疫情防控工作，累计工作400余人天。

【中央转移支付地方病防治项目】组织全国各省（自治区、直辖市）和新疆生产建设兵团完成2021年度地方病防治项目碘缺乏病、水源性高碘、地方性氟中毒、地方性砷中毒、大骨节病和克山病监测，开展地方病患者治疗和随访管理，落实地方病健康教育和能力建设，撰写2021年度地方病防治项目工作总结和各子项目技术报告，为开展2021年度中央对地方卫生健康转移支付疾控类项目地方病绩效评价提供了基础数据。编制2022年地方病防治项目实施方案和资金预算，指导各省开展2022年地方病防治项目各项工作。

【全国地方病信息系统建设与防治信息统计】开展地方病信息平台建设和统计分析工作。协调处理全民健康保障信息化工程地方病防治信息系统功能调整和用户开通等有关问题。完成2022年中国疾病预防控制信息系统管理员备案。开展2021年全国地方病防治信息年报统计，编制地方病防治工作调查表。召开2021年地方病年报汇总分析会，开展年报统计汇总分析，编印2021年全国重点地方病防治工作调查表。为国家提供疾病控制与公共卫生地方病相关数据、健康中国建设地方病监测指标和数据、《2021年我国卫生健康事业发展统计公报》地方病防治数据、《中国卫生健康统计年鉴（2022）》地方病相关数据、《基本公共服务统计监测方案》地方病相关数据。

【全国地方病标准体系建设】2022年度，地方病标准委员会报批了5项标准；线上召开5次地方病标准委员会会审工作会议，审议通过了11项标准；组织标准委员会委员，对现行的36项地方病标准进行了复审，并形成建议废止、建议修订或继续有效的复审结论。牵头修订的在研标准有6项，其中，4项已报批，1项已完成会审，1项正在修订。

继续推进标准国际化，累计翻译地方病标准 26 项。孙殿军教授受邀为“中国与非洲国家医疗卫生公共管理标准化合作官员研修班”讲授我国地方病防治与卫生标准。

【地方病宣传教育】为总结和宣传党的十八大以来地方病防治工作取得的重要成绩和经验，完成国家卫生健康委“一切为了人民健康——我们这十年”系列新闻发布会地方病防控专场发布会材料的撰写，国家卫生健康委全国地方病防治专家咨询委员会主任委员孙殿军教授在北京市参加新闻发布会。完成 2022 年“5·15 防治碘缺乏病日”系列宣传工作。编写碘缺乏病、地方性氟中毒、地方性砷中毒、大骨节病和克山病 5 个病种的科普知识库，并将由人民卫生出版社出版。筹办于维汉纪念馆挂牌成为哈尔滨医科大学马克思主义学院实践教学基地。完成地方病防治历史展的有关工作。发布网页新闻、微信公众号文章以及编写发布地方病动态。

【全国氟砷检测实验室质量控制】完成 2022 年度全国氟砷检测实验室质量控制考核工作。2022 年度，参加水氟、尿氟、砖茶氟、水砷、尿砷测定实验室质量控制考核的实验室分别为 1 283 个、380 个、181 个、169 个和 111 个。水氟测定考核结果为省级实验室有 1 个不合格，其余均合格，地市、县级实验室考核结果反馈合格率为 93.9%；尿氟测定考核结果为省级实验室有 1 个基本合格，其余均合格，地市、县级实验室考核结果反馈合格率为 94.5%；砖茶氟测定考核结果为省级实验室全部合格，地市、县级实验室考核结果反馈合格率为 92.0%；水砷测定考核结果为省级实验室均合格，地市、县级实验室考核结果反馈合格率为 94.2%；尿砷测定考核结果为省级实验室有 1 个基本合格，其余均合格，地市、县级实验室考核结果反馈合格率为 88.8%。

（张璐璐、刘辉、申红梅、孙殿军）

性病控制中心

【工作概况】在国家疾控局的领导下，立足工作实际，坚持问题导向，积极应对新冠肺炎疫情，并在疫情防控常态化的基础上推进各项工作，在认真总结既往经验和成绩的基础上，进一步巩固性病防治成果，梳理和剖析当前性病防治面临的突出问题，抓重点、难点，聚焦基层医务人员和广大人民群众关切，探索适合性病精准防控的策略和措施，取得了一定的成绩。

【起草、制订相关文件】完成2022年凉山州艾滋病等重大传染病防治攻坚行动支持计划、《2022年中国艾滋病防治监测》指标数据、国家疾控局委托办事和购买服务申报书等30项重要的应急性、临时性工作任务。起草《遏制梅毒传播行动计划（2022—2030年）》，经过多次讨论、修改和完善，形成了该行动计划的报批稿，并于2022年5月13日提交国家疾控局。面向全国印发《2022年全国性病防治工作要点》《2022年性病防治主题宣传周活动实施方案》等技术文件，组织编写《性病规范化医疗服务指导方案》，经多轮征求意见和反复论证，拟于2023年正式印发。

【加强全国性病疫情监测与管理】

（1）完成2022年月度和年度疫情分析报告。在每月5日前，完成上个月的全国性病疫情分析报告，将其与艾滋病疫情合编为《全国艾滋病性病丙肝综合防治信息月报》，上报国家疾控局，并反馈到31个省（自治区、直辖市）的性病防治机构，为全国性病防治工作提供依据。

（2）完成隐性梅毒早期感染情况流行病学专题调查。2022年1月7日，组织召开隐性梅毒早期感染情况调查方案制定专家研讨会；2月，下发调查方案，根据地理分布，选择11个省开展调查；3月17日，举办调查方案与实验室检测培训班；4月，从德国采购调查试剂；4—8月，开展现场调查，包括收集调查问卷和采集血液标本；6月14日，召开工作进展会议；9月，录入调查资料，建立数据库，运输血液标本；10月中旬，完成实验室检测。本次抽样调查结果显示，全国11个省隐性梅毒报告病例的IgM阳性率为41.5%（=544/1 311），其中来自门诊病例的IgM阳性率为47.4%（=406/857），来自住院部病例的IgM阳性率为30.5%（=138/453）。

【加强全国性病实验室质量管理及耐药监测】

（1）持续开展全国淋球菌耐药监测。各监测点基本完成年度监测任务，12 个省 17 个监测点共收集 2 507 例菌株，其中 2 399 例完成头孢曲松等 7 种抗生素的药物敏感性检测。2022 年，对全国淋球菌耐药监测点实验室开展淋球菌药敏试验室间质量评价活动，全国共有 18 个淋球菌耐药监测点参加本次室间质量评价活动，开展头孢克肟等 7 种抗生素的药敏检测质量控制工作。

（2）组织全国性病实验室检测室间质量评价。完成 2022 年度 31 个省（自治区、直辖市）性病实验室管理工作的数据收集、整理及报告工作。组织全国 289 家单位参加 2022 年度性病实验室检测室间质量评价活动，其中包括各省级性病中心实验室、省级医疗机构、全国淋球菌耐药监测点、全国性病疫情检测哨点辖区内的医疗机构。性病中心参比实验室共制备和发放 292 套质控品，其中包括梅毒血清考核样、淋球菌细菌考核样、沙眼衣原体抗原考核样，根据全国各单位的汇报结果，完成成绩评定及证书发放工作。

（3）加强自身的质量管理及能力验证。制订 2022 年度管理评审、内部审核、文件评审、质量控制、质量监督、能力验证等各项计划，并完成内部审核和管理评审。参加世界卫生组织西太区淋球菌耐药质量控制考核，国家卫生健康委临床检验中心组织的梅毒、沙眼衣原体、淋球菌检测项目的室间质量评价考核，以及中国疾控中心艾防中心组织的 HIV 质量控制考核，成绩均为合格。

（4）承担院所职工新冠核酸检测任务。完成院所全年新冠核酸检测任务，共计 133 209 人次。参加国家卫生健康委临床检验中心和江苏省临床检验中心组织的核酸检测室间质量评价 4 次，结果均为合格。按照江苏省和南京市联防联控机制要求，进行 2 次实验室自查，并提交自查报告；接受 1 次南京市临检中心飞行督查，并提交整改报告。对院所的 5 名技术人员进行 22 批次的新冠核酸检测培训工作。全年更新 SOP（standard operating procedure，标准操作程序）及体系文件 2 次，确保检测工作质量。

【加强梅毒筛查和转介服务】通过培训、参会、现场督导等方式，促进全国梅毒筛查工作，做好信息平台相关数据的收集、分析和统计。信息平台上报 2022 年梅毒筛查人数 9 579.15 万人，同比增长 2.3%。

【开展神经梅毒临床哨点监测和生殖道衣原体综合防治试点】

（1）开展神经梅毒临床哨点监测项目。2022 年 1 月 4 日，召开中国神经梅毒临床哨点监测工作阶段研讨会。2022 年，39 家哨点单位共收集新发神经梅毒临床诊疗信息 122 例、血清标本 48 份、脑脊液标本 48 份。

（2）推进生殖道衣原体综合防治试点项目。支持和指导广东省、浙江省和江苏省分别起草《广东省卫生健康委关于印发广东省防治生殖道衣原体感染试点项目（2022—2025

年）方案的通知》（粤卫疾控函〔2022〕27号）、《绍兴市卫生健康委员会关于印发绍兴市生殖道沙眼衣原体试点项目实施方案的通知》（绍卫发函〔2022〕74号）和《江苏省卫生健康委员会办公室关于印发江苏省防治生殖道衣原体感染试点项目（2022—2030年）方案的通知》（苏卫办疾控〔2022〕22号）等技术方案。

【加强性病健康教育和新媒体平台推广应用】

（1）充分开发利用“携手医访”新媒体平台，开展性病健康教育。截至2022年12月底，已有13 688家医疗卫生机构和127 174名医生入驻该平台，在线提供健康科普、发放干预包及门诊随访服务。2022年，利用该平台，举办国家级继续医学教育培训班4期，培训逾万名医务人员。完成“携手医访”可视化大屏的功能优化、改版升级，极大程度地提高了统计分析、展示等功能。完善医务人员积分兑换功能和激励机制，有效地提升了医务人员和患者的活跃度。

（2）组织策划“世界艾滋病日”“性病防治主题宣传周”系列活动。印发《2022年性病防治主题宣传周活动实施方案》，制作性病防治主题宣传周海报、性病防治宣传教育“五进”系列视频，组织开展优秀科普作品征集、评比活动，组织开展“12·1”现场宣传咨询活动。

（3）承担中华医学健康科普工程——性病科普传播项目。该项目是2022年中国科协在“科普中国”平台设立的“科普中国医疗健康”项目，也是“十四五”时期国家重点出版物出版专项规划项目，该科普视频、图文资料有望于2023年由中华医学电子音像出版社出版发行。2022年10月20日，组织9名主讲专家，与中华医学电子音像出版社总编、编导就剧本撰写、拍摄流程及注意事项等方面进行交流讨论。

【为西藏自治区性病防治健康扶贫提供支持】2022年7月24—29日，组织专家赴西藏自治区拉萨市、林芝市和日喀则市，开展“西藏地区性传播疾病流行病学及病原体耐药状况调查”项目工作进展督导。本次督导涉及西藏自治区3个地市的9家单位，主要目的在于了解项目合作单位的工作进展和存在的问题，共同商讨解决方案，同时，部署项目下一步工作计划和要求。

【启动“凉山攻坚”性病防治工作】参与起草《凉山州多病同防工作手册》，组织编写《规范化性病门诊建设要求》等文件。2022年7月18—21日，组织5名专家赴凉山州参加凉山州重大传染病防治攻坚第二阶段行动，其间，参加《凉山州多病同防工作手册》讨论、专家组会议、第十六次凉山工作站例会，并进行实地参观考察，为推动和支持凉山州重大传染病防治攻坚第二阶段行动中的性病防控工作打下了坚实的基础。2022年10月20—31日，举办“性病规范诊疗与新进展”国家级继续医学教育培训班（项目编号：J15-

22-10），该培训班为凉山地区预留名额，支持凉山地区 111 人参加培训。

【组织召开全国性会议、培训及重要活动】

（1）组织召开全国性工作会 8 期，参会代表覆盖全国 31 个省（自治区、直辖市）和新疆生产建设兵团。会议包括隐性梅毒早期感染情况流行病学调查专家研讨会、性病哨点医院监测工作会议、第十届全国性传播疾病防治学术研讨会、全国隐性梅毒早期感染情况调查进展工作会议、性病防治专业委员会主任委员扩大会、2022 年全国性病监测工作交流会、2022 年性病学科发展金陵论坛和第三届生殖道衣原体感染防治研究学术论坛。此外，还召开针对落实国家疾控局、中国疾控中心部署的各项临时性工作任务的内部专题讨论会 20 余场次。

（2）组织举办全国性培训 4 期，培训人员为 7 604 人次，覆盖全国 31 个省（自治区、直辖市）和新疆生产建设兵团，其中包括性传播疾病实验室检测技术培训班、全国性病流行病学与健康教育培训班、性病规范诊疗与新进展培训班等国家级继续医学教育项目 3 项。此外，还通过调研、督导、培训、参会等方式，对全国近 20 个省（自治区、直辖市）的性病防治工作提供业务指导和技术支持。

【承担全国性病防治管理信息系统管理维护与信息交流等工作】完成全国性病防治管理信息系统 2.0 的升级改造，负责日常的协调、答疑等。加强性病中心网站建设，新增“性病学科发展金陵论坛”专题区；全年更新文章 37 篇，年访问量逾 3.7 万人次。

【开展对外援助】选派中青年骨干参加中组部博士团援藏、国家卫生健康委借调，以及江苏省援沪核酸检测队、南京市核酸检测队等对外支援项目，承担院所公共卫生科职能，与医务处协同开展针对突发公共卫生事件的处置，配合医务处开展院所疫情防控工作。

【开展科研与学术交流】

（1）新申请并获批准的科研项目为 3 项，分别是中国医学科学院中央级公益性科研院所基本科研业务费“西藏自治区淋球菌耐药监测能力建设及耐药菌初步研究”（项目编号：2022-RW320-15）、西藏自治区自然科学基金“西藏自治区淋病奈瑟菌耐药的分子流行病学研究”［项目编号：XZ2021ZR-ZY47（Z）］、世界卫生组织合作项目“毛滴虫快速检测技术的评估研究”（项目编号：2022/1270205-0）。结题项目为 2 项。在研项目为 4 项。积极申报性传播疾病教育部重点实验室、科技部猴痘疫情防控应急专项和中国医学科学院医学与健康科技创新工程第三轮项目 3 项。

（2）以通信作者、第一作者发表论文 34 篇，其中 SCI 论文为 16 篇。

【开展国际合作】发挥世界卫生组织合作中心和专家咨询作用。完成 2021—2022 年合作中心年度报告。提交合作中心续任命的申请，于 2022 年 9 月 23 日获得世界卫生组织有关合作中心续任命（2022 年 7 月 20 日—2026 年 7 月 20 日）的正式通知函。参加世界卫生组织总部召开的 2 次诊疗指南和 2 次疫苗应用的专家会议。2022 年 4 月 26 日，参加线上举办的先天梅毒研讨会；在 2022 年 11 月 29 日商务部的对外培训班上，性病中心专家给来自莫桑比克、柬埔寨、乌拉圭、摩洛哥、斯里兰卡等国家的学员介绍了“性传播疾病防控措施与成效——中国经验”。

【开展研究生、进修生教育】2022 年，有研究生 15 人（包括博士研究生 8 人、硕士研究生 7 人），其中新招收研究生 3 人（包括博士研究生 2 人、硕士研究生 1 人），毕业 1 人（硕士研究生）。接收北京协和医学院群医学及公共卫生学院进修生 1 人。

【荣誉表彰】“我国梅毒防治关键策略与技术及其推广应用”获 2022 年度华夏医学科技奖三等奖（项目编号：2022-J002）。《揭秘性病界“戏精”们的日常》科普宣传视频获第十三届江苏省优秀科普作品二等奖。生殖道衣原体感染防治健康促进活动专属 Logo 完成商标注册。

（许丹丹、葛凤琴、陈祥生、王千秋、龚向东、陈绍椿）

麻风病控制中心

【防治工作进展】2022 年度，协助国家疾控局开展麻风病疫情监测、会议培训、技术指导、药品管理、健康教育宣传、实验室检测等工作。

1. 疫情监测

根据国家疾控局相关工作要求，按照《2022 年全国麻风病防治工作要点》（中疾控麻控发〔2022〕1 号）内容，通过全国麻风病防治管理信息系统（leprosy management information system in China，LEPMIS）开展数据收集和质量控制工作，包括定期发布全国各省麻风病疫情监测工作情况，定期开展全国各省麻风病疫情报表收集、审核和汇总等工作，督促和指导各省积极开展麻风病疫情监测各项工作。2022 年 5 月，在线举办全国麻风病防治管理信息系统专家研讨会暨全国麻风病疫情监测组第一次会议；8 月和 12 月，在线举办全国麻风病防治管理信息系统会议暨培训班共 2 期。此外，根据中国疾控中心相关处室的要求，2022 年 5 月，及时完成并报送 2021 年中国传染病监测报告（麻风病）；6 月，办理中国疾病预防控制信息系统 2022 年用户延期。

2. 重要会议及国家级培训

（1）《强化病例发现和疫点调查实施方案》专家研讨会。2022 年 3 月 30 日，在线召开《强化病例发现和疫点调查实施方案》专家研讨会，来自江苏、浙江、安徽等 10 个麻风病中高流行省（自治区）的专家共 16 人参加。本次会议的主要内容是研讨《强化病例发现和疫点调查实施方案》，针对强化病例发现、疫点调查工作完成率及 LEPMIS 统计规则等开展专家论证。2022 年 3 月，印发《全国麻风病强化病例发现实施方案》（中疾控麻控发〔2022〕6 号）和《全国麻风病疫点调查实施方案》（中疾控麻控发〔2022〕7 号）文件通知。

（2）全国麻风病防治管理信息系统专家研讨会暨全国麻风病疫情监测组第一次会议。2022 年 5 月 19 日，在线召开全国麻风病防治管理信息系统专家研讨会暨全国麻风病疫情监测组第一次会议，邀请全国麻风病防治专家组（疫情监测组）专家共 18 人参加。本次会议的主要内容是研讨 LEPMIS 优化内容和新需求，讨论全国麻风病防治工作情况通报内容。2022 年 6 月、9 月和 12 月，分别发布前三季度全国麻风病防治工作情况通报。

（3）2022 年全国麻风病防治管理信息系统会议暨培训班。2022 年 8 月 25 日，在线召开 2022 年全国麻风病防治管理信息系统会议暨培训班。除西藏自治区因故未能参加外，全国 30 个省（自治区、直辖市）和新疆生产建设兵团共计 600 余人次在线参加本次培训。本次会议暨培训班总结和交流 2021 年全国麻风病疫情监测工作、核对 2021 年全国麻风病疫情监测资料并固化历史数据、布置2022年全国麻风病疫情监测工作任务和开展LEPMIS业务培训。

（4）《中国麻风病防治工作技术指南》专家研讨会。2022年9月8日，线上举办《中国麻风病防治工作技术指南》专家研讨会，来自江苏、浙江、安徽等15个省（自治区、直辖市）的专家共计21人在线参加。本次会议重点讨论并初步通过《中国麻风病防治工作技术指南》的框架内容、分配撰写任务和明确编撰进度。

（5）麻风及其他分枝杆菌感染临床诊断与实验室检测技术学习班。2022年9月14—16日，线上举办麻风及其他分枝杆菌感染临床诊断与实验室检测技术学习班，全国各省、市、县三级麻风专业技术人员500余人次参加线上培训。本次学习班通过专题讲座、病例分析等形式，主要从麻风畸残预防与康复、麻风病流行概况和防治进展、麻风病临床诊断及鉴别诊断、麻风组织病理诊断和我国麻风病报病系统等方面对学员进行培训，最终考核合格的学员可获得国家级继续医学教育项目Ⅰ类学分5分。

（6）麻风病学科发展金陵论坛。2022年12月9日上午，在江苏省南京市组织举办麻风病学科发展金陵论坛。该论坛是第三届中国皮肤病学发展大会的开场会议，在开幕式上，国家疾控局副局长、中国疾控中心主任沈洪兵院士和江苏省卫生健康委副主任周明浩线上致辞；在大会报告上，特邀来自中国、美国、日本、印度和尼泊尔等国家共计12位麻风防治领域的专家，就本领域的国际前沿及热点展开交流与探讨。同时，该论坛采用线上和线下相结合的方式，全国各省市麻风防治机构积极组织收看直播，线上参会人数逾1.7万人次。

（7）2022年全国麻风病防治管理信息系统培训班。2022年12月15—16日，线上举办2022年全国麻风病防治管理信息系统培训班，全国各省、市、县三级麻风专业技术人员500余人次参加本次线上培训。本次培训班重点培训麻风病流行病学相关知识、LEPMIS操作、2022年全国麻风病防治工作情况统计表填写等内容。此外，还特邀专家对麻风病实验研究新进展、接触者检查和症状监测App，以及LEPMIS信息安全管理进行专题介绍。

3. 麻风科普宣传和优秀作品征集活动

2022年1月世界防治麻风病日期间，配合国家疾控局筹备世界防治麻风病日文件和进行相关活动总结；设计并向全国印发2022年麻风宣传公益海报；开展皮肤病义诊、麻风科普宣传、开放和组织参观中国麻风博物馆等活动，并借助报刊、网站、微信公众号、手机App等多媒体平台，开展丰富的线上活动，加大世界防治麻风病日健康教育和科普宣传的力度，扩大覆盖面；对全国各地世界防治麻风病日宣传活动进行集锦和报道。2022年7月，印发《2022年麻风病防治主题宣传及健康科普作品征集活动实施方案》（中疾控麻控发〔2022〕10号），面向全国各地麻风防治机构征集优秀麻风宣传及科普作品。截至2022年12月，共收到来自全国25个省（自治区、直辖市）麻风防治机构报送的科普作品 391 件，其中包括音视频类作品 123 件、科普文章书籍等作品 70 件、图文类作品 156 件、宣传实物 42 件。

4. 其他

（1）2022 年 1 月，针对新冠肺炎疫情防控形势和要求，发布《关于常态化开展麻风院村及麻风病患者新型冠状病毒肺炎疫情防控的通知》（中疾控麻控发〔2022〕2 号）。2022 年 3 月，向国家疾控局报送《全国消除麻风病危害规划（2011—2020 年）》终期评估报告（中疾控麻控发〔2022〕5 号）。2022 年 3 月和 5 月，召开《全国持续消除麻风病危害行动规划（2021—2030 年）》（讨论稿）修订研讨会共 2 期，及时向国家疾控局报送相关材料。应各省需求，全年为全国麻风病防治工作提供技术支持、疑难病例会诊和在线授课培训等。

（2）2022 年 3 月，根据《关于开展〈中国疾病预防控制中心二十周年纪念画册〉图片素材征集工作的通知》（中疾控党办便函〔2021〕1396 号）文件要求，及时提供照片 8 张（含图片说明）及照片不涉密证明文件。2022 年 7 月，根据国家疾控局转发的中国残疾人联合会《关于商请提供相关问题备答素材的函》，经过相关专家补充和审校，按要求及时报送相关材料。2022 年 11 月，根据《中国疾病预防控制中心关于报送 2022 年年鉴材料的通知》（中疾控办便函〔2021〕1406 号），报送 2022 年年鉴材料和核对 2020 年年鉴材料。

【全国麻风药品管理】

1. 药品申请

2022 年 2 月，报送《国家疾控局关于麻风病联合化疗药品使用情况报告》（中疾控麻控发〔2022〕4 号）。2022 年 6 月，报送《国家疾控局和世界卫生组织（WHO）关于 2022 年中国麻风病疫情资料和 2023 年麻风病联合化疗药品需求》（中疾控麻控便函〔2022〕6 号）。

2. 药品发放

按照年度计划，分别于 2022 年 2 月、6 月和 12 月向全国 24 个省（自治区、直辖市）和新疆生产建设兵团累计发放麻风病联合化疗药品 16 908 板，其中包括成人多菌型药品 16 356 板、成人少菌型药品 504 板、儿童多菌型药品 48 板。

3. 药品进口

受疫情防控影响，2022 年 8 月，2021 年度世界卫生组织无偿赠送的 25 箱麻风病联合化疗药品办理完相关免税进口手续。2022 年 9 月，该批药品抵达麻风病控制中心麻风药品专用库，并按计划供应给全国麻风病患者治疗使用。

2022 年 7—8 月，完成麻风药品专用库新址的装修、搬迁等工作。

【麻风疑似病例确诊、重症会诊和耐药监测】2022 年，麻风病控制中心麻风和分枝杆菌实验室会诊麻风疑似病例共160例，确诊新发病例28例；会诊麻风反应重症病例19例。按照世界卫生组织全球耐药监测任务和要求，对云南、贵州、湖南等15个省的共77例新、复发患者标本进行麻风耐药检测，共发现0例耐利福平病例、2例耐氧氟沙星病例（占2.6%）、1例耐氨苯砜病例（占1.3%）。此外，持续优化麻风病家内接触者随访App和症状监测App。App已在浙江、贵州、江西、云南等多个省应用推广。

【网站维护和更新】2022年，麻风病控制中心网站共完成50篇文章的接收、校稿、网页制作和稿费发放等工作。2022年2—11月，根据年度工作计划，对该网站进行改版升级，包括组织召开网站改版需求分析会、工程招标、数据整理备份、域名备案和服务器接入、网站试运行等工作，并根据网站运行情况，筹备网站部分模块的迭代优化工作。

【《中国现代麻风防治史（1949—2020）》出版】2022年4月，与江苏凤凰科学技术出版社签订出版协议。2022年8月1—5日和9月21—23日，分别在山西省太原市和浙江省绍兴市召开《中国现代麻风防治史（1949—2020）》定稿会共2期，参会专家共计30余人次。会议的主要内容是讨论校稿问题和修改内容、统一修改标准和完成样稿审校等。2022年10月，《中国现代麻风防治史（1949—2020）》正式出版，全书共100余万字，附有史料图片450余张，涵盖中国1949—2020年麻风防治历史。2022年11月，向全国各级麻风病防治业务负责单位邮寄书籍共计2 500册。

【依托中国麻风博物馆开展的史料研究和宣传教育工作】2022年，在完成馆内日常性的维护与保养，实物的保存与保护，史料收集、登记及整理汇总等常规工作的基础上，中国麻风博物馆共接待16批次近400人次预约参观来访。如期完成中国麻风博物馆数字化展厅开发、上线，展厅落户中国医学科学院皮肤病研究所网站及麻风病控制中心网站。同时，馆内建设完成多媒体、声光电的中控系统，并以此为抓手，强化麻风科普宣传及史料研究功能，以世界防治麻风病日、"5·18国际博物馆日"及院校师生暑期实践等为科普宣传契机，分批次组织策划依托"中国麻风博物馆"的系列科普宣传活动。此外，完成院校文化纪念场所的申报及答辩工作等。

【科研与学术交流】

1. 书籍出版和学术交流

（1）2022年9月和10月，由麻风病控制中心专家主编的《现代麻风组织病理学》和《中国现代麻风防治史（1949—2020）》分别正式出版。

（2）2022年11月，第21届国际麻风大会在印度海得拉巴举行，麻风病控制中心15人在线参会，其中王洪生、余美文、姜海琴、王乐、熊竞舒及4名研究生受大会组委邀请，做 8 人次会议报告发言及 1 人次壁报交流。同期，麻风病控制中心麻风和分枝杆菌实验室主任王洪生应邀参加世界卫生组织加强麻风病抗菌素耐药性监测的实验室服务研讨会，就中国麻风耐药监测实验室质控、诊断新技术及耐药患病率等工作进行分享与交流。此外，与印度、尼泊尔等“一带一路”国家建立长期合作，并商讨建立国际合作实验室事宜。

2. 科学研究和专利申请

2022 年，共有在研项目 6 个，包括科技部国家重点研发计划“政府间国际科技创新合作”重点专项 1 个、国家自然科学基金面上项目和青年科学基金项目各 2 个、医科院创新工程临床转化项目 1 个；以第一作者或通信作者发表论文 15 篇，其中 SCI 论文为 12 篇；获授权专利 1 项。全年在国际会议上发言 8 人次，在全国性专业年会上主持或发言 12 次，在省级年会上主持或发言 8 次。撰写麻风、结核、非结核分枝杆菌诊疗指南，已完成初稿；积极进行现有专利技术的转化应用，已有 3 项技术在转化。

【研究生、进修生教育】2022 年，培养博士研究生 5 人，硕士研究生 6 人，其中包括与南京医科大学共同培养的硕士研究生 4 人。

（孙培文、余美文、严良斌、王洪生、葛凤琴）

结核病防治临床中心

【工作概况】

1. 规划支持

积极参与国家卫生健康委对口司局的政策研提工作，为国家结核病防控相关的法律、法规、政策、规划、指南的制定提供支持；参与中盖“新时期重大传染病防控政策倡导项目”子项目“完善结核病患者医疗保障的研究”，完成肺结核患者诊疗费用测算工作。

2. 推进结核病规范化诊疗

2022年，组织撰写《德拉马尼临床应用专家共识》《慢性肾脏病合并结核病的治疗专家共识（2022版）》；组织开展了30余次线上、线下培训和学术交流活动，内容涉及结核病国内外最新指南、临床研究、新药规范使用、实验室检验等，培训人数达20余万人次，覆盖全国600余家结核病诊疗机构、结防机构和基层医疗机构；组织开展远程会诊和远程病例讨论120次，会诊病例187例。2022年，在全国150家结核病医疗单位，开展痰涂片镜检、痰培养和分子生物学检测的室间质量评价工作。

3. 健康教育和健康促进

充分利用“结核帮”公众号等新媒体，分享结核病研究最新资讯，全年发布“结核帮”48期，推送专业文章和资讯300余篇，对世界卫生组织发布的11个结核病指南和技术支持文件进行了翻译和解读；世界防治结核病日期间，开展面向全国的结核病健康宣传教育短视频征集及宣传活动，收到全国各级各类结核病医疗机构、防治机构、医务人员及结核病宣传志愿者发来的宣传短视频共计315件，经专家审评，评选出特等奖3名、一等奖5名、二等奖11名、三等奖20名、优秀奖35名。

4. 科学研究

牵头开展评估含贝达喹啉的口服短程治疗方案对比不含贝达喹啉的口服短程治疗方案的治疗效果及安全性的全国多中心随机对照试验；推进北京市科学技术委员会十大疾病“北京市结核病综合防控关键技术研究”课题，为结核病传染源的早期发现、早期治疗、科学管理提供依据；组织全国4个省12家基层结核病诊疗机构，开展“在基层结核病门诊对结核病患者健康状况进行建议评估和干预”的实施性研究，为改善结核病患者治疗后的健康状况和提高其生存质量提供建议。

5. 国际交流和合作

作为世界卫生组织在我国设立的唯一一个结核病领域的研究培训合作中心，圆满完成世界卫生组织指南培训、宣贯、国家经验分享等工作任务，顺利完成第七次续约；受商务部和国家卫生健康委委托，成功组织承办“2022 年‘一带一路’国家结核病防治官员研修班”；成功获批并实施北京市卫生健康委“一带一路”国际卫生合作项目和世界卫生组织合作中心择优支持项目；组织“第二届结核病研发合作国际论坛”“首届结核病中韩联合学术研讨会”等国际学术交流活动。

【PROSPECT 研究】为验证含贝达喹啉的口服短程治疗方案在中国耐多药肺结核患者中的有效性和安全性，作为统筹主体，依托组长单位首都医科大学附属北京胸科医院，开展全国多中心“一项评估含贝达喹啉的口服短程治疗方案在中国耐多药肺结核患者中的疗效和安全性的随机、对照、实效性试验”。该研究拟在全国 17 家耐多药结核病定点医疗机构纳入 212 例符合条件的耐多药结核病患者，截至 2022 年年底，共入组患者 62 例，预计将于 2023 年年底前完成项目入组；同时，为了解耐多药患者使用超短程治疗方案的成本，将依靠研究纳入患者相关信息，开展卫生经济学研究。该研究项目产出将为我国实施世界卫生组织推荐的 9 个月的全口服短程治疗方案提供中国数据。

【抗结核新药临床试验数字化探索与推进】为提高结核病临床试验研究质量，运用人工智能、云计算和移动互联网等技术，打造高度整合的“结核病多中心临床研究数字化管理平台”，实现临床研究全链条数据管理、患者管理、质量管理的一体化科学、高效管理。应用 AI 赋能数据采集，将临床研究从以人力为主转向以系统为主，数据采集速度提升 80%，人力需求降低 60%；应用 AI 赋能数据自动质控和逻辑核查，智能质控布设至每个患者、每次访视和每条数据，从根源上提高结核病临床研究的质量，数据核查时间缩短 87%；成功实现管理流、数据流、物资流三个方面信息实时汇聚。同时，基于该平台，延伸开发了“iDoctor”耐药结核病治疗智能辅助工具。通过手机核心信息即时输入，即时生成耐药诊断、治疗方案、药物推荐剂量与注意事项，实现耐药结核病治疗智能辅助算法和决策的生成。为基层从事结核病诊疗工作的人员提供便捷的治疗辅助服务，规范结核病患者诊疗方案。

【“罩护健康”口罩捐赠公益项目】2022 年，继续开展“罩护健康”大型口罩捐赠公益项目，以期为更多结核门诊的患者和其他人员提供免费领取外科口罩的便利，特别是对于内陆老少边穷地区的群众。截至 2022 年年底，已经在全国 28 个省（自治区、直辖市）的 495 家结核病定点医院部署口罩机 495 台，下发免费外科口罩 400 多万个，口罩机上线服务率达 80%。自项目铺开以来，全国近 20 万人次领取了免费口罩。该项目在发放免费口罩的同时，还以低于市场价的价格销售外科口罩、KN95 口罩，取得了不错的反响。

（刘宇红、谢仕恒）

鼠疫布氏菌病预防控制基地

【国家鼠疫菌种吉林保藏中心建设项目】 始终将国家鼠疫菌种吉林保藏中心建设项目作为重点来抓，完善和落实各项管理制度及操作规程，认真履行生物安全管理监督职责，实行“一把手”负责制，强化责任意识。完成三级实验室 CNAS 监督评审各项准备工作；全年开展 3 次生物安全自查工作，组织实施实验室突发事件应急演练、消防演练；加强实验室的人员培训；增强实验室生物安全防范意识。

【鼠疫防治】

1. 疫情

（1）人间疫情。2022 年，全国报告人间鼠疫疫情 2 起，发病 2 人，其中治愈 1 人、死亡 1 人。

（2）动物疫情。2022 年，在 8 个省（自治区、直辖市）的 36 个县（市、区、旗）和新疆生产建设兵团的 1 个团场发生动物鼠疫疫情或发现血清学阳性材料，其中有 25 个县分离到鼠疫菌，有 18 个县（市、区、旗）和 1 个团场检出血清学阳性材料（其中有 7 个县既分离到鼠疫菌，又检出血清学阳性材料，有 1 个县只检出核糖核酸阳性）。喜马拉雅旱獭鼠疫疫源地、长爪沙鼠疫源地、灰旱獭－长尾黄鼠疫源地、青海田鼠疫源地、达乌尔黄鼠疫源地、黄胸鼠疫源地、齐氏姬鼠－大绒鼠疫源地、大沙鼠疫源地 8 类疫源地（另外，在尚未定性的新疆维吾尔自治区阿勒泰地，区分离出鼠疫菌 1 株，判定 IHA 阳性血清 2 份、RIHA 阳性材料 2 份）均有不同程度的动物鼠疫发生或发现血清学阳性材料。在各类疫源地，共分离出鼠疫菌 134 株，判定 IHA 阳性血清 108 份、RIHA 阳性材料 23 份、核酸检测方法阳性材料 3 份。

2. 监测工作

完成 2022 年度全国鼠疫监测资料的汇总和工作总结；结合调研指导和各监测点监测总结情况，按照考核方案的要求，对 43 个鼠疫国家级监测点进行了 2022 年度监测工作考核。

3. 指导疫区处理

2022 年 7 月，宁夏回族自治区报告由内蒙古自治区输入性人间鼠疫疫情，受国家卫生健康委卫生应急办公室委派，组织国家专家组（专家分别来自鼠布基地、河北省、云南省，共 6 名）赴宁夏回族自治区、内蒙古自治区指导当地处置人间鼠疫疫情，为疫情现场指挥部的工作提供科学依据，保障了人间疫情处置工作的科学、规范、有序进行。

4. 防治督导

受国家疾控局委派，组织专家完成对宁夏、陕西等省（自治区）鼠疫防治工作的调研指导，并对实际工作中遇到的问题及困难提出具有建设性的意见和建议，完成调研报告，上报国家疾控局。

5. 网络直报及风险评估

（1）2022 年 1—10 月，对全国鼠疫网络直报工作进行日常管理，及时掌握全国疫情信息。2022 年 10 月底，“鼠疫防治管理信息系统”因存在网络安全隐患，被临时关停。迅速组织全国相关省（自治区、直辖市），落实鼠疫监测数据纸质传真和 24 小时疫情电话报告制度，保障全国鼠疫防控工作正常运转。

（2）按照中国疾控中心工作要求，完成全国鼠疫年度、秋冬季、月度等常规风险评估；完成北京冬奥会及大型活动公共卫生保障工作，其间，每周完成 1 次鼠疫部分风险评估，为北京市大型活动的顺利开展保驾护航。

6. 血清学检验质量控制

对全国 24 个省（自治区）疾控中心及全国 43 个国家监测点开展鼠疫血清学质控，除青海省玉树藏族自治州疾控中心不合格和不可抗力因素导致新疆维吾尔自治区昌吉回族自治州呼图壁县疾控中心结果无法判定外，其余全部合格。

7. 其他工作

完成兰州生物制品研究所有限责任公司生产的鼠疫诊断制剂的检测鉴定工作。组织启动《中国鼠疫及其防治（2011—2020）》编写工作。

【布氏菌病防治】

1. 疫情

2022 年，全国报告布病新发病例 66 138 例，发病率为 4.716 9/10 万，死亡 1 例（辽宁省），与 2021 年同期（69 767 例，4.95/10 万）下降了 5.20%。发病率排前 5 位的省（自治区、直辖市）为宁夏回族自治区（6 148 例，84.80/10 万）、内蒙古自治区（18 038 例，75.16/10 万）、新疆维吾尔自治区（6 377 例，24.63/10 万）、甘肃省（4 987 例，20.03/10 万）、青海省（1 007 例，19.95/10 万）。

2. 监测工作

（1）2022 年，在全国 31 个省（自治区、直辖市）和新疆生产建设兵团选定 96 个县（市、旗）为国家固定监测点，承担全国监测工作。

（2）完成 2022 年全国布病监测资料汇总和分析工作，并对各监测点的工作情况进行总结。

（3）完成中国疾控中心关于报送 2021 年全国重点传染病和病媒生物监测数据及工作总结。

3. 布病血清学检测质量控制

完成 2022 年全国 96 个国家级布病监测点实验室质控工作，并形成考核工作报告，上报中国疾控中心。

【新冠肺炎疫情防控工作】

1. 常态化新冠肺炎疫情防控工作

坚决把思想和行动统一到中央、省委和市委的部署上来，新冠肺炎疫情防控工作由鼠布基地党委统一领导。制定常态化新冠肺炎疫情防控工作方案，加强内部防控管理；强化人员、技术、物资和设备的应急储备；扎实开展爱国卫生运动，做好常态化环境消杀；倡导全体干部职工疫苗接种“应接尽接”；开展健康信息监测，强化舆论引导、宣传教育等群防群控有效措施；及时向吉林省卫生健康委汇报疫情防控工作情况。

2. 新冠肺炎疫情防控支援工作

在 2022 年新冠肺炎疫情期间，先后分批次派出多位专家，分别赴中国疾控中心、吉林省疫情防控指挥部、长春市、吉林市等地支援疫情防控工作，得到了各级领导的高度认可，有 24 人被认定为抗疫一线人员。同时，组织志愿者下沉社区参与白城市疫情防控工作，鼠布基地多名志愿者到社区报到，参加白城市 50 余轮核酸检测工作，承担扫码、封箱、转运、消杀、引导、测温、发放抗原试剂盒及维持秩序等工作任务。

【科研教育培训】

（1）与中国科学院动物研究所合作课题已顺利结题；与中国疾控中心合作课题、与内蒙古民族大学合作课题、吉林省卫生健康科技能力提升项目和所长基金资助项目均有序开展、逐步推进；成功申报 1 项白城市科技局指导性社会发展项目。

（2）为提高全国鼠疫、布病防治人员的业务水平，组织举办“2022 年全国鼠疫适宜技术培训班”和“2022 年全国布鲁氏菌病监测及诊疗新进展培训班”，全国共 300 余名专业技术人员线上参加培训。在内蒙古自治区锡林郭勒盟国家鼠布基地现场培训中心，举办第二期“吉林省鼠疫防控技术骨干现场培训班”，此次培训由吉林省卫生健康委卫生应急办公室主办、鼠布基地组织实施，全省 20 余名鼠防专业技术人员参加培训。

【荣誉表彰】 2022 年 5 月，鼠布基地纪检书记贾赛男获“白城市五一劳动奖章”；12 月，被吉林省精神文明建设指导委员会授予 2019—2021 年度“全省精神文明建设工作先进单位”荣誉称号。

（李猛）

儿少 / 学校卫生中心

【工作概况】2022 年度，共有教职工 14 人。其中，教授 / 研究员为 2 人，副教授 / 副研究员为 8 人，研究助理为 1 人，教学辅助人员为 2 人，博士后为 1 人；博士研究生导师为 6 人，硕士研究生导师为 4 人。

承担北京大学教学工作。2022 年，在读研究生为 25 人，其中硕士研究生为 19 人，博士研究生为 6 人。共承担 18 门北京大学医学部本科生和研究生课程的理论教学，同时承担新生导师、本科生毕业生产实习、PBL（project-based learning，项目化学习）教学等工作。开设的本科生课程包括“儿童少年卫生学”“儿童生长发育与青春期健康”“成年期常见病的早期预防”“艾滋病传播与预防”“儿童青少年危险行为与伤害预防”“儿童青少年营养与饮食行为”“生活技能教育与心理健康促进”；研究生课程包括“高级儿少卫生学”“成人期疾病早期预防”“青少年行为发展与健康”“学校卫生与健康促进”“儿童青少年伤害预防与干预”“青春期发育与健康”“高级营养研究设计”“青少年生活技能教育研究与实践”“儿童青少年伤害预防与干预”“公共卫生实施性研究”“青少年健康研究”等。

自成立以来，一直承担全国性儿童青少年卫生与学校卫生相关的政策法规起草、科学研究、技术指导、业务咨询及专业技术人员培训等任务。主要研究方向为学龄儿童和青少年健康、生长发育及其影响因素；学校卫生管理和政策研究；学生常见病预防、学校艾滋病教育、学校健康教育与健康促进、学校卫生标准等。所在学科为“儿少卫生与妇幼保健学”，2007 年被确定为国家重点（培育）学科，2008 年被确定为北京市重点学科。

2022 年，继续承担全国学生体质健康监测中心、教育部预防艾滋病学校健康教育培训基地、国家卫生标准委员会学校卫生标准专业委员会秘书处工作，以及学生常见病和健康危险行为监测、学校教学和生活设施卫生管理监测工作。2022 年度，新中标项目 15 项，总经费为 514.3 万元，资助来源包括国家自然科学基金、国家卫生健康委、世界卫生组织、联合国儿童基金会、北京大学、企业资金等多种渠道，如国家自然科学基金面上项目“ALAN 暴露与青春期发育提前及其 kisspeptin 干扰作用机制研究”、北京市教育科学规划项目重点课题“实施性研究综合框架下北京市中小学生体质健康促进和障碍因素研究”、北京市教育科学“十四五”规划课题“‘双减’政策背景下青少年健康指标体系构建——基于多源大数据分析”、北京大学—联合国教科文组织“非洲女童健康教育项目”、世界卫生组织“循证研究——膳食、行为干预在儿童肥胖治疗中的作用机制、有效性、安全性”、联合国儿童基金会“知‘食’就是力量宣传倡导项目监测与评价”、英国格拉斯哥大学国际合作项目“同伴引导的学校青少年吸烟行为预防干预技术（ASSIST）在不同文化背景的中等收入国家的可行性研究”等。

2022年，共发表学术论文66篇，包括英文SCI期刊论文46篇、中文核心期刊论文20篇。制修订指南、规范、标准，上报专门政策性报告，其中主持4项、参与10项。主办国内学术会议及培训班9次。

【召开“2022年校园流感及其他呼吸道传染病防控工作能力建设项目”咨询会及可行性评估会】2022年7月27日，“2022年校园流感及其他呼吸道传染病防控工作能力建设项目”咨询会及可行性评估会于8：30—17：30通过腾讯会议在线上顺利召开。本次会议的主题是“共筑防线　守护校园健康”。马军教授出席会议并致辞，北京大学部分教师与来自全国各地从事儿童青少年卫生与健康研究方向及相关领域的专家一同出席此次会议。

【召开高等学校、中小学校和托幼机构新冠肺炎疫情防控技术方案（第六版）专家解读培训会】2022年8月30日上午，高等学校、中小学校和托幼机构新冠肺炎疫情防控技术方案（第六版）专家解读培训会在北京市召开。本次会议由教育部体育卫生与艺术教育司主办，教育部全国中小学健康教育教学指导委员会、北京大学儿童青少年卫生研究所承办。本次会议采取线上和线下相结合的形式，通过北京大学儿童青少年卫生研究所官方视频号和医大时代教育直播平台观看直播的分别有47.8万人次和30.9万人次，获点赞1 692.4万次；观看人员包括疾控机构、卫生监督机构、中小学卫生保健所等学校卫生工作人员，学校健康副校长、校医、园医及保健教师等，以及全国学术同行。

【组织专家制定近视和传染病防控相关学校卫生标准指南】为做好学校传染病和学生近视防控工作，在国家卫生健康委和国家疾控局的指导下，儿少/学校卫生中心马军教授主持修订《中小学校教室采光和照明卫生标准》（GB 7793—2010）；马军教授、董彬研究员、星一副教授参与《学生宿舍卫生要求及管理规范》（GB 31177—2014）、《儿童青少年发育水平的综合评价》（GB/T 31178—2014）、《传染病流行期学生健康监测感染控制技术指南》、标准研究项目《上海儿童青少年近视防控管理综合标准化试点》4项标准的修订和起草工作；董彬研究员主持起草中国卫生监督协会团体标准《儿童口罩使用指南》。此外，在国家卫生健康委、国家疾控局和教育部的组织下，参与起草《高等学校、中小学校和托幼机构新冠肺炎疫情防控技术方案（第五版）》《高等学校、中小学校和托幼机构新冠肺炎疫情防控技术方案（第六版）》《学生疫情防控期间学习生活健康指南》等文件。这些标准和指南的起草和发布，一方面，规范和指导学校开展新冠肺炎和其他传染病的防控工作；另一方面，为改善儿童青少年用眼环境、降低近视发生风险、控制近视发展提供技术指导。

【完成基于实施性研究综合框架遏制中国儿童近视流行预防策略研究第一阶段工作】儿少 / 学校卫生中心宋逸教授牵头美国中华医学会课题，顺利完成第一阶段工作。研究团队使用 CFIR（consolidated framework for implementation research，实施性研究综合框架），对发表于 2000 年 1 月 1 日至 2022 年 8 月 20 日的户外时间相关文献进行梳理，截至 2022 年年底，已和香港团队完成该内容的设计，完成摘要及全文筛选，并在 OSF 网站上进行注册。研究团队利用现有国家层面的近视队列数据，初步完成了个人、家庭和环境因素与户外时间联合作用对近视影响的分析。截至 2022 年年底，与斯坦福团队合作开始进行文章撰写，并发表了部分文章，阐述了在个人家庭和环境水平上，户外时间与近视之间的关联变化。通过基于 CFIR 的实施后评估，与上海团队合作，确定在上海实施的 STORM 试验的环境和人群之间差异的因素，并与不同的利益相关者整合形成可扩展的战略，以缩小从证据到行动的差距。截至 2022 年年底，已完成对国家和上海教育部门领导、上海卫生部门领导、项目组干预执行者、学校校长和教师等利益相关者的访谈，并完成部分学生和家长的问卷收集。

【完成 2022 年全国学生常见病监测与健康影响因素监测和干预以及近视监测报告】儿少 / 学校卫生中心董彦会副研究员作为主要参与者，完成 2022 年全国学生常见病监测与健康影响因素监测和干预以及近视监测报告。在国家疾控局卫生与免疫规划司的领导下，作为技术指导单位，协助全国各区县完成 2022 年全国学生常见病监测与健康影响因素监测和干预以及近视监测报告，该报告对于全国学校卫生工作具有重要意义。

【完成中国 2021 年法定传染病发病与死亡报告】董彦会副研究员作为主要参与者，完成中国 2021 年法定传染病发病与死亡报告。在中国疾控中心的领导下，作为技术指导单位，完成整体报告中有关学生群体和学校突发公共卫生事件的报告，该报告对于全国学生群体的传染病监测和流行病学规律把控以及政策制定具有重要意义。

【申请获得“‘双减’政策背景下青少年健康指标体系构建——基于多源大数据分析”项目】董彦会副研究员作为负责人，申请获得北京市教育科学“十四五”规划课题“‘双减’政策背景下青少年健康指标体系构建 – 基于多源大数据分析”。该课题立足“双减”政策背景下青少年健康指标体系构建，并通过多种大数据的整合，从多个角度出发，建立指标体系。截至 2022 年年底，已完成课题开题，对于全国学校卫生指标体系建设和儿童青少年健康评估具有重要意义。

【完成校园流感及其他呼吸道传染病防控能力提升项目】董彦会副研究员作为负责人，与深圳赛诺菲巴斯德生物制品有限公司合作，获得校园流感及其他呼吸道传染病防控能力提升项目。2022 年 7 月 27 日，召开“2022 年校园流感及其他呼吸道传染病防控工作能力建设项目”咨询会及可行性评估会，希望通过这个项目的实施能够促进其他传染病的防控。2022 年 8 月 19 日，召开全国校园流感及其他呼吸道传染病防控能力提升培训会，针对基层流感及其他呼吸道传染病防控工作人员、幼儿园及中小学校医等人群，推广流感及其他呼吸道传染病防控技术和良好的卫生习惯，提升校园流感及其他呼吸道传染病防控能力，预防其在幼儿园、大中小学流行。2022 年 10—11 月，在全国开展校园流感及其他呼吸道传染病防控实践活动，并陆续在公众号同步上线指导防控实践活动的视频及文字资料，根据不同幼儿园、大中小学教育阶段流感及其他呼吸道传染病防控工作的重点、不足和问题，形成实践及学习工具包，供线上学习，并指导实践活动的开展。2022 年 11 月，开展校园流感及其他呼吸道传染病防控能力提升优秀案例征集及评选活动，经过专家评审和网络投票，总结相关经验，将校园流感及其他呼吸道传染病的优秀防控经验向全国推广。

【完成屏幕亮度和观看时长对视力健康的影响研究项目】董彦会副研究员作为负责人，与京东方艺云（杭州）科技有限公司合作，获得屏幕亮度和观看时长对视力健康的影响研究项目。该项目通过对京东方艺云（杭州）科技有限公司生产的电子屏幕进行评估，并立足儿童青少年视力健康和视疲劳健康角度，建立了屏幕亮度和观看时长对视力健康的影响曲线。该研究对于建立行业视屏规范和健康参数具有重要意义。

【构建我国中小学生健康素养评价指标体系及工具研制】儿少 / 学校卫生中心马迎华教授主持中国学生营养与健康促进会课题“我国中小学生健康素养评价指标体系构建及工具研制”，编制适用于我国中小学生的健康素养评价量表，并进行量表的信效度评价，为今后了解我国中小学生健康素养现状、更好地指导各地中小学开展学校健康教育工作提供了评价工具。本课题先通过文献研究，构建中小学各阶段（小学一年级和二年级、小学三年级和四年级、小学五年级和六年级、初中、高中）健康素养评价量表维度框架和条目池；采用 Delphi 专家咨询法，对条目进行评价、筛选和修改，初步编制各学习阶段的学生健康素养评价量表；通过学生专题小组讨论、预调查，基于经典测量理论和项目反应理论对条目进行综合筛选，形成最终量表；在全国部分省市，通过方便抽样选取学校，应用量表向学生开展调查，对量表进行信效度评价。截至 2022 年 12 月，本课题已完成中小学 5 个阶段的条目池构建及小学阶段量表的编制工作。

【调查我国中小学教师新冠疫情经历及其心理健康情况】马迎华教授主持“我国中小学教师新冠疫情经历及其心理健康情况调查”课题，调查我国中小学教师新冠疫情经历及其心理健康情况，为进一步完善学校新冠肺炎疫情防控工作提供了科学依据。该调查于

2022 年 11 月在我国部分省市开展，通过方便抽样选取学校，招募所选学校的教师填写电子问卷。调查问卷的内容包括一般人口学信息、所在学校的基本情况、新冠肺炎疫情相关经历、心理健康情况、生活方式等。截至 2022 年 12 月，该课题正在收集问卷数据。

【实施“非洲女童健康教育项目”】“非洲女童健康教育项目”是北京大学与联合国教育、科学及文化组织（以下简称联合国教科文组织）的联合项目，旨在为非洲女童提供优质健康教育，促进非洲女童和妇女健康教育事业发展，马迎华教授担任该项目的北京大学团队牵头人。该项目将中国最佳实践与国际相关指南相结合，把社会情感学习理论和生活技能培训融入非洲女童健康教育，为促进非洲女童和妇女健康教育贡献中国力量。2022 年，联合国教科文组织代表、北京大学团队、项目国家（博茨瓦纳、尼日利亚、乌干达）协调人共同参与了 2 次线上技术会议。2022 年 4 月 13 日，召开需求评估技术会议。会上，项目国家协调人分别汇报了本国的情况，北京大学团队马迎华教授介绍了中国相关经验，三方共同商讨完善本国需求评估和项目计划的重点关注内容。2022 年 10 月 27 日，召开项目实施进展会。会上，项目国家协调人分别汇报了本国项目的实施进展，马迎华教授介绍了北京大学团队近期工作，三方共同商讨下一阶段项目实施需完善和重点关注的内容。

【联合国教科文组织“全球健康与教育”教席（北京大学）获批】2022 年 9 月，联合国教科文组织总干事奥德蕾·阿祖莱（Audrey Azoulay）和北京大学校长龚旗煌，共同签署了联合国教科文组织“全球健康与教育”教席协议，教席主持人由北京大学青少年卫生研究所马迎华教授担任。至此，北京大学成为继法国克莱蒙奥弗涅大学和日本大阪大学后，第三所设立“全球健康与教育”教席的高等院校，同时也是国内首所设立儿童青少年健康教育教席的高校。北京大学“全球健康与教育”教席将积极回应落实联合国教科文组织关于“健康促进学校”的倡导，紧密结合我国儿童青少年健康教育现状，提高学校健康治理能力、聚焦学校健康卫生政策、开发学校健康教育课程、提升师生健康素养水平，为实现“让每一所学校都成为健康促进学校”的目标做出贡献。按照教席协议，北京大学“全球健康与教育”教席将于 2023 年上半年正式启动，并在 4 年任期中主要完成以下 4 个方面的工作：一是建立科学研究合作网络，促进全球健康，促进学校之间的交流合作；二是开展专项研究，为促进国家、地区和全球层面的健康及促进学校建设提供循证证据支持；三是提供培训和技术指导，推动学校健康教育与健康促进的多部门合作；四是转化研究成果，为健康促进学校提供切实可行的政策指导、实施策略和建设指南。

【编写人民教育出版社义务教育《体育与健康》教材】为有效实施修订后的《义务教育体育与健康课程标准（2022 年版）》，为一线教师更好地实施基于标准的课堂教学提供指导性资源，第十二套义务教育“体育与健康”教材《体育与健康》（人民教育出版社出版）编写工作于2022年1月启动，马迎华教授担任教材的主编，主持教材的编写工作。截至2022年年底，已初步完成教材4个分册（一年级和二年级、三年级和四年级、五年级和六年级、七年级至九年级）的知识体系、单元设计、每课知识点设计和样章编写等工作。截至2022年年底，由分册主编组织各分册编委编写分册，预计2023年完成教材各分册编写，2024年教材正式投入使用。

【完成中国学生营养与健康促进会学校卫生分会工作】中国学生营养与健康促进会学校卫生分会于2021年10月成立。2022年，分会顺利完成总会安排的任务。2022年3月，完成“儿童青少年营养健康科普丛书”中《好生活方式　促健康成长》分册的编写工作。2022年4月，完成营养与健康学校建设试点工作总结汇编的统稿工作。2022年4月21日，线上组织召开学校卫生分会常务委员会。基于分会的工作重点与计划，分会在2022年举行了2场培训。2022年5月10日，举办《中小学校新冠肺炎疫情防控技术方案（第五版）》培训班，以“新形势下中小学校新冠肺炎疫情防控”为主题，采取线上直播的形式，来自全国疾控机构、卫生监督机构、中小学卫生保健机构、中小学校等单位的16.5万名观众收看了这次培训，当日总访问量达94.3万人次。2022年7月28日，举办全国中小学心理危机干预公益培训会，会议采用线上直播的形式，主要面向全国中小学校长、德育教师、班主任、心理教师、校医、保健教师及从事儿少心理健康和心理教育的人员，共计2.2万名观众收看了本次公益培训，总访问量达10万余人次。

【组织编写《健康要设防——与大学生谈艾滋病》书稿】儿少/学校卫生中心朱广荣副教授接受中国卫生科教音像出版社委托，组织编写和完成了《健康要设防——与大学生谈艾滋病》书稿，并已交付印刷。本手册是在原有手册的基础上进行更新的，纳入《青年学生预防艾滋病宣传教育核心信息（2021版）》的内容，并在版式上有所改变，更具可读性。本手册的目的是以通俗易懂的方式，帮助大学生了解和掌握预防艾滋病的相关知识、理念、技能，帮助大学生树立和巩固做自己健康的第一负责人的意识，提高大学生预防艾滋病、呵护健康的能力，营造不歧视的社会氛围，遏制艾滋病在青年大学生中的传播。本手册主要供高校大学生自学时使用，也可以在预防艾滋病的相关宣传活动中和培训课堂上使用。

（陈婷、宋逸）

精神卫生中心

【开展新冠肺炎疫情常态化下相关心理援助与精神卫生工作】协助和参与制定心理援助和精神卫生相关政策文件，提供专业技术支持。协助起草关于做好疫情防控新阶段心理援助工作的通知、加快完善严重精神障碍患者管理体系的指导意见、全国精神卫生和心理健康工作情况、涉疫人员社会心理服务工作情况等。定时向各省收集、整理、汇总全国以公立精神卫生医疗机构和精防机构为主设立的心理援助热线的工作进展，并上报国家卫生健康委。

【开展全国严重精神障碍管理治疗工作】继续承担中央补助地方严重精神障碍管理治疗项目管理工作，包括项目预算、执行、培训、调研指导、年度总结等，该项工作已覆盖全国所有区县。为推进精神卫生工作，充分交流各地经验，2022年，组织召开3次全国省级精神卫生项目办主任工作经验交流会。为加强疫情常态化下严重精神障碍患者管理治疗，起草和印发《关于加强严重精神障碍患者管理治疗工作的通知》，并督促各省落实；起草全国严重精神障碍救治管理工作和社会心理服务体系建设试点考评标准，并收集、核对和撰写考核结果，上报国家卫生健康委。

【总结推广全国社会心理服务体系建设试点】负责项目整体推进，收集、核对和总结全国社会心理服务体系建设试点工作任务完成情况，梳理亮点经验和做法，并形成报告，提交国家卫生健康委。受疫情影响，不定期在线答疑和协调各省推进试点工作推广，将一些亮点经验和做法通过微信公众号“精神卫生686”和《卫生健康工作交流》（疾病预防控制工作专刊）印发至各地供借鉴学习。2022年，要求各省在本省1/5的地市进行社会心理服务体系建设试点推广。据统计，截至2022年年底，全国在154个地市19个区县（包括北京市11个、重庆市8个）进行了积极推广。

【开展全国常见精神障碍防治和儿童青少年心理健康促进项目试点工作】负责项目整体推进，收集、核对、整理全国常见精神障碍防治项目试点和儿童青少年心理健康促进项目试点工作执行情况，形成报告，并提交国家卫生健康委。不定期在线答疑和协调试点地区推进项目工作，协助国家卫生健康委起草学生心理健康工作总结以及儿童青少年心理健康促进工作经验等。截至2022年12月底，全国常见精神障碍防治项目有205个（直辖市按区统计）试点，儿童青少年心理健康促进项目有189个（直辖市按区统计）试点。

【完成国家严重精神障碍信息系统管理工作】 负责系统日常管理，2022 年，协助重庆、河北省级精神卫生平台上线。截至 2022 年 12 月底，全国共有 21 个省级精神卫生平台投入使用。配合中国疾控中心信息中心完成用户与机构的统一维护。每月编写《卫生健康工作动态》（严重精神障碍信息管理工作专刊），配合相关部门和部分省进行数据比对工作等。

【开展对口支援和帮扶工作】 2022 年，继续开展院际合作和对口帮扶工作，通过业务督导及培训、接收进修培训、加强医院管理交流、开展技术指导和科研项目、推进公共卫生服务等，结成紧密帮扶合作关系，着力提升省市级精神卫生医疗机构的医、教、研、防水平，持续对口支援和帮扶 30 余家医院。重点帮扶中西部，开展援助云南省精神卫生防治工作培训，培训覆盖省、市、县、街乡各级精神卫生防治工作者、精神卫生医疗机构相关人员及转岗医生等 210 余名学员；对海南、宁夏等多个省（自治区）开展技术支持、指导和培训，协助甘肃、广西、江苏等省（自治区）完成心理危机干预培训。

【加强精神卫生专业队伍能力建设】 2022 年，组织举办各类培训及会议 25 场，培训 2 668 人次，培训对象覆盖全国省、市、区县、社区 / 乡镇各级的精神卫生工作人员，培训内容涵盖健康教育、精神科诊疗、管理服务流程、精神康复、同伴支持、危机干预等。协助申请 2022 年和 2023 年全国精神科医师转岗培训经费，调查和核对全国精神科医师转岗培训情况，撰写报告，并提交国家卫生健康委。

【持续关注重点人群】

（1）继续开展公益活动“严重精神障碍社区同伴支持项目”，同伴支持项目在原有基础上扩充发展，国家卫生健康委国际交流与合作中心和赠与亚洲（美国）合作开展公益性公共卫生项目“精神健康同伴支持及社区精神健康服务能力提升项目”，精神卫生中心 / 北京大学第六医院为项目的具体执行单位。2022 年，举办项目 2021—2022 年度总结会暨经验交流会，以及 2022—2023 年度项目启动会暨培训师培训等。截至 2022 年 12 月底，在全国 20 个省（自治区、直辖市）的 88 个社区建立新试点，招募辅导员 364 人、同伴 1 506 人，培训患者及家属 5 522 人、基层工作人员 2 010 人。

（2）继续开展关爱精神障碍患者家庭（Care for Family，CAFF）项目。2022 年，积极开展精神障碍高危人群早期预防工作，通过“CAFF 花园”微信公众号和世界精神卫生日画作征集活动为大众提供科普，为患者子女群体发声；开展公益夏令营活动，帮助患者子女增强社会连接和提高拓展能力；在腾讯“99 公益日”活动中，积极完成公益募捐，提供家庭干预服务。召开年度总结会和培训会，开展团队建设，发展家庭干预措施。相关工作获得中宣部、中央精神文明建设指导委员会办公室全国学雷锋志愿服务“四个 100”先进典型“最佳志愿服务项目”。

【开展精神卫生宣传工作】组织精神科医师编写精品精神心理健康科普文章，利用微信公众号“精神卫生 686”、今日头条等渠道广泛宣传。通过快手，推出精神心理健康科普类小视频。制作科普动画《无声的呐喊——青少年非自杀性自伤》和公益短视频《听听孩子内心的声音》《关爱老年人》《被忽视的病》，进行广泛宣传。收集 10 月 10 日世界精神卫生日各省的活动情况，制作微信稿并推送至全国各地。

（吴霞民、马宁、陆林）

老年保健中心

【科研课题与研发】2022 年，新获科研课题与研发项目 15 项，总经费为 2 386 万元。课题与项目包括：国家自然科学基金面上项目“NNMT 通过抑制 HMGB1 组蛋白甲基化修饰延缓血管衰老的机制研究”（项目批准号：82271597），郭君，课题经费为 52 万元，起始时间为 2023 年 1 月—2026 年 12 月；“十三五”国家重点研发计划专项“老年人功能减退膳食干预与评价方案应用示范”（SQ2021YFC2010100），曾平，总国拨经费为 980 万元，获得经费 300 万元；中国博士后科学基金“长期高脂高糖饮食诱导的Ⅱ型糖尿病大鼠肠促胰素效应受损的发生机制研究”（项目编号：2022M710456），王清宇，课题经费为 8 万元；北京市自然科学基金项目“基于液质联用技术的多酚肠道菌群代谢物的测定及其在心血管代谢性疾病中的应用基础研究”（项目批准号：7222156），杨睿悦，课题经费为 20 万元；国家卫生健康委卫生行业标准“老年健康与老年服务术语标准”，杨泽，课题经费为 7 万元；中国医学科学院医学与健康科技创新工程项目“衰老与衰老相关疾病的新机制及临床研究”（项目编号：2021-I2M-1-050），蔡剑平，课题经费为 800 万元；中国医学科学院医学与健康科技创新工程项目“系统性抗原发现和抗体筛选技术的开发与应用”（项目批准号：2021-I2M-1-047），刘昱东，课题经费为 120 万元；广西“十四五”科技重大专项“药物干预与非药物干预协同服务模式构建及产业发展”负责课题“主动健康连续服务第三方中心跨区域共享平台研发”（项目编号：桂科 AA22096018），曾平，总经费为 2 800 万元，获得经费 40 万元；东城区优秀人才培养资助项目“马达蛋白 KIF7 介导的 SHH 信号通路在皮下脂肪衰老中的作用及机制研究”（项目编号：2022-dchrcpyzz-66），崔菊，课题经费为 1 万元；中央高水平医院科研业务费专项基金“冠状动脉粥样硬化的脂质组学人群队列研究”（项目编号：BJ-2022-125），王思明，课题经费为 100 万元；中央高水平医院临床科研业务费项目“慢性炎症调控维生素 D 对肌少症预防作用的前瞻性队列研究”（项目编号：BJ-2020-133），张弛，课题经费为 30 万元；北京医院院内课题“O6-methyl-dGTP 抗肿瘤作用机制研究”（项目编号：BJ-2021-209），李瑾，课题经费为 8 万元；中国疾病预防控制中心公共卫生领域卫生健康标准评估项目协议书《WS/T 430—2013 高血压患者膳食指导》，林雅军，课题经费为 2 万元（与山东省疾控中心和西安市第五医院合作研究）；深圳合成生物学创新研究院对外开放基金项目“抗衰老关键细胞因子组合筛选及合成生物学调控”（项目批准号：DWKF20210009），崔菊，课题经费为 10 万元；企业基金（横向课题）“解乳清蛋白及 HMB 的口服乳粉对肌少症及肌少症风险人群的干预研究”（项目编号：BJ-2022-263），曾平，课题经费为 150 万元。

【科研论文与成果】2022 年度，获得 1 项专利，即“包括 419G>A 突变的 CYP2C9 基因片段，所编码的蛋白质片段及其应用”，专利号为 ZL201911136485.6，蔡剑平、周晓阳、左明章、赵思文，2022 年 12 月 27 日。发表科研论文 94 篇，其中 SCI 论文为 73 篇（影响因子超过 10 的为 8 篇，影响因子超过 30 的为 2 篇），国内核心期刊为 21 篇。著书：林雅军，参编，国家开放大学出版社，《老年慢病膳食调理（中级）》（第三章“制定老年膳食调理方案”中第二节“保健食品选用指导”），2022 年，第一版；林雅军，副主译，河南科学技术出版社，《老年营养学》（第 1 ~ 6 章），2022 年，第 3 版；刘昱东，参编，北京大学医学出版社，《凯利风湿病学》（第十八章“信号通路的基本原理”），2023 年，第 11 版。行业标准：肖飞，《移动生物检测实验舱性能参数校准规范》（JJF 1973—2022），2022 年 6 月；皮红英、侯惠如、石海燕、尚少梅、蒋艳、陈峥、李卡、杨莘、屠其雷、杨泽、孙超，《居家、社区老年医疗护理员服务标准》（WS/T 803—2022），2022 年 9 月。应用指南：戴伦治、蔡剑平、张铁梅、卢莹、葛美玲、罗森林、崔菊、武笑楚、董军、张立群、庞婧、郑坤、刘宇、万珊、肖茜娜、胡梦，《老年健康综合评估与管理系统应用指南》，《中国老年保健医学》杂志，2022 年第 20 卷第 6 期。

【教学与人才培养】在北京医院 2022 年教学中排第 2 位；培养研究生 64 人，其中博士研究生为 22 人，硕士研究生为 42 人。

【学术会议与学术交流】在国际及国内学术会议大会上发言 9 人次。举办会议：主题为“健康中国，智慧医疗”的 2022 中国老年健康论坛，线上，2022 年 4 月 15—17 日，协办，3 000 人次；项目启动会——义工入户帮助照料慢病或失能老人缓解子女压力的体系建设，线上，2022 年 4 月 20 日，北京医院、国家卫生健康委北京老年医学研究所、深圳市卫生健康信息协会，49 人次；“慢病及失能老人居家照护”培训会，线上，2022 年 8 月 6 日，北京医院、国家卫生健康委北京老年医学研究所、深圳市卫生健康信息协会，65 人次；中国健康管理协会植物营养与健康分会成立大会暨第一届植物营养与健康论坛，北京市，2022 年 9 月 17 日，中国健康管理协会植物营养与健康分会，109 人次；2022 年老年病防控科普宣传启动大会，线上，2022 年 9 月 29 日，主办，10 000 人次；2022 衰老基础与转化研究峰会，深圳市（线上），2022 年 11 月，协办，1 000 人次；中华预防医学会老龄健康与医养结合工作委员会 2022 年全体委员会议暨老龄健康和医养结合发展学术交流会，北京医院（线上），2022 年 11 月 5 日，200 人次；首届中国老年病防控与健康大会，线上，2022 年 11 月 12 日，主办，5 000 人次；中国老年保健协会老年健康标准分会成立大会暨全国老年健康服务与标准化论坛，湖北省十堰市（线上），2022 年 12 月 16 日，200 人次；2022 年 SMART 营养论坛，北京市，2022 年 12 月 17 日，中国健康管理协会临床营养与健康分会和植物营养与健康分会，1 000 人次。

【荣誉表彰】孙亮，2022 年 12 月 30 日，获中国老年保健协会 2022 年度“先进个人”称号；肖飞，2022 年，国家级，获中华全国归国华侨联合会第九届“侨界贡献奖”。崔菊，中共北京市东城区委人才工作领导小组办公室，“2022 年度东城区优秀人才培养资助项目”。

（蔡剑平、崔菊）

第五部分 人事人物

中心领导

主任：沈洪兵

党委书记、副主任：卢江

党委副书记：周宇辉

党委副书记、纪委书记：严俊

副主任：刘剑君　再那吾东·玉山

机关处室负责人

办公室

主任：郭岩　　副主任：李浩

人事处

处长：席晶晶　　副处长：李振军

政策规划研究室

主任：邹斌

财务处

副处长：胡文上

科技处

副处长：陈园生　王吉春

教育培训处（研究生院）

副处长 / 副院长：戴政　马会来

外事处（港澳台办公室）

处长：王晓琪

实验室管理处

处长：赵赤鸿　　副处长：魏强　张必科

网络和信息安全管理处

处长：傅罡

资产管理处

处长：王茂武　　副处长：刘保华

基建处

副处长：蒋晋生

审计处

处长：袁灵华

学术出版管理处

处长：谭枫　　副处长：张群

党委办公室

负责人：项春

纪委办公室（监察室）

主任：刘海龙

群团工作处

处长：项春

离退休干部处

副处长：王晓锋

保卫处

副处长：王海东

后勤运营管理中心

副主任：谷鑫　陈同年

实验动物中心

副主任：卢选成

健康传播中心（12320 卫生热线管理中心办公室）

主任：崔颖　　副主任：姚建义

信息中心

副主任：苏雪梅　万明

卫生标准处

处长：雷苏文

流行病学办公室（爱国卫生工作技术指导处）

主任：么鸿雁

全球公共卫生中心

副主任：戚晓鹏

卫生应急中心

主任：李群　　副主任：施国庆

传染病管理处

副处长：张彦平

免疫规划中心

主任：尹遵栋　　副主任：安志杰

结核病预防控制中心

主任：赵雁林　　副主任：陈明亭

公共卫生管理处

副处长：丁库克

慢病和老龄健康管理处

副处长：赖建强

控烟办公室

副主任：肖琳

直属单位领导

传染病预防控制所

所长：阚飙　　党委书记：卢金星

副所长：张建中　万康林　　纪委书记：杜娟

病毒病预防控制所

所长：许文波　　党委书记：何广学

党委副书记兼纪委书记：葛利荣　　副所长：王世文　韩俊

寄生虫病预防控制所（国家热带病研究中心）

所长：周晓农　　党委书记：陈晓红

副所长：许学年　曹建平　肖宁　李石柱

性病艾滋病预防控制中心

主任：韩孟杰　　党委书记：刘中夫

副主任：吕繁

慢性非传染性疾病预防控制中心

主任：吴静　　副主任：周脉耕

营养与健康所

所长兼党委书记：丁钢强　　党委副书记：郭浩岩

副所长：张兵

环境与健康相关产品安全所

所长：施小明　　党委书记：王林

副所长：徐东群　姚孝元　　纪委书记：沈婵

职业卫生与中毒控制所

所长：孙新　　党委书记：张雁

纪委书记：寇子春　　副所长：戴宇飞　张美辨

辐射防护与核安全医学所

所长：孙全富　　党委书记：曹进华

副所长：刘青杰　　纪委书记：吕柯

农村改水技术指导中心

党总支书记：路凯　　副主任：孙伯寅

妇幼保健中心

党委书记：张学清　　副主任：李志新

副主任兼纪委书记：王常合

挂靠单位领导

地方病控制中心

党委书记：袁重胜　副主任：申红梅

性病控制中心

主任：顾恒　副主任：陈祥生

麻风病控制中心

主任：顾恒　副主任：王洪生

结核病防治临床中心

党委书记：潘军华　院长：李晓北

党委副书记：庞宇　副院长（常务副主任）：李亮

副院长：郝伟　杜晔

鼠疫布氏菌病预防控制基地

党委书记：周万军　副主任：宋靖宇　邵奎东

少儿/学校卫生中心

所长：宋逸　副所长：董彬　董彦会

精神卫生中心

主任：陆林　副主任：马宁

老年保健中心

主任：蔡剑平　副主任：孙亮　戴大鹏　刘昱东

院　　士

侯云德（中国疾病预防控制中心病毒病预防控制所）
洪　涛（中国疾病预防控制中心病毒病预防控制所）
徐建国（中国疾病预防控制中心传染病预防控制所）
高　福（中国疾病预防控制中心）
沈洪兵（中国疾病预防控制中心）

第六部分

大事记

一　月

1 月 1 日，中心工会组织干部职工参加中华全国总工会举办的“中国梦 · 劳动美——永远跟党走　奋进新征程”全国职工线上运动会，历时 6 个月，500 余人参与。

1 月 10 日傍晚，接到上级委派，中国疾控中心传染病所的 11 位同志奔赴天津市支援抗疫工作，高鹤任传染病所队员联络人。1 月 8 日，天津市发现第一例新冠病毒奥密克戎变异株确诊病例，这也是我国首例奥密克戎变异株本土确诊病例。

1 月 14 日，中国疾控中心 2021 年度党建述职评议考核会议召开。

1 月 14 日，中国疾控中心党的二十大代表选举工作动员部署会召开。

1 月 18 日，教育培训处（研究生院）录取 CFETP 第二十一期学员 24 人。

1 月 20 日，为进一步推动世界卫生组织辐射与健康合作中心工作的顺利开展，中国疾控中心辐射安全所邀请世界卫生组织项目官员在线上召开双边研讨会。

1 月 23 日，中国疾控中心成立 20 周年。世界卫生组织、美国疾控中心、欧洲疾控中心、非洲疾控中心，以及我国香港卫生防护中心等合作伙伴发来贺词、贺信与祝贺视频，以多种形式与中国疾控中心共同庆祝这一历史时刻。

1 月 28 日，世界卫生组织全球疟疾规划署、热带病培训研究特别规划署主办，中国疾控中心寄生虫病所（国家热带病研究中心）、世界卫生组织非洲区域办事处共同举办中国—联合国和平发展基金支持的“加强非洲国家疟疾监测与响应能力项目”线上启动仪式。

二　月

2月2日，北京冬奥会火炬传递活动首钢园站于18：04启动，传染病所疾控应急处卢珊研究员作为第9棒火炬手参与此次冬奥会火炬传递。

2月25日，中国疾控中心领导班子党史学习教育专题民主生活会召开。

2月，中国合格评定国家认可委员会组织专家对中心CNAS实验动物机构认可进行定期监督评审。

2月，以"'组团式'援助阿克苏，推进新疆放射卫生事业高质量发展"为题，《健康中国观察》2022年第2期刊登了中国疾控中心辐射安全所援疆工作的做法与成效。

三 月

3月初，编印中国新闻全国两会专报《回眸二十年 展望新征程 加速建设现代化疾控中心》，全国两会期间，送至全国两会代表和委员报刊阅览处供参阅。

3月8日，中央电视台对中国疾控中心传染病所“全国三八红旗集体”巾帼应急团体进行特别报道，聚焦身兼疾控人、母亲、女儿多重身份的新时代女性最深处最坚忍的美好品格。

3月15日，中国疾控中心环境所作为主要起草单位起草的《生活饮用水卫生标准》（GB 5749—2022）经国家市场监督管理总局和国家标准化管理委员会批准发布，于2023年4月1日实施。

3月22日，国家发展改革委正式批复中国疾控中心二期工程初步设计方案和投资概算，国家卫生健康委于4月12日批转了该批复。

3月24日，中国疾控中心结控中心组织“3·24世界防治结核病日”全国主题宣传现场活动，期间，启动“遏制耐药结核病攻坚行动”，世界卫生组织结核病和艾滋病防治亲善大使彭丽媛教授受邀出席启动仪式。

3月24日，中国疾控中心结控中心于“3·24世界防治结核病日”系列活动期间，正式启动结核病患者关爱行动、无结核社区（校园）行动和社会动员行动。

3月30日，由中国疾控中心党委主办、中心团委承办的2022年“读讲一本书”活动线上和线下同时开展。

四　月

4 月 1 日，中国疾控中心艾防中心首次上线运行丙肝防治信息系统，该系统具备历史数据下载、统计报表、可视化分析、丙肝定点医院编码维护等功能，实现病例报告和疾病转归信息的闭环管理。

4 月 13 日上午，联合国人口基金驻华代表处康嘉婷代表、苏仁娜副代表一行 6 人到访中国疾控中心妇幼保健中心并进行了会谈。

4 月，《卫生研究》入选 2021 年度《预防医学与卫生学高质量科技期刊分级目录》第一梯队（T1，共 6 种期刊）。

4 月，中国疾控中心病毒病所成功应对重庆市送检的贵州省新发现脊髓灰质炎Ⅲ型 VDPV 疫情，经 VP1 区核苷酸序列测定和分析发现，其与我国大陆既往发现的Ⅲ型 VDPV 均不同源，是新发现的 iVDPV。

五 月

5月21日，中国疾控中心妇幼保健中心与中国营养学会妇幼营养分会一起，面向全国托幼机构卫生保健人员、儿童家长，以“看标签，选食物”为主题，开展在线宣教活动。共有4.6万余名托幼机构卫生保健人员和家长参与了宣教活动。

5月，中国疾控中心环境所编著的《公民防疫行为准则（科普版）》入选国家卫生健康委“2021年委管出版物主题宣传优秀图书电子音像出版物”。

六　月

6月17日，印发《病原生物菌（毒）种或样本对外提供协议书（2022版）》及其配套的5种类型共享协议（2022版），供各国家级保藏中心、省级保藏中心及其他相关单位参考使用，推动资源共享、规范利用。

6月23日，中国疾控中心应对新冠肺炎疫情提升公共卫生应急能力建设项目通过了属地政府主管部门的竣工验收备案，取得该项目的正式竣工验收备案表。

6月28日，中国疾控中心结控中心线上组织召开了第十一届金砖国家结核病研究网络会议，来自巴西、俄罗斯、印度、中国和南非5个金砖国家的卫生部门行政官员、结核病相关领域专家，以及世界卫生组织、科研机构和研发生产机构等的相关人员共计34人参加了会议。

6月，中国疾控中心实验动物中心ABSL-3实验室通过北京市科学技术委员会组织的实验动物使用许可证申请现场验收专家评审，获得实验动物使用许可证［许可证号：SYXK（京）2022-0029］，并启动了试运行工作。

6月，中国疾控中心与全国农村义务教育学生营养改善计划领导小组办公室联合发布《农村义务教育学生营养改善计划膳食指导与营养教育工作方案》和《农村义务教育学生营养改善计划营养干预试点方案》。

6月，经国家卫生健康委评审，中国疾控中心获批全国首批6家“国家高等级实验室生物安全培训基地”依托单位之一。

6月，经国家卫生健康委领导签批后，中国疾控中心艾防中心向联合国艾滋病规划署在线提交《2022年中国艾滋病监测报告》。

七 月

7月4日，意识形态工作会暨“七一”主题党日活动召开。

7月6日，中国疾控中心召开第七届学位评定委员会第二次会议，审定授予38名研究生博士学位、60名研究生硕士学位、68名研究生公共卫生硕士专业学位。

7月11日，中国疾控中心环境所作为主要起草单位起草的《室内空气质量标准》（GB/T 18883—2022）经国家市场监督管理总局、国家标准化管理委员会批准和发布，于2023年2月1日实施。

7月13日，2022届研究生毕业典礼暨学位授予仪式举办。

7月19日，中国疾控中心寄生虫病所（国家热带病研究中心）与青海省地方病预防控制所以线上形式，举办包虫病综合防治青海基地揭牌仪式暨共建协作视频会议。

7月29日，国家热带病研究中心海南分中心临床基地在上海交通大学医学院附属瑞金医院海南医院（博鳌研究型医院）揭牌。

7月，中国疾控中心营养与健康所申报并获批中国疾病预防控制中心母乳科学研究重点实验室。

7月，在国家卫生健康委食品司的推动下，中国疾控中心营养与健康所和国家食品安全风险评估中心，分别与南昌大学、江南大学签署食品安全与营养健康四方合作协议，提出优势互补、资源共享、协同创新和发展共赢等战略合作建议。

7月，中国疾控中心控烟办配合国家卫生健康委，开展《健康中国行动（2019—2030年）》控烟行动专项调研，对北京市、山西省、山东省和广西壮族自治区4地进行线上和线下综合调研评估及指导。

7月，*Infectious Diseases of Poverty* 期刊的SCI影响因子上升至10.485，CiteScore增长至10.8，在相应的学科领域均名列前茅。

八　月

8月3日，中国疾控中心与埃塞俄比亚公共卫生研究所签署了机构间合作谅解备忘录。埃塞俄比亚驻华大使特肖梅·托加先生出席了线上签约仪式。

8月8日，中国疾控中心慢病中心主办的第七届“万步有约”健走激励大赛在甘肃省张掖市甘州区正式启动，全国共有31个省（自治区、直辖市）1 400个县区的200余万人参赛。

8月14日，中国疾控中心职业卫生所撰写并提交世界卫生组织职业卫生合作中心2021—2022年度报告（中英文）。

8月，中国疾控中心营养与健康所通过中国合格评定国家认可委员会的CNAS现场复评审和扩项工作。

九　月

9 月 1 日，中国疾控中心在昌平园区举行 2022 级研究生新生开学典礼，中心主任、研究生院院长沈洪兵和中心副书记周宇辉参加典礼，沈洪兵院长致辞。

9 月 16 日，中国疾控中心病毒病所收到重庆市疾控中心送检的猴痘疑似病例样本，第一时间完成了中国大陆首例输入性猴痘病例的确诊与首株猴痘病毒的分离。该病毒属于西非株系（B.1 进化分支），命名为 MPXV-B.1-China-C-Tan-CQ01，是中国大陆首株猴痘病毒。

9 月 26—29 日，2022 年中国—东南亚和中国—非洲国家艾滋病防治南南合作线上技术交流活动举办，活动聚焦艾滋病检测干预和实验室技术两个主题。

十　月

10月10日，国家病原微生物保藏中心向广东省疾控中心［广东省人间传染的病原微生物菌（毒）种保藏中心］出具首份国家保藏证明，进一步健全完善国家病原微生物保藏机制。

10月13日，中国卫生健康思想政治工作促进会妇幼保健分会主办的2022年常务理事会议在北京市召开，会议采取现场和线上两种方式同步进行。

10月18日，中国疾控中心提交的二期工程施工图设计文件通过综合审查机构审查。

10月27日，中国疾控中心结控中心在北京市举办了《遏制结核病行动计划（2019—2022年）》终期评估线上视频培训班。全国疾控中心（结防所）分管领导、结防所（科）所长（科长），结核病防治、监测、健康促进等领域的专业骨干，以及中国疾控中心结控中心政策规划部、监测预警部、监测评价部和健康促进部的相关人员共计500余人参与了此次培训。

十 一 月

11月1日，中国疾控中心与南非国家传染病研究所签署了机构间合作谅解备忘录，双方未来五年将在传染病监测与防控、健康安全、应急准备和响应等诸多领域开展合作与交流。

11月1—3日，中国疾控中心病毒病所在线上主办全国第八届病原体核酸检测新技术高级培训班，邀请了23位主持专家、59位授课专家，学员人数超过1 200人，覆盖全国31个省（自治区、直辖市）191个市县级疾控中心，助力新冠肺炎疫情防控核酸检测人才培训及能力提升。

11月3日，中国疾控中心党委学习宣传贯彻党的二十大精神部署动员会召开。

11月5日，中国疾控中心牵头的卫生行业标准《病原微生物菌（毒）种国家标准株评价技术标准》（WS/T 4812—2022）正式发布，该标准对于国家标准株评价具有重要指导意义。

11月21日，中国疾控中心辐射安全所历经1年时间翻译完成《室内氡手册——公共卫生视角》，并在世界卫生组织网站上发布。

11月24日，全国妇幼保健机构儿童保健主任学术交流会暨中国疾控中心妇幼保健中心成立20周年系列学术活动在北京市成功举办。

11月26日，中国疾控中心成立20周年全球卫生与“一带一路”学术论坛在北京市召开。国家疾控局领导、中国疾控中心领导，以及长期从事全球卫生研究和实践工作的跨领域专家与国际合作伙伴出席会议。

11月，中国疾控中心病毒病所收到宁夏回族自治区疾控中心送检的1株Ⅰ型脊灰病毒，该病毒被鉴定为Ⅰ型VDPV，与我国大陆既往发现的Ⅰ型VDPV均不同源，是新发现的VDPV。

11月，中国疾控中心健康传播中心（12320卫生热线管理中心办公室）牵头申报国家级健康科普基地，并成功通过中国科协2021—2025年第一批全国科普教育基地审批。

十 二 月

12月1日，中国疾控中心在北京市举办2022年“世界艾滋病日”主题宣传活动，活动主题为“共抗艾滋　共享健康”。活动现场发布了“老年人、流动人口、青年学生”三类人群预防艾滋病导引及宣传片。

12月8日，第十六届中日韩传染病防控论坛暨联合研讨会在线召开。中日韩三国专家围绕猴痘监测检测和防控策略、新冠病毒疫苗等对大流行的影响、传染病防控和全健康策略相关议题展开讨论。中国疾控中心沈洪兵主任还分别与日韩两国疾控机构主任进行了年度会晤。

12月9日，中国疾控中心二期工程在公路增设或改造平面交叉道口的申请，获得北京市交通委员会批复。

12月9日，与10所“高层次应用型公共卫生人才培养创新项目”院校共同签订战略合作协议，推动建立更加紧密的协作合作关系。

12月15日，由中国疾控中心全球公卫中心主办、现场流行病学培训项目和免疫中心协办的中国—东盟“信息化技术支持的暴发调查”研讨会和桌面演练活动在线举行。来自泰国、新加坡、马来西亚、老挝、文莱、菲律宾、柬埔寨和中国的国家及地方卫生部门，以及东盟秘书处共64位公共卫生专业人员参与了此次活动。

12月16日，全国省级妇幼保健机构管理工作会以线上形式举办。本次会议是中国疾控中心妇幼保健中心成立20周年“继往开来，筑牢全面健康基石”主题系列学术活动之一，来自全国各地妇幼保健机构的书记、院长等行政和业务管理人员共计2 000余人线上参会。

12月28日，中国疾控中心牵头的公共安全行业标准《生物安全领域反恐怖防范要求　第1部分：高等级病原微生物实验室》（GA 1802.1—2022）和《生物安全领域反恐怖防范要求　第2部分：病原微生物菌（毒）种保藏中心》（GA 1802.2—2022）正式发布。该标准对于指导高等级病原微生物实验室和菌（毒）种保藏机构开展反恐怖防范具有重要指导意义。

12月30日，经财政部批准，中国疾控中心二期工程前期垫付经费4 247万元归垫工作顺利完成。

12月，《环境卫生学杂志》被收录为“中国科技核心期刊”。

2022年，全年扩招录取研究生298人，其中包括博士研究生80人、学术型硕士研究生93人、全日制公共卫生硕士研究生115人、非全日制公共卫生硕士研究生10人。实际报到新生 293 人，保留入学资格 1 人，放弃入学资格 4 人（其中包括博士研究生 1 人、学术型硕士研究生 1 人、全日制公共卫生硕士研究生 1 人、非全日制公共卫生硕士研究生 1 人）。

2022 年，完成 2022 年国家免疫规划疫苗集中采购工作，17 个品种疫苗约 1.9 亿支，成交金额为 31.85 亿元。

2022 年，中国疾控中心职业卫生所组织开展全国职业卫生技术服务机构质量监测和全国职业卫生检测实验室比对、中毒卫生应急检测实验室比对工作。

第七部分

附　　录

科研成果获奖

北京市科学技术奖科学技术进步奖一等奖

新冠肺炎病原快速鉴定和疫情防控关键技术的建立及应用

——中国疾病预防控制中心病毒病预防控制所、中国疾病预防控制中心

谭文杰、高　福、许文波、王文玲、朱　娜、陆柔剑、赵　翔、陈　操、牛培华、宋敬东、王大燕、王　佶、赵　莉、叶　飞、毛乃颖

中华医学会医学科学技术奖二等奖

实验室生物安全技术体系创建及其在重大疫情防控中的创新应用

——中国疾病预防控制中心病毒病预防控制所、中国疾病预防控制中心、中国医科大学附属第一医院、中国建筑科学研究院有限公司、中国疾病预防控制中心传染病预防控制所、中国合格评定国家认可中心、华北电力大学

武桂珍、高　福、魏　强、刘　军、张　勇、耿文清、曹国庆、李振军、韩　俊、赵赤鸿

中华医学会医学科学技术奖三等奖

中东呼吸综合征冠状病毒病原生物学与免疫学研究及关键技术应用

——中国疾病预防控制中心病毒病预防控制所、广州医科大学附属第一医院

谭文杰、赵金存、王文玲、肇静娴、陆柔剑、邓 瑶、王延群、黄保英

华夏医学科技奖二等奖

中国膳食营养监测和干预体系的建立与应用

——中国疾病预防控制中心营养与健康所

丁钢强、杨月欣、王惠君、霍军生、张 兵、郑钜圣、李海涛、何宇纳、王连艳、牛凯军

华夏医学科技奖三等奖

中国妇女儿童关键微量营养素评估指标体系的建立及应用

——中国疾病预防控制中心营养与健康所

杨丽琛、杨晓光、韩 冰、马良坤、刘 捷、张 巍、胡贻椿、魏 俊

获奖成果摘要

北京市科学技术奖科学技术进步奖一等奖

新冠肺炎病原快速鉴定和疫情防控关键技术的建立及应用

——中国疾病预防控制中心病毒病预防控制所、中国疾病预防控制中心

谭文杰、高　福、许文波、王文玲、朱　娜、陆柔剑、赵　翔、陈　操、牛培华、宋敬东、王大燕、王　佶、赵　莉、叶　飞、毛乃颖

2019年年底，中国湖北省武汉市发生不明原因肺炎疫情，人民生命健康受到极大威胁，迫切需要明确引发该疫情的病原、分离病原体并建立特异的分子检测方法，开展疫苗研发工作，为疫情防控提供技术支撑。本项目团队围绕病例样本基因组测序、病毒分离、分子诊断、疫苗研发与评价、基因组溯源监测等系列关键技术展开科技攻关，取得了一系列重大科技创新成果。

本项目团队率先全链条快速鉴定了武汉不明原因肺炎疫情的病原，建立了分子检测技术与疫苗研发评价体系，同时，在疫情溯源与监测等方面取得了系列创新成果及重大突破，为新冠肺炎疫情的科学防控做出了突出贡献。其中，三大科技成果（公布首个病毒全基因组、率先研制核酸检测试剂、率先分离新冠病毒）被写入《抗击新冠肺炎疫情的中国行动》白皮书，并在国家“十三五”科技创新成就展展出，病原发现与引物探针序列分享相关内容入选庆祝中国共产党成立100周年重要成就。本项目团队选育转化了多个优质高产、遗传稳定的新冠灭活疫苗种子株，合作研发了首个附条件上市的新冠灭活疫苗。武汉疫情发生后，通过高效靶向基因组测序新技术与生物信息学平台结合，快速完成我国各省市本土疫情的基因组溯源，在国际上首先发现进口污染了新冠病毒的冷链产品感染从业人员，继而通过人传人导致本土疫情，为“人物同防”策略提供科学依据，为指导全国各地发现和阻断新冠病毒的传播做出了重要贡献。

中华医学会医学科学技术奖二等奖

实验室生物安全技术体系创建及其在重大疫情防控中的创新应用

——中国疾病预防控制中心病毒病预防控制所、中国疾病预防控制中心、中国医科大学附属第一医院、中国建筑科学研究院有限公司、中国疾病预防控制中心传染病预防控制所、中国合格评定国家认可中心、华北电力大学

武桂珍、高　福、魏　强、刘　军、张　勇、耿文清、曹国庆、李振军、韩　俊、赵赤鸿

2004年“SARS实验室感染事件”为我国实验室生物安全敲响了警钟。本项目历经16年，攻克多项技术难关，创建实验室生物安全“三位一体”关键技术体系和生物安全实验室“全生命期”建设关键技术集成平台，实现了实验室生物安全领域关键技术零的突破，并在重大传染病防控、重大活动保障、全球公共卫生援助“三大领域”创新应用，保障了2004年之后我国生物安全实验室的安全运行，为实验室生物安全提供了坚实保障。

创建实验室生物安全“全方位”量化风险评估、实验室生物安全六级管理模式与“金字塔”式生物安全实验室管理体系文件、菌（毒）种保藏运输与实验活动“全链条”管理“三位一体”技术体系，首次为我国实验室生物安全建设提出纲领性文件，完成我国首个生物安全三级实验室活动资格批准，并在全国疾控系统及卫生和农业相关部门进行推广，有力地推进了国内其他70多家生物安全三级实验室建设及获得活动资格批准。项目成果使我国实验室生物安全制度化建设实现零的突破，为实现我国实验室生物安全管理全面走向法制化、规范化和标准化的道路奠定了坚实基础，促进形成我国实验室生物安全文化，并推动我国实验室生物安全工作迈向国际化进程。

创建生物安全实验室“全生命期”建设关键技术集成平台，使我国生物安全实验室建设实现了由依赖进口向国际输出的突破。建立关键设施设备性能现场检测验证新技术，并在全国百余家实验室进行实验室设施、设备检测等技术服务和推广，奠定了病原微生物实验室安全运行的重要基准和评价依据，有力地保障了全国70余家高等级固定式生物安全实验室和移动式实验室的设计、建设与运行。

生物安全技术体系在重大传染病防控、重大活动保障、全球公共卫生援助“三大领域”创新应用，为成功处置中东呼吸综合征、输入性野生型脊髓灰质炎等重大新发突发传染病疫情提供了生物安全技术支撑和安全保障，筑牢人民健康的国家公共卫生安全防线。为2008年北京奥运会和中华人民共和国成立70周年庆祝活动、APEC会议等历年重大活动提供了有力的生物安全保障；向非洲提供实验室生物安全技术体系，在塞拉利昂建立海外第一个高等级生物安全实验室，为实现我国首次公共卫生整建制援非抗埃，“打胜仗、零感染”目标提供了有力的生物安全科技支撑。

综上，本项目组制定标准5项，获得专利和著作权15项；以第一作者、通信作者发表论文500余篇，出版著作15部。上述成果加强了我国实验室生物安全能力建设，构建了我国全方位、多层面、重实效的实验室生物安全关键技术体系和关键技术集成平台，从根本上提升了我国实验室生物安全管理水平，满足了国家生物安全建设的重大需求。

中华医学会医学科学技术奖三等奖

中东呼吸综合征冠状病毒病原生物学与免疫学研究及关键技术应用

——中国疾病预防控制中心病毒病预防控制所、广州医科大学附属第一医院

谭文杰、赵金存、王文玲、肇静娴、陆柔剑、邓　瑶、王延群、黄保英

中东呼吸综合征冠状病毒（The Middle East respiratory syndrome coronavirus，MERS-CoV）是2012年发现于中东地区的一种高致病性人冠状病毒，病死率约为35%。为有效防控我国可能出现的MERS疫情，迫切需要建立MERS-CoV的检测、基础研究及疫苗研发平台。该项目针对MERS-CoV开展了系统的研究工作，建立了序列测定技术及核酸、抗体检测方法，编制了实验室检测指南，深入阐述了该病毒的病原生物学特点及诱发免疫反应机制，开展了疫苗研发工作，建立了基于MERS-CoV的广谱抗冠状病毒药物筛选平台。

本项目团队在国内率先建立了MERS-CoV的综合防控技术平台，对高致病性人冠状病毒的防控具有示范效应。2015年我国发生输入性MERS疫情后，本项目团队先于韩国确定其MERS疫情来源和分子变异事件，为我国及世界卫生组织制定相关疫情防控策略提供了关键科学依据，提升了国际影响力；提出了非洲地区存在MERS-CoV无症状感染，具有重要的理论创新。本项目团队成功分离MERS-CoV毒株（ChinaGD01），并对其病原生物学及感染模式、免疫反应机制进行了深入研究，为深入阐明其特点提供了基础，全面阐述了MERS-CoV的天然免疫、体液和细胞免疫保护机制，为以MERS-CoV为代表的高致病性人冠状病毒疫情的疫苗研发提供了科学依据。

华夏医学科技奖二等奖

中国膳食营养监测和干预体系的建立与应用

——中国疾病预防控制中心营养与健康所

丁钢强、杨月欣、王惠君、霍军生、张　兵、郑钜圣、李海涛、何宇纳、王连艳、牛凯军

社会经济高速增长和快速城镇化，使我国居民膳食结构与营养健康问题发生了剧烈变化，亟待建立符合我国发展需求的膳食营养监测和干预体系，解决不断出现的多重营养健康问题。为解决发展过程中的膳食营养问题，本项目组通过持续研究，取得如下科技创新：一是创新了监测方法。在国内率先开发了膳食营养监测集成平台，实现了计算机辅助调查、信息化质控和现场营养评价指导的综合功能，并开发了快速检测试剂盒，以满足现场需求。二是监测研究成果成为《中国居民膳食指南》制修订中推荐膳食结构的主要科学依据，首次提出并验证了适合中国特点的平衡膳食模式——东方膳食模式。三是研究评估

了中国居民不合理膳食在慢性病发生中的归因贡献，发现高钠、低水果、低水产品摄入是成人心血管疾病死亡归因的前三位危险因素。四是基于组学研究，首次建立与2型糖尿病风险相关的肠道菌群风险指数。五是在营养包和食品强化等营养干预技术方面集成创新，解决了活性成分保护、脂质酸败、混合均匀度、口感风味等一系列技术难题，实现了肠道靶向投送。以上创新性成果为推进科学、有效的营养干预国家政策提供了理论和技术支撑。

本项目组定期发布中国居民膳食营养监测研究成果，提高了全社会对营养健康问题的关注度。作为项目成果之一的《中国居民膳食指南（2016）》发行量超过42.8万册，其成为传播膳食营养知识、引导健康饮食的重要参考书。融合监测和改善技术研究成果，制定了辅食营养补充品等国家标准、膳食调查方法等卫生行业标准共12项。创建了营养包干预模式和县、乡、村三级干预体系，受益婴幼儿为1 365万人，生长迟缓率和贫血率的下降比率分别达79.2%和50.5%，其被列入国家基本公共卫生服务项目。制定铁强化剂NaFeEDTA及其在酱油中检验方法标准，形成产业应用，在改善人群铁缺乏方面发挥了切实有效的作用。逐步建立营养改善干预制度，其成为提高国民健康水平的中国方案。

华夏医学科技奖三等奖

中国妇女儿童关键微量营养素评估指标体系的建立及应用

——中国疾病预防控制中心营养与健康所

杨丽琛、杨晓光、韩　冰、马良坤、刘　捷、张　巍、胡贻椿、魏　俊

妇女儿童健康是全民健康的基础，是民族可持续发展的前提。缺铁性贫血（iron deficiency anemia，IDA）、碘缺乏病、锌缺乏及维生素D缺乏均是危害我国妇女儿童健康的常见营养相关疾病，且在生命早期，这些关键营养素的缺乏就可导致不可逆的发育和认知功能损伤，带来成年后劳动生产力低下；女性上述营养素的缺乏还可导致不良妊娠结局和多种并发症。鉴于此，中国疾控中心营养与健康所联合多家权威三甲医院，聚焦与我国妇女儿童健康及促进人口优生优育密切相关的4种关键微量营养素，针对常态化精准营养干预评估中的科学节点需求，就其评价指标、诊断界值、早期防控和转化应用开展了系列工作。主要研究成果如下：一是基于2002—2015年共3轮国家营养监测数据，首次提出中国妇女儿童铁、锌和维生素D营养状况判定指标的适宜界值，填补了相关数据空白。二是构建婴儿铁缺乏防控的综合体系，提出适合婴儿IDA判定的各项指标界值，并率先在国内探索2项预防婴儿IDA的经济有效措施，推动了技术进步。三是聚焦现有铁缺乏评价模式指标多、血量大等问题，首次对比金标准，验证了网织红细胞血红蛋白含量（reticulocyte hemoglobin content，CHr）这一指标的优势，并提出判定界值。四是重新评估我国孕妇尿碘的适宜下限值，首次提出相关国际标准可能不适用于我国当前的实际情况。

本项目制定了卫生行业标准1项[《人群维生素D缺乏筛查方法》(WS/T 677—2020)]，发表中文核心期刊论文33篇及SCI论文23篇，编写专著10部。上述成果已广泛应用于多家省级疾控中心、三甲医院和专业机构，并逐级向基层辐射，提升了技术服务水平，推动了专项筛查和防控技术的进步，为促进我国妇女儿童的营养与健康提供了有力的技术支撑和科学保障，具有巨大的社会效益和经济效益。

个人获奖

奖励名称	所在单位	姓名	授奖单位	授奖时间
2020—2021年度部门预算工作三等奖	传染病预防控制所	董佩霞、马可依维、沈丽萍	国家卫生健康委财务司	2022年1月
第十六届北京青年优秀科技论文	环境与健康相关产品安全所	查玉娥	北京市科学技术协会	2022年1月
全国科技系统抗击新冠肺炎疫情先进个人	传染病预防控制所	徐建国	科技部	2022年3月
四川省科技进步奖三等奖	传染病预防控制所	熊衍文、郑翰	四川省人民政府	2022年3月
全国科技系统抗击新冠肺炎疫情先进个人	病毒病预防控制所	许文波、谭文杰、王大燕、邹小辉、黄保英	科技部	2022年3月
北京2022年冬奥会、冬残奥会北京市先进个人	病毒病预防控制所、卫生应急中心	董小平、金连梅	中共北京市委、北京市人民政府、北京2022年冬奥会和冬残奥会组织委员会	2022年4月
第二届职业健康传播作品征集活动优秀个人	职业卫生与中毒控制所	李霜、刘晓曼、李博雅	国家卫生健康委、中华全国总工会	2022年4月
“赛沛杯”《中国防痨杂志》2020年度优秀论文	结核病预防控制中心	刘二勇、王前、周林	《中国防痨杂志》期刊社	2022年4月
河南医学科技奖二等奖	性病艾滋病预防控制中心	丁国伟、黑发欣、刘中夫	河南省科学技术厅	2022年4月
国家卫生行业数字健康典型案例［“基于人工智能（AI）辅助影像学检查技术在肺结核筛查中的应用”］	结核病预防控制中心	王前、周林、刘二勇、王嘉、陈伟、李涛、赵雁林、陈明亭	国家卫生健康委	2022年5月
2021年度民盟参政议政工作先进个人	寄生虫病预防控制所（国家热带病研究中心）	曹淳力	中国民主同盟中央委员会	2022年5月
中国营养科学技术奖一等奖	营养与健康所	杨丽琛、李敏、毛德倩、卢佳希	中国营养学会	2022年5月
2021—2022年度国家卫生健康委直属机关“青年理论学习标兵”	营养与健康所	徐维盛	国家卫生健康委直属机关党委	2022年6月

续表

奖励名称	所在单位	姓名	授奖单位	授奖时间
浙江省自然科学奖一等奖（项目名称：新冠病毒等重要疫源微生物组学研究）	病毒病预防控制所	肖永红、潘冬立、张文、周凯、刘军	浙江省人民政府	2022 年 6 月
中国好营养优质创作者	营养与健康所	邢青斌	中国营养学会	2022 年 6 月
全国消除疟疾工作先进个人	传染病预防控制所、传染病管理处、寄生虫病预防控制所（国家热带病研究中心）	刘起勇、周升、汤林华、周晓农、肖宁、周水森、夏志贵、顾政诚、郑贤育	国家卫生健康委、海关总署、国家中医药管理局	2022 年 7 月
中国工程前沿杰出青年学者	传染病预防控制所	卢昕	中国工程院	2022 年 7 月
日喀则市抗疫先锋	营养与健康所	徐维盛	中共日喀则市委员会、日喀则市人民政府	2022 年 9 月
“APEC 健康妇女 · 健康经济体研究奖”最高奖	妇幼保健中心	郑睿敏	亚太经济合作组织	2022 年 9 月
2022 年度中国科技期刊卓越行动计划优秀编辑	传染病预防控制所、辐射防护与核安全医学所	王岚、张庆、汤海滢	中国科学技术协会	2022 年 11 月
2021 年度北京市科学技术奖科学技术进步奖一等奖（项目名称：新冠肺炎病原快速鉴定和疫情防控关键技术的建立及应用）	病毒病预防控制所	谭文杰、高福、许文波、王文玲、朱娜、陆柔剑、赵翔、陈操、牛培华、宋敬东、王大燕、王佶、赵莉、叶飞、毛乃颖	北京市人民政府	2022 年 11 月
2021 年度北京市科学技术奖科学技术进步奖一等奖（项目名称：新型冠状病毒灭活疫苗的研制及应用）	病毒病预防控制所	周为民	北京市人民政府	2022 年 11 月
2022 年新时代健康科普作品征集大赛视频类优秀作品（《学校和患者结核病防控视频优秀作品》）	结核病预防控制中心	屈燕、王嘉、王倪、赵雁林	国家卫生健康委办公厅、科技部办公厅、国家中医药管理局综合司、国家疾控局综合司、中国科学技术协会办公厅	2022 年 12 月

续表

奖励名称	所在单位	姓名	授奖单位	授奖时间
华夏医学科技奖二等奖（项目名称：中国膳食营养监测和干预体系的建立与应用）	营养与健康所	丁钢强、王惠君、霍军生、张兵、何宇纳	中国医疗保健国际交流促进会	2022 年 12 月
华夏医学科技奖三等奖（项目名称：中国妇女儿童关键微量营养素评估指标体系的建立及应用）	营养与健康所	杨丽琛、胡贻椿	中国医疗保健国际交流促进会	2022 年 12 月
中国食品工业协会科学技术奖特等奖（项目名称：营养食品创制关键技术及产业化应用）	营养与健康所	丁钢强、张兵、霍军生、王惠君、孙静、黄建、王志宏、唐艳斌、王鸥、姜红如	中国食品工业协会	2022 年 12 月
2022 年全国大学生健康科普大赛图文类二等奖（《宫颈癌，退退退》）	辐射防护与核安全医学所	杨莉、马玲璇、薛珂；苟巧（指导老师）	中华预防医学会	2022 年 12 月
爱国卫生运动 70 周年先进个人	流行病学办公室（爱国卫生工作技术指导处）	王琦琦	全国爱国卫生运动委员会	2022 年 12 月
2022 年度中国轻工业优秀教材二等奖	营养与健康所	张双庆、卓勤、沈葹	中国轻工业联合会	2023 年 3 月

集体获奖

奖励名称	获奖单位	授奖单位	授奖时间
全国三八红旗集体	传染病预防控制所巾帼应急团体	中华全国妇女联合会	2022 年 2 月
上海市第十六届“银鸽奖”最佳活动 / 案例奖	寄生虫病预防控制所（国家热带病研究中心）	中共上海市委对外宣传办公室	2022 年 2 月
第六届（2021）健康中国微视频大赛优秀宣传片	控烟办公室	国家卫生健康委人口文化发展中心	2022 年 2 月
全国科技系统抗击新冠肺炎疫情先进集体	病毒病预防控制所 BSL-3 实验室及病毒病预防控制所基因测序团队	科技部	2022 年 3 月
中国职业安全健康协会科学技术奖二等奖	职业卫生与中毒控制所	中国职业安全健康协会	2022 年 4 月
北京 2022 年冬奥会、冬残奥会北京市先进集体	卫生应急中心	中共北京市委、北京市人民政府、北京 2022 年冬奥会和冬残奥会组织委员会	2022 年 4 月
2021 年度委管出版物主题宣传优秀图书（《为了健康的呼吸——中国结核病防治纪实》）	结核病预防控制中心	国家卫生健康委	2022 年 4 月
中央和国家机关青年文明号	传染病预防控制所	共青团中央和国家机关工作委员会	2022 年 5 月
全国党建研究会科研院所党建研究专业委员会 2021 年度优秀课题成果二等奖	环境与健康相关产品安全所	全国党建研究会科研院所党建研究专业委员会	2022 年 6 月
全国消除疟疾工作先进集体	传染病管理处	国家卫生健康委、海关总署、国家中医药管理局	2022 年 7 月
全国消除疟疾工作先进集体	寄生虫病预防控制所（国家热带病研究中心）疟疾室	国家卫生健康委、海关总署、国家中医药管理局	2022 年 7 月
2022 年“最美医生团队”	辐射防护与核安全医学所抗击新冠肺炎疫情国家流调专家队	中宣部、国家卫生健康委	2022 年 8 月

续表

奖励名称	获奖单位	授奖单位	授奖时间
中央和国家机关“四强”党支部	环境与健康相关产品安全所第四党支部	中央和国家机关工委	2022 年 8 月
中央和国家机关“四强”党支部	职业卫生与中毒控制所原第四党支部（第四党支部）	中央和国家机关工委	2022 年 9 月
第七届中国科协优秀科技论文遴选计划优秀论文	《中国疾病预防控制中心周报（英文）》编辑部	中国科学技术协会	2022 年 10 月
五四红旗团支部	传染病预防控制所团总支	国家卫生健康委直属机关和中心	2022 年 10 月
2022 年新时代健康科普作品征集大赛微信公众号优秀奖（中国疾控动态）	健康传播中心（12320 卫生热线管理中心办公室）	国家卫生健康委办公厅、科技部办公厅、国家中医药管理局综合司、国家疾控局综合司、中国科学技术协会办公厅	2022 年 12 月
2022 年新时代健康科普作品征集大赛微博账号类优秀奖（疾控科普）	健康传播中心（12320 卫生热线管理中心办公室）	国家卫生健康委办公厅、科技部办公厅、国家中医药管理局综合司、国家疾控局综合司、中国科学技术协会办公厅	2022 年 12 月
百种中国杰出学术期刊	辐射防护与核安全医学所《中华放射医学与防护》杂志	中国科学技术信息研究所	2022 年 12 月
Great achievement award	辐射防护与核安全医学所《放射医学与防护（英文）》杂志	科爱期刊（KeAi）	2022 年 12 月
2022 年“中国最具国际影响力学术期刊”	《生物医学与环境科学》编辑部	中国期刊协会、中国科学技术期刊编辑学会、中国高校科技期刊研究会、全国高等学校文科学报研究会、《中国学术期刊（光盘版）》电子杂志社有限公司	2022 年 12 月
2022 年度创新应用与传播优秀微博	健康传播中心（12320 卫生热线管理中心办公室）	新浪微博	2022 年 12 月
2022 年新时代健康科普作品征集大赛短视频优秀作品（《见招拆招不要慌，对付蜱虫听我讲》）	健康传播中心（12320 卫生热线管理中心办公室）	国家卫生健康委办公厅、科技部办公厅、国家中医药管理局综合司、国家疾控局综合司、中国科学技术协会办公厅	2022 年 12 月
2022 年新时代健康科普作品征集大赛科普文章类优秀作品（《新冠疫苗加强针接种问答》）	健康传播中心（12320 卫生热线管理中心办公室）	国家卫生健康委办公厅、科技部办公厅、国家中医药管理局综合司、国家疾控局综合司、中国科学技术协会办公厅	2022 年 12 月

续表

奖励名称	获奖单位	授奖单位	授奖时间
2022年新时代健康科普作品征集大赛科普文章类优秀作品（《老年人新冠疫苗接种科普问答》）	健康传播中心（12320卫生热线管理中心办公室）	国家卫生健康委办公厅、科技部办公厅、国家中医药管理局综合司、国家疾控局综合司、中国科学技术协会办公厅	2022年12月
2022年新时代健康科普作品征集大赛科普文章类优秀作品（《3-11岁人群新冠疫苗接种问答》）	健康传播中心（12320卫生热线管理中心办公室）	国家卫生健康委办公厅、科技部办公厅、国家中医药管理局综合司、国家疾控局综合司、中国科学技术协会办公厅	2022年12月
2022年新时代健康科普作品征集大赛科普文章类优秀作品（《新冠疫情防控——开学篇》）	健康传播中心（12320卫生热线管理中心办公室）	国家卫生健康委办公厅、科技部办公厅、国家中医药管理局综合司、国家疾控局综合司、中国科学技术协会办公厅	2022年12月
2022年新时代健康科普作品征集大赛海报类优秀作品（《新春福虎送吉祥　疾控为您守健康》）	健康传播中心（12320卫生热线管理中心办公室）	国家卫生健康委办公厅、科技部办公厅、国家中医药管理局综合司、国家疾控局综合司、中国科学技术协会办公厅	2022年12月
2022年新时代健康科普作品征集大赛海报类优秀作品（《接种新冠疫苗系列海报》）	健康传播中心（12320卫生热线管理中心办公室）	国家卫生健康委办公厅、科技部办公厅、国家中医药管理局综合司、国家疾控局综合司、中国科学技术协会办公厅	2022年12月
2022年度“全国巾帼文明岗”	传染病预防控制所病原生物分析中心	中华全国妇女联合会	2023年2月
“一地一品”卫生健康思想政治工作特色品牌案例征集活动优秀案例	环境与健康相关产品安全所	中国卫生健康思想政治工作促进会	2023年2月
2022年度全国青年安全生产示范岗集体	传染病预防控制所	共青团中央、应急管理部	2023年4月
2022年委管出版物主题宣传优秀期刊	《中国疾病预防控制中心周报（英文）》编辑部	国家卫生健康委宣传司	2023年4月
2022年委管出版物主题宣传优秀文章	《中国媒介生物学及控制杂志》编辑部、《疾病监测》编辑部	国家卫生健康委宣传司	2023年4月

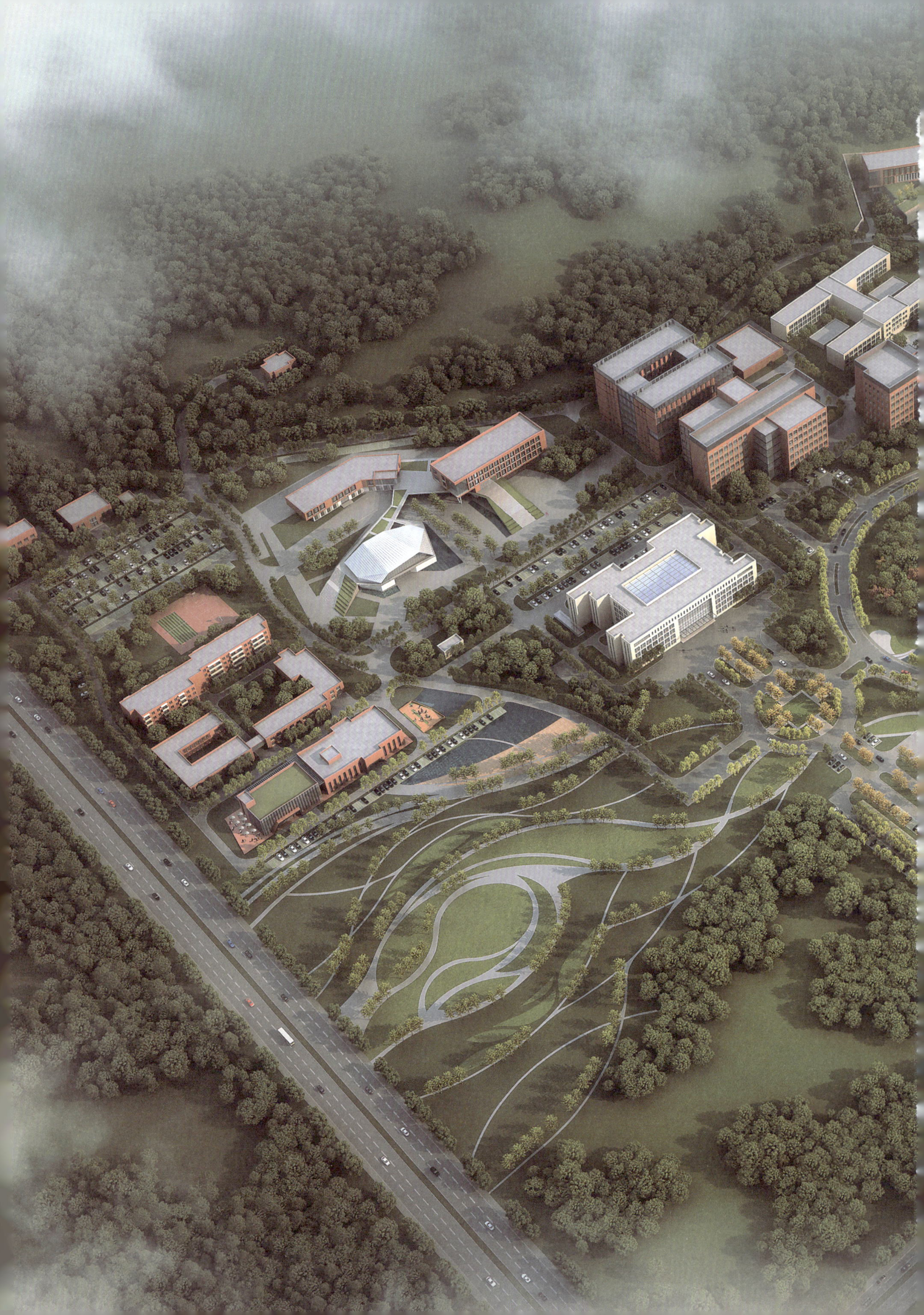